Excel 在会计和财务中的应用

主　编　刘凌云
副主编　袁海英　吴小雅　李　娟　谢　霞

北京理工大学出版社
BEIJING INSTITUTE OF TECHNOLOGY PRESS

内容简介

Excel 是一种使用极为广泛的电子表格软件。在会计和财务管理领域中的应用尤其突出。本书以图文并茂的方式，结合大量的实例和详尽的操作步骤说明，全面向读者介绍了 Excel 在会计、财务中的具体运用。全书共 10 章，分别介绍了 Excel 的基础知识、数据处理、会计记账、财务预算、筹资决策、投资决策、流动资产管理、财务报表分析等内容，案例讲解实用清晰，知识点安排深入浅出，注重理论与实际操作相结合，有利于锻炼学生利用所学知识进行会计账务处理与财务数据处理的能力。

本书以 Excel 2016 为基础，也适用于 Excel 2016 以上版本，可作为高等院校信息系统、信息管理、会计、会计电算化、财务管理及相关专业的教材，还可以作为 Excel 会计应用培训教材，也可供广大 Excel 使用者参考。

版权专有　侵权必究

图书在版编目（CIP）数据

Excel 在会计和财务中的应用 / 刘凌云主编. --北京：北京理工大学出版社, 2022.8 (2023.8 重印)
ISBN 978-7-5763-1570-7

Ⅰ. ①E… Ⅱ. ①刘… Ⅲ. ①表处理软件-应用-会计 ②表处理软件-应用-财务管理 Ⅳ. ①F232 ②F275-39

中国版本图书馆 CIP 数据核字（2022）第 136811 号

出版发行 / 北京理工大学出版社有限责任公司	
社　　址 / 北京市海淀区中关村南大街 5 号	
邮　　编 / 100081	
电　　话 /（010）68914775（总编室）	
（010）82562903（教材售后服务热线）	
（010）68944723（其他图书服务热线）	
网　　址 / http://www.bitpress.com.cn	
经　　销 / 全国各地新华书店	
印　　刷 / 北京国马印刷厂	
开　　本 / 787 毫米×1092 毫米　1/16	责任编辑 / 孟祥雪
印　　张 / 17	文案编辑 / 孟祥雪
字　　数 / 399 千字	责任校对 / 刘亚男
版　　次 / 2022 年 8 月第 1 版　2023 年 8 月第 2 次印刷	责任印制 / 李志强
定　　价 / 49.90 元	

图书出现印装质量问题，请拨打售后服务热线，本社负责调换

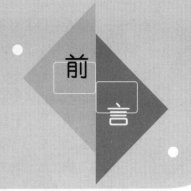

前言

在大数据、人工智能等科学技术高速发展的背景下，企业在实践中不断涌现出新的财务管理体制和账务处理流程，由此企业对财会类人才的数据处理和数据分析能力提出了越来越高的职业技能要求。

同时，财会人员承担着生成和提供会计信息、维护国家财经纪律等重要职责。党的二十大报告进一步提出，"广泛践行社会主义核心价值观""实施公民道德建设工程，弘扬中华传统美德""推动明大德、守公德、严私德，提高人民道德水准和文明素养""在全社会弘扬劳动精神、奋斗精神、奉献精神、创造精神、勤俭节约精神"。这又从财会人员职业道德层面提出了更高要求。

Microsoft Excel 作为电子表格处理软件中的佼佼者，自问世以来便逐渐受到全球用户的青睐。利用 Excel 制作电子表格，并综合运用 Excel 的公式、函数及其他自带工具，使用者能十分方便、高效地进行大批量数据的处理和分析，从而及时提供对经营决策有用的信息，高效参与经营管理决策。

为应对当前财会领域变革及二十大报告中对财会类人才培养提出的新要求，以及我们在实际走访企业相关部门并大量参阅同类书籍的基础上，编撰出本书。整本书以 XWL 公司的经营活动为主线，以贯穿整个企业的财务活动为案例的方式讲解 Excel 知识与操作技巧，力求案例丰富、贴近实际、条理清晰、图文详尽、操作简明，对财务工作中的实际问题进行了大量的示范、分析和讲解，易于理解的同时还增加了趣味性，让读者学习起来更容易。

全书共分 10 章，前两章集中讲解了 Excel 的基本操作和函数运用，包括工作簿的基本操作、图表的制作、数据的填充与筛选以及常用公式与函数。第 3 章着重讲解了数据透视表在大数据处理和分析中常用的操作方法。第 4~5 章讲解了 Excel 在会计账务中的应用。第 6~10 章依据财务管理环节，在简要回顾财务管理相关理论知识的基础上，通过详尽的案例操作指导，讲解了 Excel 在企业预算、决策、控制和分析工作中的运用思路和方法。

附录部分为读者整理了财务工作中常用的函数,并简要列示了用法,以方便读者查看。每一章后面提供了与本章知识对应的实践演练,供学生自我练习。本书适合 Excel 2016 以上版本。

本教材由武昌首义学院刘凌云担任主编,文华学院袁海英、武昌首义学院吴小雅、武昌首义学院李娟、华中科技大学管理学院谢霞担任副主编。具体编写分工如下:刘凌云编写第 1、4、5、6、9、10 章及附录部分,袁海英编写第 7、8 章;吴小雅编写第 2 章,李娟、谢霞编写第 3 章。刘凌云负责全部框架设计、统稿及定稿工作。

由于编者水平有限,加上时间仓促,书中难免有不妥之处,敬请有关专家和读者批评指正。

编 者

2022 年 3 月

目录

第1章 Excel 基础 …………………………………………………… (001)
  1.1 工作簿的基本操作 ……………………………………… (001)
    1.1.1 知识储备 ………………………………………… (001)
    1.1.2 实例演示 ………………………………………… (013)
  1.2 图表的制作技巧 ………………………………………… (014)
    1.2.1 知识储备 ………………………………………… (014)
    1.2.2 实例演示 ………………………………………… (028)
  1.3 数据填充和数据筛选 …………………………………… (034)
  1.4 排序 ……………………………………………………… (034)
  1.5 分类汇总 ………………………………………………… (035)
  本章小结 ……………………………………………………… (035)
  实践演练 ……………………………………………………… (035)

第2章 公式和函数 …………………………………………………… (037)
  2.1 公式 ……………………………………………………… (037)
    2.1.1 知识储备 ………………………………………… (037)
    2.1.2 实例演示 ………………………………………… (043)
  2.2 函数 ……………………………………………………… (046)
    2.2.1 知识储备 ………………………………………… (046)
    2.2.2 实例演示 ………………………………………… (055)
  2.3 常用财务函数 …………………………………………… (059)
  本章小结 ……………………………………………………… (061)
  实践演练 ……………………………………………………… (061)

第3章 数据透视表 …………………………………………………… (065)
  3.1 数据透视表的基本操作 ………………………………… (065)
    3.1.1 知识储备 ………………………………………… (065)
    3.1.2 实例演示 ………………………………………… (069)

3.2 数据透视表的布局与分组 ·· (074)
3.3 创建数据透视图 ·· (074)
本章小结 ·· (074)
实践演练 ·· (075)

第4章 会计记账 ··· (077)

4.1 填制记账凭证 ··· (077)
    4.1.1 知识储备 ·· (077)
    4.1.2 实例演示 ·· (078)
4.2 记账凭证汇总 ··· (087)
    4.2.1 知识储备 ·· (087)
    4.2.2 实例演示 ·· (087)
4.3 登记日记账 ··· (092)
    4.3.1 知识储备 ·· (092)
    4.3.2 实例演示 ·· (092)
4.4 登记银行存款日记账 ··· (101)
本章小结 ·· (104)
实践演练 ·· (105)

第5章 Excel在会计核算中的综合应用 ······························ (106)

5.1 会计科目表的建立 ··· (106)
    5.1.1 知识储备 ·· (106)
    5.1.2 实例演示 ·· (106)
5.2 会计凭证表的建立 ··· (113)
    5.2.1 知识储备 ·· (113)
    5.2.2 实例演示 ·· (114)
5.3 总分类账的生成 ··· (121)
    5.3.1 知识储备 ·· (121)
    5.3.2 实例演示 ·· (121)
5.4 科目余额表的建立 ··· (130)
    5.4.1 知识储备 ·· (130)
    5.4.2 实例演示 ·· (130)
5.5 报表的编制 ··· (136)
    5.5.1 知识储备 ·· (136)
    5.5.2 实例演示 ·· (136)
本章小结 ·· (140)
实践演练 ·· (141)

第6章 财务预算 ··· (153)

6.1 销售收入预算 ··· (153)
    6.1.1 知识储备 ·· (153)
    6.1.2 实例演示 ·· (154)

6.2 生产预算 (155)
6.2.1 知识储备 (155)
6.2.2 实例演示 (156)
6.3 直接材料预算 (157)
6.3.1 知识储备 (157)
6.3.2 实例演示 (157)
6.4 产品成本预算 (162)
6.4.1 知识储备 (162)
6.4.2 实例演示 (162)
6.5 现金预算 (165)
6.5.1 知识储备 (165)
6.5.2 实例演示 (165)
6.6 财务报表预算 (168)
6.6.1 知识储备 (168)
6.6.2 实例演示 (169)

本章小结 (171)

实践演练 (171)

第7章 投资分析与决策 (173)
7.1 投资决策指标的运用 (173)
7.1.1 知识储备 (173)
7.1.2 实例演示 (175)
7.2 固定资产折旧分析 (178)
7.2.1 知识储备 (178)
7.2.2 实例演示 (179)
7.3 固定资产更新决策 (183)
7.3.1 知识储备 (183)
7.3.2 实例演示 (184)

本章小结 (190)

实践演练 (190)

第8章 筹资分析与决策 (192)
8.1 资金需求量的预测分析 (192)
8.1.1 知识储备 (192)
8.1.2 实例演示 (194)
8.2 资金成本计量 (198)
8.2.1 知识储备 (198)
8.2.2 实例演示 (200)
8.3 Excel长期贷款筹资模型创建及运用 (202)
8.3.1 知识储备 (202)
8.3.2 实例演示 (203)

8.4　筹资方式比较分析 ·· (207)
　　8.4.1　知识储备 ··· (207)
　　8.4.2　实例演示 ··· (207)
本章小结 ··· (211)
实践演练 ··· (212)

第9章　流动资产管理 ·· (213)

9.1　现金管理 ·· (213)
　　9.1.1　知识储备 ··· (213)
　　9.1.2　实例演示 ··· (215)
9.2　应收账款管理 ··· (222)
　　9.2.1　知识储备 ··· (222)
　　9.2.2　实例演示 ··· (223)
9.3　存货管理 ·· (227)
　　9.3.1　知识储备 ··· (227)
　　9.3.2　实例演示 ··· (228)
本章小结 ··· (230)
实践演练 ··· (230)

第10章　财务报表分析 ·· (232)

10.1　财务报表比较分析模型 ·· (232)
　　10.1.1　知识储备 ··· (232)
　　10.1.2　实例演示 ··· (233)
10.2　财务比率分析 ·· (241)
　　10.2.1　知识储备 ··· (241)
　　10.2.2　实例演示 ··· (243)
10.3　财务综合分析 ·· (247)
　　10.3.1　知识储备 ··· (247)
　　10.3.2　实例演示 ··· (248)
本章小结 ··· (250)
实践演练 ··· (250)

参考文献 ··· (253)

附　录　Excel 常用函数备查 ··· (254)

第 1 章 Excel 基础

🔔 **学习目的**

掌握工作簿的基本操作、数据填充和数据导入的方法及图表的运用。

1.1 工作簿的基本操作

1.1.1 知识储备

Excel 具有强有力的处理图表、图形功能，也有丰富的宏命令和函数以及支持 Internet 网络的开发功能。Excel 除了可以制作常用的表格之外，在数据处理、图表分析及金融管理等方面都有出色的表现，因而备受广大用户的青睐。

Excel 最基本的功能就是制作若干张表格，在表格中记录相关的数据及信息，便于日常生活和工作中信息的记录、查询与管理。

1. 创建、打开与保存工作簿

Excel 的工作簿是保存在磁盘上的工作文件，一个工作簿文件可以同时包含多个工作表。

(1) 工作簿的创建

方法 1，建立工作簿的操作，通常可借由启动 Excel 一并完成，因为启动 Excel 时就会顺带创建一个空白的工作簿。

方法 2，打开工作簿后，也可以切换到"文件"选项卡，然后单击"新建"按钮来建立新的工作簿。创建新工作簿，Excel 会依次以工作簿 1、工作簿 2……来命名，若要重新为工作簿命名，可以在存储文件时更改。

方法 3，可以根据实际需要，在"可用模板"的模板列表框中选择模板类型，然后选择模板，或者在"Office.com 模板"中查找。

(2) 工作簿的打开

方法 1，通过"文件"选项卡打开，操作步骤如下。

在"文件"选项卡中单击"打开"按钮，弹出"打开"对话框，在左栏列表框中选择要打开的文件的具体位置，然后选中要打开的文件，再单击"打开"按钮即可。

方法2，使用快捷方式打开，操作步骤如下。

单击快速访问工具栏上的"打开"按钮，如图1-1所示，会弹出"打开"对话框，在左栏列表框中选择要打开的文件的具体位置，然后选中要打开的文件，最后单击"打开"按钮即可。

（3）工作簿的保存

保存工作簿是非常重要的操作之一。用户可在工作过程中随时保存文件，以免因意外原因造成不必要的损失。保存工作簿的方法主要有以下4种。

方法1，在操作过程中随时单击快捷访问工具栏上的"保存"按钮。

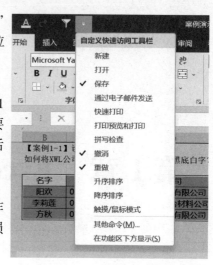

图1-1 单击"打开"按钮

方法2，在"文件"选项卡中单击"保存"按钮。

方法3，在"文件"选项卡中单击"另存为"按钮。

方法4，按〈Ctrl+S〉组合键。

对于尚未保存过的工作簿，执行"保存"命令后，将会打开"另存为"对话框，用户需在其中指定文件名称及保存文件的位置，然后单击"保存"按钮即可保存文件。

提示：在"Excel选项"对话框中可以设置自动保存，如图1-2所示，在"保存自动恢复信息时间间隔"数值框中设置需要自动保存的时间间隔即可。

图1-2 设置自动保存

2. 隐藏与保护工作簿

(1) 工作簿的隐藏

在 Excel 中同时打开多个工作簿时，可以暂时隐藏其中一个或几个，需要时再显示出来，具体方法是：切换到需要隐藏的工作簿窗口，在"视图"选项卡的"窗口"组中单击"隐藏按钮"，即可将当前工作簿隐藏，如图 1-3 所示。

如果要取消隐藏，在"视图"选项卡的"窗口"组中单击"取消隐藏"按钮，在打开的"取消隐藏"对话框中选择需要取消隐藏的工作簿名称，再单击"确定"按钮即可。

(2) 工作簿的保护

"文件"选项卡的"信息"组中提供的工作簿保护方式包括标记为最终状态、用密码加密、保护当前工作表、保护工作簿结构、按人员限制权限、添加数字签名等。

当不希望他人对工作簿的结构或窗口进行改变时，可以设置工作簿保护。基本方法如下。

①打开需要保护的工作簿文档。

②在"审阅"选项卡的"更改"选项组中，单击"保护工作簿"按钮，打开"保护结构和窗口"对话框，如图 1-4 所示。

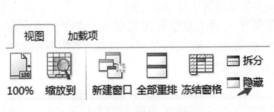

图 1-3　隐藏工作簿

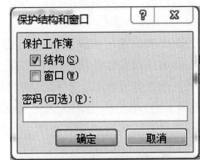

图 1-4　"保护结构和窗口"对话框

③按照需要选择下列设置。如果勾选"结构"复选框，将阻止他人对工作簿的结构进行修改，包括查看已隐藏的工作表，移动、删除、隐藏工作表，移动、删除、隐藏工作表或更改工作表的表名，插入新工作表，将工作表移动或复制到另一个工作簿中等；如果勾选"窗口"复选框，将阻止他人修改工作簿窗口的大小和位置等，包括移动窗口、调整窗口大小或关闭窗口等。

④要防止他人取消工作簿保护，可在"密码(可选)"文本框中输入密码，单击"确定"按钮，在随后弹出的对话框中再次输入相同的密码进行确认即可。

如果取消对工作簿的保护，只需再次在"审阅"选项卡的"更改"组中，单击"保护工作簿"按钮，如果设置了密码，则在弹出的对话框中输入密码即可。

3. 工作表的基本操作

(1) 插入工作表

插入工作表有 3 种方法。

方法 1，单击工作表标签右边的"插入工作表"按钮，可在最右边插入一张空白工作表。

方法2，在工作表标签上右击，在弹出的快捷菜单中选择"插入"命令，在弹出的"插入"对话框中双击其中的"工作表"选项，将会在当前工作表前插入一张空白工作表。

方法3，在"开始"选项卡的"单元格"组中单击"插入"按钮，在下拉菜单中选择"插入工作表"命令，在当前工作表之前插入一张空白工作表。

(2) 删除工作表

删除工作表有2种方法。

方法1，选定需要删除的工作表，在"开始"选项卡的"单元格"组中，单击"删除"按钮，在下拉菜单中选择"删除工作表"命令，即可删除当前工作表。

方法2，选定需要删除的工作表，右击工作表标签，在弹出的快捷菜单中选择"删除"命令，即可删除当前工作表。

(3) 改变工作表名称

选定工作表，然后在"开始"选项卡的"单元格"组中单击"格式"按钮，在下拉菜单中选择"重命名工作表"命令，这时工作表名称以反白显示。输入新的名称并按下〈Enter〉键，即可重命名选中的工作表。或者直接双击要修改的工作表标签，标签名称会以反白显示，然后输入新的工作表名称即可。

(4) 设置工作表标签颜色

为工作表设置标签颜色可以突出显示某张工作表，其操作步骤如下。

①选定要设置标签颜色的工作表，使其成为当前工作表。

②右击工作表标签，在弹出的快捷菜单中选择"工作表标签颜色"命令；也可在"开始"选项卡的"单元格"选项组中，单击"格式"按钮，在下拉菜单中选择"工作表标签颜色"命令，在显示的颜色列表中选择一种合适的颜色即可。

(5) 工作表的移动或复制

若在一个工作簿内移动工作表，可以改变工作表在该工作簿中的先后顺序。复制工作表可以为已有的工作表建立一个备份。

①在同一工作簿内移动或复制工作表。单击要移动或复制的工作表标签，沿着标签拖动(如果复制，则要按住〈Ctrl〉键)工作表标签到目标位置。

②在不同工作簿之间移动或复制工作表。在两个不同的工作簿之间移动或复制工作表，要求保证两个工作簿文件都已经处于打开状态。在移动或复制操作中，允许一次移动或复制多个工作表，操作步骤如下。

- 在一个Excel应用程序中，分别打开两个工作簿(源工作簿和目标工作簿)。
- 使源工作簿成为当前工作簿。
- 在当前工作簿中选定要复制或移动的一个或多个工作表标签。
- 右击，在弹出的快捷菜单中选择"移动或复制"命令；也可以在"开始"选项卡的"单元格"组中单击"移动"按钮，在下拉菜单中选择"移动或复制工作表"命令，打开"移动或复制工作表"对话框，如图1-5所示。
- 在该对话框的"工作簿"下拉列表中选择要移动或复制到的目标工作簿。

图1-5 "移动或复制工作表"对话框

提示：通过此操作也可以实现一个工作簿内工作表的移动或复制，如果在一个工作簿中移动或复制，选项不必修改。

- 在"下列选定工作表之前"列表框中选择要插入的位置。

如果要移动工作表，就取消勾选"建立副本"复选框；如果要复制工作表，就勾选"建立副本"复选框，单击"确定"按钮，实现选定的工作表移动或复制到目标工作簿。

4. 隐藏与保护工作表

（1）工作表的隐藏

右击需要隐藏的工作表，在弹出的快捷菜单中选择"隐藏"命令；也可在"开始"选项卡的"单元格"组中单击"格式"按钮，在下拉菜单中选择"隐藏和取消隐藏"→"隐藏工作表"命令。

如果要取消隐藏，只需要在"格式"下拉菜单中选择"隐藏和取消隐藏"→"取消隐藏"命令，在打开的"取消隐藏"对话框中选择需要取消隐藏的工作表即可。

（2）工作表的保护

①保护整个工作表，则工作表中的任何一个单元格都不允许被更改，操作步骤如下。

- 打开工作簿，选定需要保护的工作表，使其成为当前工作表。
- 在"审阅"选项卡的"更改"选项组中单击"保护工作表"按钮，弹出"保护工作表"对话框。
- 输入保护密码，在"允许此工作表的所有用户进行"列表框中，选择允许他人能够更改的项目。此处保持默认设置即可。
- 单击"确定"按钮，弹出"确认密码"对话框，输入密码，单击"确定"按钮，如果两次输入的密码一致，则保护整个工作表设置完成。此时，在被保护工作表的任何一个单元格中试图输入数据或更改格式时，都会出现图1-6所示的提示信息。

若取消工作表的保护，则在"审阅"选项卡的"更改"选项组中，单击"撤销工作表保护"按钮，在打开的"撤销工作表保护"对话框中输入密码，单击"确定"按钮，即可解锁工作表。

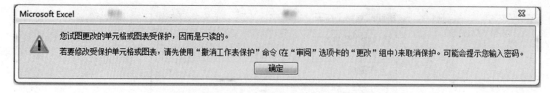

图 1-6　设置保护的工作表后将不允许他人更改

②解除对部分工作表区域的保护。在实际工作与学习中，有时需要允许用户编辑部分单元格区域，此时可先对需要编辑的单元格区域进行解除锁定，然后再保护工作表，其操作步骤如下。

- 选定工作表中需要解除锁定的单元格区域。
- 在"开始"选项卡的"单元格"选项组中，单击"格式"按钮，在下拉菜单中选择"设置单元格格式"命令。
- 打开"单元格格式"对话框，在对话框的"保护"选项卡中，取消勾选"锁定"复选框。
- 单击"确定"按钮，当前选定的单元格区域将会被排除在保护范围之外。
- 在"审阅"选项卡的"更改"选项组中，单击"保护工作表"按钮，在弹出的"保护工作表"对话框中输入密码，在"允许此工作表的所有用户进行"列表框中设定允许他人能够更改的项目后，单击"确定"按钮。
- 打开"确认密码"对话框，再次输入密码，单击"确定"按钮，设置完成。

5. 工作表的拆分、冻结和窗口缩放

拆分工作表窗口和冻结工作表是两个非常相似的功能。

拆分工作表窗口是把工作表当前活动窗口拆分成窗格，并且在每个被拆分的窗格中都可通过滚动条来显示工作表的每一个部分。所以，拆分窗口是为了在一个文档窗口中查看、编辑工作表不同部分的内容。

冻结工作表是将活动工作表的上窗口、左窗口进行冻结，通常是冻结表格的行标题和列标题，这样不会因为当前单元格向下或向右移动时，而看不到行标题或列标题。

在 Excel 中，可以同时打开多个工作簿；当一个工作簿中的工作表很大、一个窗口中又很难显示出全部的行或列时，还可以将工作表拆分为多个临时窗口。

(1) 拆分窗口

选定一个单元格，在"视图"选项卡的"窗口"组中单击"拆分"按钮，窗口被拆分成 4 个部分；也可以双击或拖动垂直滚动条顶部或水平滚动条右侧的"拆分"按钮。

若撤销拆分窗口，只要再次单击"拆分"按钮即可。

(2) 冻结窗口

选定表格数据区（除行、列标题外）的左上角单元格，在"视图"选项卡的"窗口"组中单击"冻结窗口"按钮，在下拉菜单中选择一种冻结方式即可。

(3) 缩放窗口

默认窗口下，Excel 以 100% 的比例显示工作表，用户可以通过窗口右下角的缩放按钮改变显示比例，以满足不同需求。也可以在"视图"选项卡的"显示比例"组中单击"显示比例"按钮，在弹出的"显示比例"对话框中选择所要求的比例，用户也可以直接输入一个百分数。

(4) 多窗口显示

①窗口切换。在"视图"选项卡的"窗口"组中，单击"切换窗口"按钮，在下拉菜单中显示所有打开的文档名称。单击其中的窗口名称，即可切换到该窗口。

②窗口重排。在"窗口"组中单击"全部重排"按钮，使所有的文档窗口都显示在屏幕上。可在各个文档窗口之间进行操作。

6. 单元格的基本操作

(1) 单元格、单元格区域的选定

只要单击某一单元格，就选定了这个单元格，并可以对其操作。但在实际制表过程中，往往需要对多个单元格同时操作。那么如何选定多个单元格呢？下面给出几种常见的选定方法。

①连续单元格区域的选定。将鼠标移至连续单元格左上角，然后按住鼠标左键拖动至右下角单元格，最后释放鼠标。

②不连续单元格区域的选定。不连续单元格区域的选定，要借助于键盘上的〈Ctrl〉键。操作方法是：首先选定第一个单元格区域(或单元格)，按住〈Ctrl〉键不放，再选定下一单元格区域，如此反复，便可选定多个不连续区域。

③行、列的选定。将鼠标移至起始列标中间位置，如 E 列，然后，拖动鼠标至终止列标，如 F 列，则选定了 E 列至 F 列，如图 1-7 所示。而如果直接单击某列标，则只选定此列。

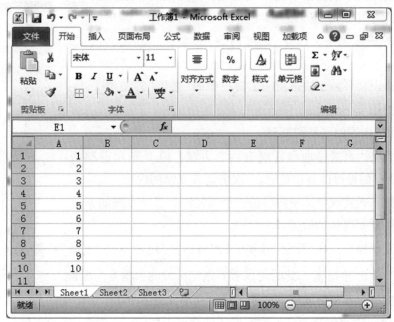

图 1-7 单元格区域的选定

选定整行方法如下。

- 单击行号选定一行。
- 用鼠标在行号上拖动选定连续多行。
- 按〈Ctrl〉键单击行号选定不相邻多行。

④选定整个列表。单击行号与列标相汇处，即"全选"按钮 ，便选定了工作表的所有单元格。

提示：按〈F5〉键可以快速选定特定的单元格区域。

⑤选定有数据的区域。

- 按〈Ctrl+↑/↓/←/→〉键，可移动光标到工作表中当前数据区域的边缘。
- 按〈Shift+↑/↓/←/→〉键，可将单元格的选定范围向指定方向扩大一个单元格。
- 在数据区域中按〈Ctrl+A〉或〈Ctrl+Shift+*〉组合键，选定当前连续的数据区域。
- 按〈Ctrl+Shift+↑/↓/←/→〉键可将单元格的选定范围扩展到活动单元格所在列或行中的最后一个非空单元格；如果下一个单元格为空，则将选定范围扩展到下一个非空单元格。

（2）数据的删除与撤销

选定欲删除其中数据的单元格或区域，然后按〈Delete〉键，即可删除单元格中的数据。也可在选定区域后右击，弹出如图1-8所示的快捷菜单，选择"清除内容"命令，达到删除的目的。

若操作错误，可单击快速访问工具栏中的"撤销"按钮 ，取消先前的操作。

图1-8　快捷菜单

（3）单元格内容的移动和复制

实现单元格内容的移动和复制有两个办法：一是利用剪贴板；二是利用鼠标拖动。Excel 2016的剪贴板可以显示最近24次剪切或复制的内容。

①利用剪贴板实现单元格内容的移动或复制，操作步骤如下。

- 选定被复制或移动的区域。
- 若是复制操作，在"开始"选项卡的"剪贴板"组中单击"复制"按钮 ；若是移动操作，单击"剪切"按钮 ，此时可以看到选定区域的边框变为虚框。
- 将鼠标移至要复制或移动的新位置，在单元格上单击。
- 单击"粘贴"按钮 或单击剪贴板任务窗格中最后一次剪贴内容的图标。

②利用鼠标拖动实现单元格内容的移动和复制，操作步骤如下。

- 选定被复制或移动的区域。
- 移动鼠标至选定区域边框线上（鼠标形状变为四向箭头）。

- 直接按住鼠标，拖动到目标区域，便实现了移动操作；若同时按住〈Ctrl〉键拖动（到了目标区域先释放鼠标），则实现了复制操作。

(4) 插入、删除单元格

在对工作表的编辑中，插入、删除单元格是常用的操作。插入单元格时，现有的单元格将会发生移动，给新的单元格让出位置；删除单元格时，周围的单元格会移动来填充空格。

① 插入、删除单元格(或区域)。首先选定要插入或删除的单元格(或区域)；然后在"开始"选项卡的"单元格"组中单击"插入"按钮，在下拉菜单中选择"插入单元格"命令（或单击"单元格"组中的"删除"按钮，在下拉菜单中选择"删除单元格"命令），打开"插入"对话框(或"删除"对话框)，如图1-9所示，选中4个单选按钮之一；最后单击"确定"按钮，工作表将按选项中的要求插入(或删除)单元格。

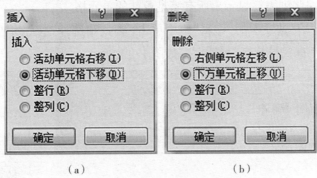

图1-9 插入或删除单元格
(a) "插入"对话框；(b) "删除"对话框

② 插入行或列。先选定要插入新行的下一行(或新列的右一列)，然后在"开始"选项卡的"单元格"组中单击"插入"按钮，在下拉菜单中选择"插入工作表行"(或"插入工作表列")命令；或右击，在弹出的快捷菜单中选择"插入"命令，在打开的"插入"对话框中选择"整行"(或"整列")，即可在所选行的上方插入一行(或所选列的左边插入一列)。

③ 删除行或列。先选定要删除的行或列，然后单击"单元格"组中的"删除"按钮；或右击，在弹出的快捷菜单中选择"删除"命令，即可删除选定的行(或列)。

(5) 查找和替换单元格内容

使用查找与替换功能可以在工作表中快速定位用户要找的信息，并且能有选择地用其他数据来替代它们。

在进行查找、替换操作之前，首先要明确搜索范围。若选定一个单元格区域，则只在该区域内进行搜索；如果要对当前工作表进行搜索，就不需要选定任何单元格区域。

① 查找。在"开始"选项卡的"编辑"组中单击"查找和选择"按钮，在下拉菜单中选择"查找"命令，弹出"查找和替换"对话框，如图1-10所示。

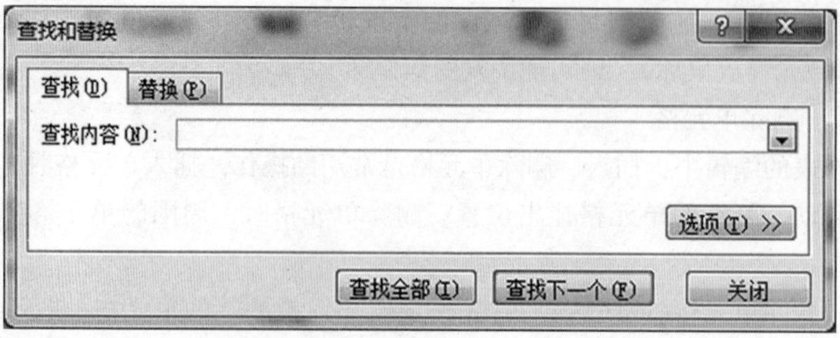

图1-10 "查找和替换"对话框

输入查找内容，然后单击"查找下一个"按钮，当前单元格定位在第一个满足条件的单元格上，重复以上操作，可查找到所有满足条件的单元格；单击"查找全部"按钮，则在对话框下方自动生成一张列表，显示出所有满足条件的单元格。

②替换。在"开始"选项卡的"编辑"组中单击"查找和选择"按钮，在下拉菜单中选择"替换"命令，弹出"查找与替换"对话框，如图1-11所示。

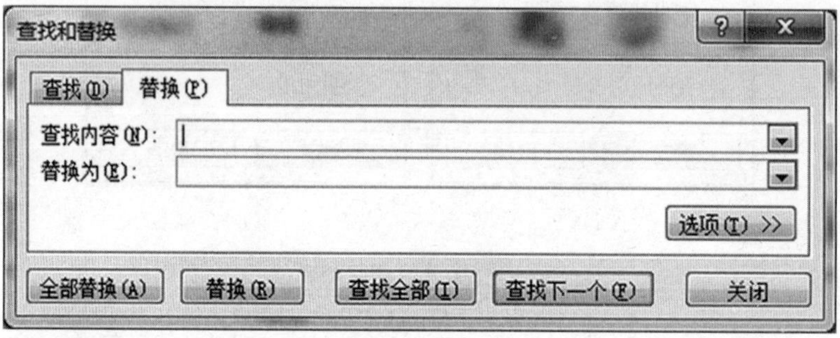

图1-11 "替换"选项卡

输入查找内容以及替换值，单击"查找下一个"按钮，找到满足查找条件的单元格后，若要替换则单击"替换"按钮，否则单击"查找下一个"按钮，如此重复，便可根据用户的需要，进行有选择的替换；单击"全部替换"按钮，则一次性地替换所有满足条件的单元格。

当用户需要进行查找或替换操作时，如果不能确定完整的查找数据，则可以使用通配符问号"？"或者星号"＊"来替代不确定部分的信息。"？"只代表一个字符，而"＊"可代表一个或多个字符。如在查找内容输入"中＊"，则能够查找到所有以"中"开头的数据。

提示：想快速查找出所有符合条件的数据，可以使用"定位条件"命令使单元格指针快速转移到指定的单元格。

- 在"编辑"组选择"查找和选择"下拉菜单中的"定位条件"命令。
- 弹出"定位条件"对话框，选择一项条件，然后单击"确定"按钮。

(6) 单元格对齐方式的设置

默认条件下，在单元格中的数字是右对齐的，而文字左对齐。在制表时，往往要改变这一默认格式，如设置其为居中、跨列居中等。

在"开始"选项卡的"对齐方式"组中有 6 个对齐按钮：顶端对齐、垂直居中、底端对齐、文本左对齐、居中、文本右对齐，可根据对齐方式的需要单击相应的按钮。如果要设置其他的对齐方式，可单击"对齐方式"组右下角的对话框启动按钮，打开"单元格格式"对话框，切换至"对齐"选项卡，可以设置水平对齐、垂直对齐方式等。

若合并单元格，可在"对齐方式"组中单击"合并后居中"按钮；或单击其右侧的下三角按钮，在下拉菜单中选择"合并单元格"命令，如图 1-12 所示。若拆分单元格，则选择"取消单元格合并"命令即可。

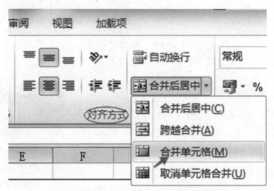

图 1-12 合并单元格

根据需要，有时想把 B 列和 C 列的内容进行合并，如果行数较少，可直接用"剪切"和"粘贴"来完成操作，但如果有几万行，就不能这样操作了。

解决办法如下：在 C 列后插入一个空列（如果 D 列没有内容，就直接在 D 列操作），在 D1 输入"=B1&C1"，D1 列的内容就是 B、C 两列的和了。选定 D1 单元格，用鼠标指向单元格右下角的小方块，当光标变成"+"后，按住鼠标向下拖动到要合并的结尾行处，就完成了 B 列与 C 列的合并。这时不要把 B 列和 C 列删除，要先把 D 列的结果复制一下，再用"选择性粘贴"命令，将数据粘贴到一个空列上，然后再删除 B、C、D 三列。

(7) 超链接单元格的编辑

按〈↑/↓/←/→〉键将光标移动到含有超链接的单元格，可以将其选定，或者单击单元格后按住鼠标左键，直到光标变为空心十字后松开左键，即可选定含有超链接的单元格；右击该单元格，在弹出的快捷菜单中选择"编辑超链接"命令，在弹出的"编辑超链接"对话框中对该单元格超链接进行编辑操作。

(8) 重命名单元格

命名单元格的方法如下。

①选定需要重新命名的单元格。可以看到选定的单元格默认名字为 C2，如图 1-13(a) 所示。

②单击左上角的名称框，在其中输入新的名称，并按〈Enter〉键，如图 1-13(b) 所示。

图1-13 单元格名称

(a)默认单元格；(b)在名称框中输入文字

(9) 批量删除空行

有时需要删除 Excel 工作簿中的空行，一般做法是将空行一一找出，然后删除。如果工作表的行数很多，这样做就非常不方便。可以利用"自动筛选"功能，把空行全部找到，然后一次性删除。具体方法如下。

①先在表中插入一个空行，然后按〈Ctrl+A〉组合键，选定整个工作表，在"数据"选项卡的"排序和筛选"组中单击"筛选"按钮。这时在每一列的顶部，都出现一个下拉列表，在下拉列表中选择"空白"选项，直到页面内已经看不到数据为止，如图1-14所示。

②在所有数据都被选定的情况下，单击"开始"选项卡"单元格"组中的"删除"按钮，在下拉菜单中选择"删除单元格行"命令，然后单击"确定"按钮。这时所有的空行就被删除了。

如果只想删除某一列中的空白单元格，而其他列的数据和空白单元格都不受影响，可以先复制此列，把它粘贴到空白工作表上，按上面的方法将空行全部删掉，然后再将此列复制、粘贴到原工作表的相应位置上。

图1-14 删除空行

7. 常用快捷键

插入、删除和复制选定区域的快捷键如表1-1所示。

表1-1 插入、删除和复制选定区域的快捷键

快捷键	作用	快捷键	作用
〈Ctrl+C〉	复制选定区域	〈Ctrl+Shift+加号〉	插入新行或列
〈Ctrl+V〉	粘贴选定区域	〈Ctrl+-〉	删除选定行或列
〈Ctrl+X〉	剪切选定区域	〈Ctrl+Z〉	撤销最后一次操作
〈Delete〉	清除选定区域的内容		

在工作表和工作簿中选定单元格、列、行或对象的快捷键如表1-2所示。

表 1-2　选定单元格、列、行或对象的快捷键

快捷键	作用
〈Ctrl+空格键〉	选定整列
〈Shift+空格键〉	选定整行
〈Ctrl+A〉	选定整个工作表
〈Ctrl+Shift+End〉	将选定区域扩展到工作表的最后一个包含数据的单元格
〈Shift+BackSpace〉	若已选定多个单元格，则为只选定其中的活动单元格
〈Ctrl+Shift+空格键〉	在选定一个对象时可选定工作表上的所有对象
〈Ctrl+6〉	在隐藏对象、显示对象与对象占位符之间切换

在单元格或编辑栏中使用的快捷键如表 1-3 所示。

表 1-3　在单元格或编辑栏中使用的快捷键

快捷键	作用
〈=（等号）〉	键入公式
〈F2〉	编辑当前单元格
〈F3〉	将名称粘贴到公式中
〈Ctrl+F3〉	定义名称
〈Shift+F9〉	计算活动工作表
〈Ctrl+;〉	输入日期
〈Ctrl+Shift+:〉	输入时间
〈Ctrl+K〉	插入超链接
〈F9〉	计算所有打开工作簿的所有工作表
〈Esc〉	取消单元格或编辑栏中的输入项
〈Alt+=（等号）〉	输入"自动求和"公式
〈BackSpace〉	编辑活动单元格并清除其内容，或在编辑时删除前一个字符

1.1.2　实例演示

【案例 1-1】设置标题行实例演示。

如何将 XWL 公司客户资料表设置标题行为黑底白字？如表 1-4 所示。

视频：案例 1-1 演示

表 1-4　设置标题行

名字	业务电话	公司	职务
阳欢	028-56425703	嘉锐房产有限公司	人力资源部经理
李莉莲	028-55674179	佳里德复合材料公司	市场部经理
方秋	028-54342088	红杰医药有限公司	市场部经理

具体操作步骤如下。
①选定标题行。
②在"开始"选项卡中找到与颜色相关的两个按钮 ![fill][font]，分别选择黑色和白色。

提示：![fill] 按钮表示填充色，![font] 按钮表示字体颜色。

③完成效果如图 1-15 所示。

	A	B	C	D
1	名字	业务电话	公司	职务
2	阳欢	028-56425703	嘉锐房产有限公司	人力资源部经理
3	李莉莲	028-55674179	佳里德复合材料公司	市场部经理
4	方秋	028-54342088	红杰医药有限公司	市场部经理

图 1-15 设置标题行效果图

【案例 1-2】在快速访问工具栏添加常用按钮实例演示。

如何在快速访问工具栏中添加"筛选"按钮 ？

具体操作步骤如下。
①在"数据"选项卡中找到"筛选"按钮，右击，在快捷菜单中选择"添加到快速访问工具栏"命令。
②完成后，快速访问栏会出现"筛选"按钮的图标。

视频：案例 1-2 演示

1.2 图表的制作技巧

1.2.1 知识储备

1. 图表的概念

在 Excel 中，图表是指将工作表中的数据用图形表示出来。例如，将各地区每周的销售用柱形图显示出来，图表可以使数据更加有趣、吸引人、易于阅读和评价。它们也可以帮助我们分析和比较数据。

当基于工作表选定区域建立图表时，Excel 使用来自工作表的值，并将其当作数据点在图表上显示。数据点用条形、线条、柱形、切片、点及其他形状表示，这些形状称作数据标示。

建立了图表后，我们可以通过增加图表项，如数据标记、图例、标题、文字、趋势线、误差线及网格线来美化图表和强调某些信息。大多数图表项可被移动或调整大小。我们也可以用图案、颜色、对齐、字体及其他格式属性来设置这些图表项的格式。

(1) 图表的分类

Excel 中的图表有柱形图、折线图、饼图、条形图、面积图、散点图、股价图、曲面图、圆环图、气泡图和雷达图。

①柱形图。柱形图用于显示一段时间内的数据变化或说明各项之间的比较情况，如图 1-16（a）所示。在柱形图中，通常横坐标轴表示组织类型，纵坐标轴表示组织值。

②折线图。折线图如图 1-16（b）所示，可以显示随时间而变化的连续数据（根据常用

比例设置），因此非常适用于显示在相等时间间隔下数据的趋势。在折线图中，类别数据沿水平轴均匀分布，所有的值数据沿垂直轴均匀分布。

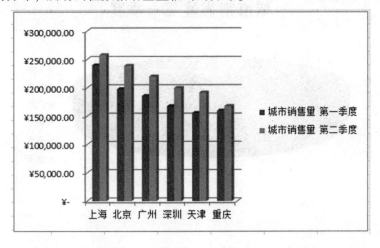

(a)

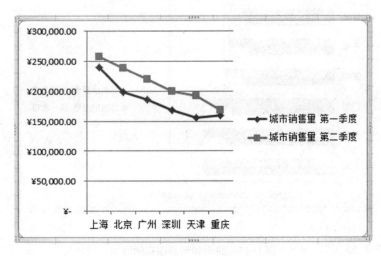

(b)

图1-16　柱形图和折线图实例演示

(a)柱形图；(b)折线图

③饼图。仅排列在工作表的一列或一行中的数据可以绘制到饼图中。饼图显示一个数据系列的各项的大小，与各项总和成比例，如图1-17(a)所示。饼图中的数据点显示为整个饼图的百分比。

提示：使用饼图的情况有以下几种。

- 仅有一个要绘制的数据系列。
- 要绘制的数值没有负值。
- 要绘制的数值几乎没有零值。
- 不超过七个类别。
- 各类别分别代表整个饼图的一部分。

④条形图。排列在工作表的列或行中的数据可以绘制到条形图中。条形图显示各项之

间的比较情况，如图1-17（b）所示。

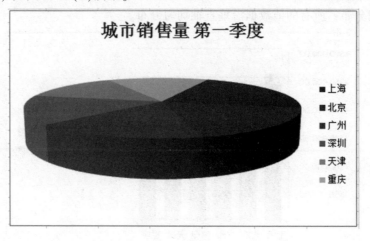

（a）

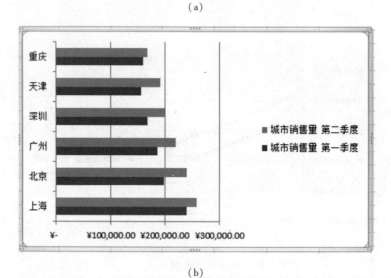

（b）

图1-17　饼图和条形图实例演示

（a）饼图；（b）条形图

⑤面积图。面积图如图1-18（a）所示，它强调数量随时间而变化的程度，也可用于引起人们对总值趋势的注意。例如，表示随时间而变化的利润的数据可以绘制到面积图中以强调总利润。通过显示所绘制的值的总和，面积图还可以显示部分与整体的关系。

⑥散点图。散点图显示若干数据系列中各数值之间的关系，或者将两组数字绘制为 XY 坐标的一个系列，如图1-18（b）所示。

散点图有两个数值轴，沿横坐标轴（X 轴）方向显示一组数值数据，沿纵坐标轴（Y 轴）方向显示另一组数值数据。散点图将这些数值合并到单一数据点，并按不均匀的间隔或簇来显示它们。散点图通常用于显示和比较数值，如科学数据、统计数据和工程数据。

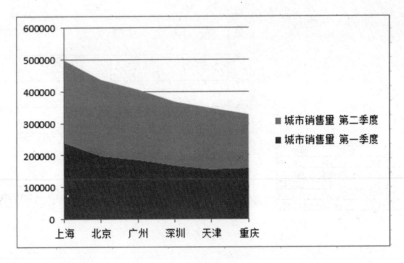

(a)

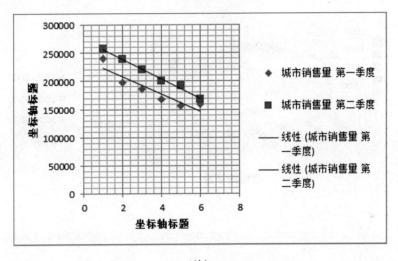

(b)

图1-18　面积图和散点图实例演示

(a)面积图；(b)散点图

提示：如果分类标签是文本并且表示均匀分布的数值(如月份、季度或财政年度)，则应使用折线图。当有多个系列时，尤其适合折线图；对于一个系列，则应考虑使用散点图。如果有几个均匀分布的数值标签(尤其是年份)，也应该使用折线图。如果拥有的数值标签多于十个，请改用散点图。

⑦股价图。股价图通常用来显示股价的波动，如图1-19(a)所示。不过，这种图表也可用于表示科学数据。例如，可以使用股价图来说明每天或每年温度的波动。注意，必须按正确的顺序来组织数据才能创建股价图。

⑧曲面图。如果要找到两组数据之间的最佳组合，可以使用曲面图，如图1-19(b)所示。就像在地形图中一样，颜色和图案表示处于相同数值范围内的区域。

当类别和数据系列都是数值时，可以使用曲面图。

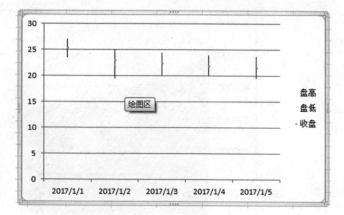

(a)

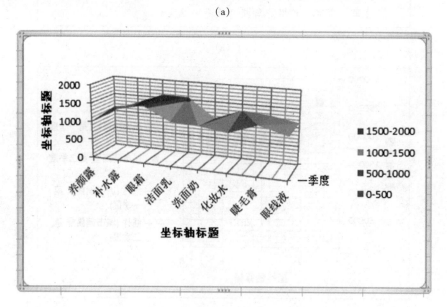

(b)

图 1-19 股价图和曲面图实例演示

(a)股价图；(b)曲面图

⑨圆环图。像饼图一样，圆环图显示各个部分和整体之间的关系，如图 1-20(a)所示。但是它可以包含多个数据系列，而饼图只有一个数据系列。不过圆环图不易于理解，可能需要改用堆积柱形图或者堆积条形图。

⑩气泡图。排列在工作表列中的数据(第一列中列出 X 值，在相邻列中列出相应的 Y 值和气泡大小的值)可以绘制到气泡图中，如图 1-20(b)所示。

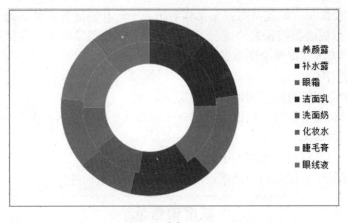

(a)

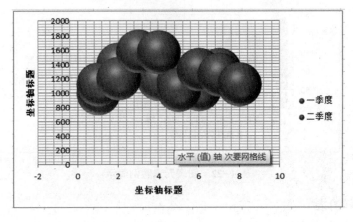

(b)

图 1-20　圆环图和气泡图实例演示

(a) 圆环图；(b) 气泡图

⑪雷达图。雷达图如图 1-21 所示，可用于比较几个数据系列的聚合值。

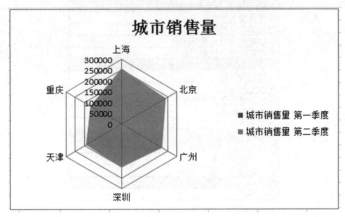

图 1-21　雷达图

(2) 图表元素

图表中包含许多元素，如图 1-22 所示。默认情况下还显示其中一部分元素，而其他元素可以根据需要添加。通过将图表元素移到图表中的其他位置、调整图表元素的大小或者更改格式，可以更改图表元素的显示，还可以删除不希望显示的图表元素。

① 图表的图表区，即整个图表及其全部元素。
② 图表的绘图区。
③ 在图表中绘制的数据系列的数据点。
④ 横坐标轴和纵坐标轴，数据沿着横坐标轴和纵坐标轴绘制在图表中。
⑤ 图表的实例演示。
⑥ 图表标题以及可以在该图表中使用的坐标轴标题。
⑦ 可以用来标识数据系列中数据点的详细信息的数据标签。

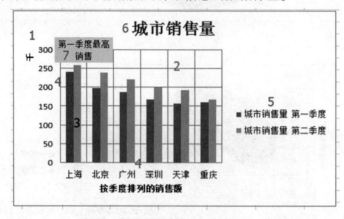

图 1-22　图表元素实例演示

2. 创建编辑图表

先选定需要用图表展示的数据，然后通过在"插入"选项卡的"图表"组中单击所需图表类型来创建基本图表。若要创建显示所需详细信息的图表，可以继续执行以下步骤，如图 1-23 所示。下面以创建三维柱形图为例具体介绍。

图 1-23　创建图表的步骤

（1）创建图表

可以选定一行或一列数据，也可选定连续或不连续的数据区域，但一般包括列标题和行标题,以便文字标注在图表上。本例中,选定 B1:D8 单元格区域。

在"插入"选项卡的"图表"组中单击"柱形图"按钮,在下拉菜单中选择"三维柱形图"命令,此时便创建了如图 1-24 所示的图表。

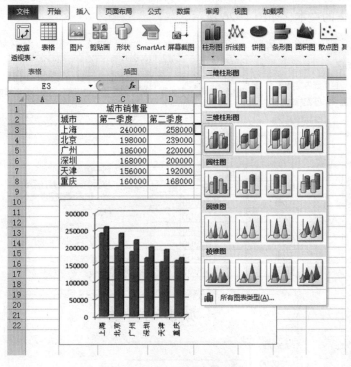

图 1-24 图标的创建

(2)更改图表的布局、样式

创建图表后,可以快速向图表应用预定义布局和样式,而无须手动添加或更改图表元素或设置图表格式,方法是:在"设计"选项卡的"图表布局"组中,单击要使用的图表布局;在"设计"选项卡的"图表样式"组中,单击要使用的图表样式,如图 1-25 所示。

(a)

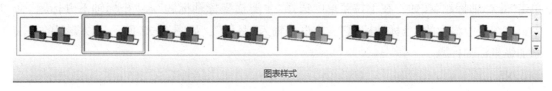

(b)

图 1-25 图表布局和样式

(a)图表布局;(b)图表样式

(3)添加标题、数据标签

为图1-24添加标题"城市销售量",方法是:在"布局"选项卡的"标签"组中,单击"图表标题"按钮,在下拉菜单中选择"图表上方"命令,然后在图表中显示的"图表标题"文本框中输入所需的文本,如图1-26所示。

图1-26 添加标题

为"城市销售量"图表添加坐标轴名称:横坐标轴为"地区",纵坐标轴为"销量"。方法是:单击要为其添加坐标轴标题的图表中的任意位置,在"布局"选项卡的"标签"组中,单击"坐标轴标题"按钮,在下拉菜单中选择"主要横坐标轴标题"→"坐标轴下方标题"命令,在图表中显示的"坐标轴标题"文本框中输入"月份",如图1-27所示;以类似的方法添加纵坐标轴标题。

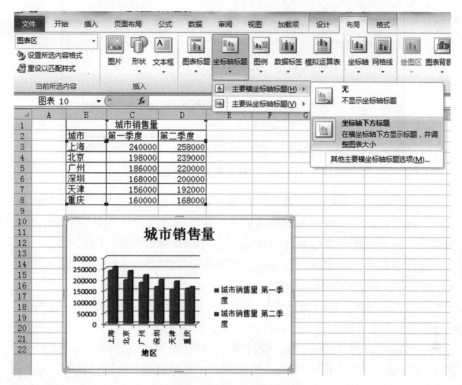

图 1-27 添加坐标轴标题

若让四车间在各个月的产量显示在图表中,可选中数据系列,然后在"布局"选项卡上的"标签"组中,单击"数据标签"按钮,在下拉菜单中选择"显示"命令。

(4) 隐藏、删除图例

创建图表时,会显示图例,可以在图表创建完毕后隐藏图例或更改图例的位置。在"布局"选项卡的"标签"组中,单击"图例"按钮,在下拉菜单中选择"无"命令,则隐藏图例。

要从图表中快速删除某个图例或图例项,可以选择该图例或图例项,然后按〈Delete〉键。还可以右击该图例或图例项,然后在快捷菜单中选择"删除"命令。

(5) 显示、隐藏图表坐标轴

在创建图表时,会为大多数图表类型显示主要坐标轴。在"布局"选项卡的"坐标轴"组中,单击"坐标轴"按钮,在下拉菜单中选择相关的命令:若要显示坐标轴,请选择"主要横坐标轴""主要纵坐标轴"或"竖坐标轴"(在三维图表中),然后选择所需的坐标轴显示选项;若要隐藏坐标轴,请选择"无"。

(6) 移动图表

可以将图表移动到工作表的任意位置,或移动到新工作表或现有的其他工作表中;也可以将图表更改为更合适的大小。

创建好图表后,单击图表,在"设计"选项卡的"位置"组中单击"移动图表"按钮,弹出"移动图表"对话框,从中可以选择放置图表的位置,如图 1-28 所示。

图 1-28 "移动图表"对话框

对于嵌入式图表，首先单击图表空白区域，这时图表边界四周出现 8 个控点的边框，表示已选定。拖曳控点，可使图表缩小或放大；拖曳图表空白区的任一部分，可使图表在工作表中移动；还可以使用剪贴板复制图表；按〈Delete〉键可删除图表。

对于独立图表的移动和删除，实际就是移动和删除图表所在的工作表。

(7) 添加或删除图表中的数据序列

方法 1，直接在图表上进行鼠标操作。例如，要删除图 1-27 所示的图表中的"第二季度"数据，操作方法是：单击任一月份的柱形条，这时"第二季度"每月柱形条上都显示一个方块，表示已选定，按〈Delete〉键，便可删除"第二季度"数据序列。

方法 2，在"设计"选项卡的"数据"组中单击"选择数据"按钮，在打开的"选择源数据"对话框中，添加和删除数据序列。

(8) 更改图表类型

将图 1-24 所示的三维柱形图改为堆积折线图，方法是：在"设计"选项卡的"类型"组中单击"更改图表类型"按钮，弹出"更改图表类型"对话框，选择其中的堆积折线图，单击"确定"按钮即可，如图 1-29 所示。

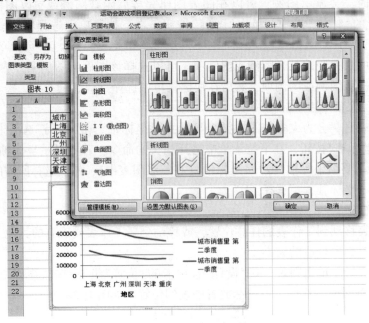

图 1-29 更改图表类型

3. 其他技巧

首先绘制一散点图，然后在此基础上进行讲解：在 A1：B13 中输入如图 1-30 所示的数据；然后在"插入"选项卡的"图表"组中单击"散点图"按钮，在下拉菜单中选择"仅带数据标记的散点图"命令，创建如图 1-30 所示的散点图。

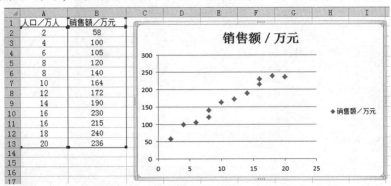

图 1-30　散点图

（1）设置网格线

网格线有横网格线和纵网格线两大类。在"布局"选项卡的"坐标轴"组中单击"网格线"按钮，然后选择相应的命令即可。如果要设置网格线的线型、颜色等选项，则选择"其他主要横（纵）坐标网格线选项"命令，在弹出的对话框中进行设置。

创建散点图时，默认会显示主要横网格线，如果要隐藏网格线，则选择"无"命令即可。

（2）设置坐标轴

①设置坐标轴刻度。对于二维坐标图，坐标轴有横坐标轴和纵坐标轴。如果要设置坐标轴，可在"布局"选项卡中的"坐标轴"组中单击"网格线"按钮，然后选择相应的命令，如图 1-31 所示。如果要进行更多的设置，则选择"其他主要横（纵）坐标轴选项"命令，在弹出的对话框中进行设置。或者右击坐标轴，在弹出的快捷菜单中选择"设置坐标轴格式"命令来设置。

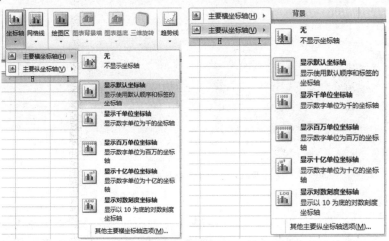

图 1-31　坐标轴的设置

创建图表时，会显示横坐标轴和纵坐标轴。但有时候，数据总体上离坐标轴的距离比较远，如图1-32所示。为了便于观察和分析，需要设置坐标轴的最小值。有时候也要为坐标轴添加单位。

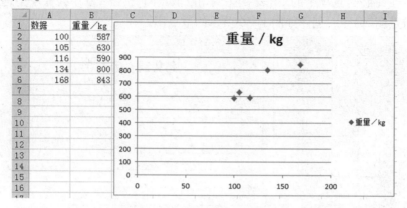

图1-32 散点图

观察图1-32，可以发现数据横坐标的最小值为100，纵坐标的最小值为587，此时要将其调整为50和500，并将刻度线显示在内部。方法是：选中并右击纵坐标轴，在右边弹出的快捷菜单中，在"坐标轴选项"中"边界""最小值"输入500；然后在"主要刻度线类型"中选择"内部"，如图1-33所示，最后关闭对话框。横坐标轴的设置方法类似。

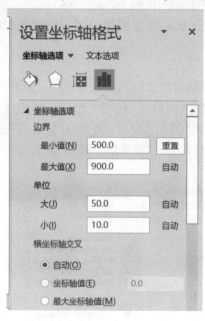
(a)

(b)

图1-33 设置坐标轴格式
(a)坐标轴设置最小值；(b)主刻度线类型设置

②添加坐标轴标题。可以为横坐标轴和纵坐标轴添加标题，设置方法类似。在"布局"选项卡的"标签"组中单击"坐标轴标题"按钮，在下拉菜单中选择要添加的位置，如图1-34所示。如果要为图1-34所示的散点图添加旋转的标题"重量/kg"，则选择"主要纵坐

标轴标题"→"旋转过的标题"命令，在添加的文本框区域输入"重量/kg"即可。

图 1-34　设置坐标轴标题

(a)添加坐标轴下方标题；(b)添加旋转过的标题

(3) 设置数据系列格式

对于图 1-35 所示的散点图，如果希望将数据系列改成 7 磅的红色三角形，则可按如下步骤操作。

①选中数据系列，右击，在弹出的快捷菜单中选择"设置数据系列格式"命令，打开"设置数据系列格式"对话框。

②在左侧列表框选择"数据标记填充"选项，选中"纯色填充"单选按钮，再选择"红色"。

③在左侧列表框选择"数据标记选项"选项，选中"内置"单选按钮，设置"类型"为"三角形"，"大小"为"7"，如图 1-35 所示。

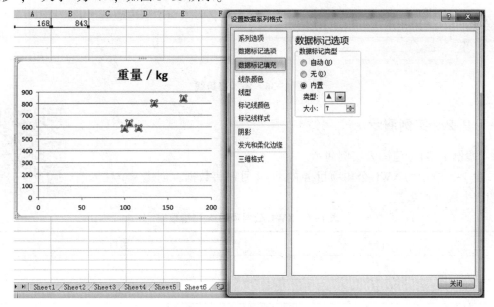

图 1-35　设置数据系列格式

如果要添加线条，可在"线条颜色"中选择"实线"，然后在"线型"中设置线条的宽度和短划线类型。

(4) 在图表中显示数据

显示数据的方法很简单,如果要让整个数据系列都显示数据,则选择数据系列;如果要让单个数据点显示数据,则选中数据点,然后右击,在弹出的快捷菜单中选择"添加数据标签"命令即可。

(5) 使用趋势线

趋势线是用图形的方式显示数据的预测趋势,并可用于预测分析。例如,图1-32中的数据近似是一种线性关系,可为其添加线性趋势线。具体方法是:在"布局"选项卡的"分析"组中,单击"趋势线"按钮,在下拉菜单中选择"线性趋势线"命令,如图1-36所示。如果要设置更多选项,则选择"其他趋势线选项"命令。

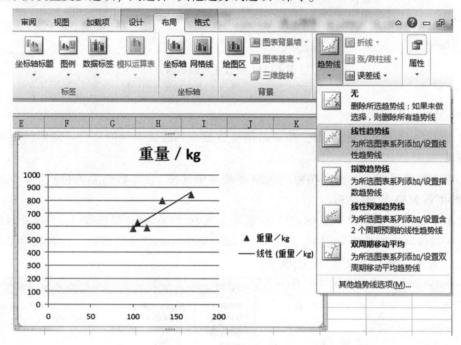

图 1-36 添加趋势线

1.2.2 实例演示

【案例 1-3】创建图表实例演示。

表 1-5 所示为 XWL 公司项目 A 的 1~4 月销售数据,创建一个柱形图用图表来展现该数据。

视频:案例 1-3 演示

表 1-5 XWL 公司项目 A 销售数据

月份	项目 A
1 月	263
2 月	447
3 月	599
4 月	621

具体操作步骤如下。

①选定表格中任意一单元格,单击"插入"选项卡"图表"组中的"插入柱形图"按钮,在下拉菜单中选择"簇状柱形图"命令。

②完成的效果如图 1-37 所示,从中可以直观展现出此项目在 1~4 月中表现稳步上升。

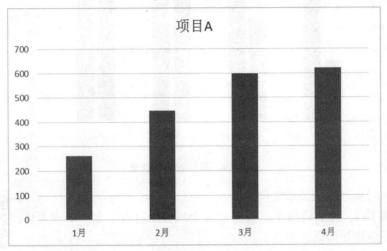

图 1-37 簇状柱形图效果

【案例 1-4】增加数据实例演示。

承接案例 1-3,如果该公司又有项目 B 数据,现在需要对 A、B 两个项目对比,该如何添加一组新数据呢?

具体操作步骤如下。

①选中图表时,会看到表格中出现框线,这些框线代表数据区域,拖拽框线的右下角,将选区扩大到 C 列,则将 C 列的数据也快速添加到了图表中,如图 1-38 所示。

视频:案例 1-4 演示

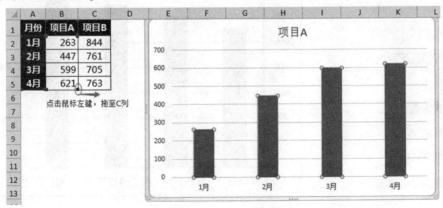

图 1-38 添加新数据步骤

②增加数据之后,图表中显示了另一组柱形,此时可以对两个项目进行对比分析。如图 1-39 所示。

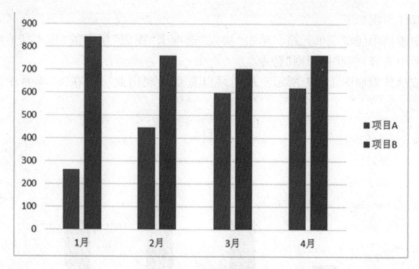

图 1-39 添加新数据效果

【案例 1-5】更改图表类型实例演示。

承接案例 1-4，想要将同个月份中的多个项目组合在一起，展现总体的业绩状况，应该如何设计图表？

具体操作步骤如下。

①选中图表，右击，在快捷菜单中选择"更改图表类型"命令，如图 1-40 所示。

视频：案例 1-5 演示

②在类型中选择"柱形图"中的另一种"堆积柱形图"。

③原图表已经改变形态，不需要重新创建图表，从图 1-41 中可以看出，两个项目整体来看呈每月稳步上升趋势。

图 1-40 更改图表类型

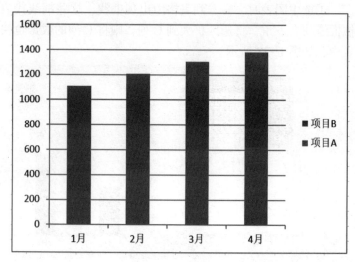

图 1-41 完成效果

【案例 1-6】复合饼图实例演示。

我们平时在制作饼图时会发现一些问题：如饼图分类太多、数据标签拥挤、百分比看花眼等，该如何解决这些问题呢？这就需要将占比较小的部分再进行分别展现，我们把这称之为复合饼图。表 1-6 所示为 XWL 公司客户费用相关数据资料。

视频：案例 1-6 演示

制作复合条饼图的具体操作步骤如下。

①选中表格中任意一个单元格，单击"插入"选项卡"图表"组中的"饼图"按钮，在下拉菜单中选择"复合条饼图"命令，效果如图 1-42 所示。右侧柱形包含 3 个分类，即数据表格中位置在最后的 3 个分类。

表 1-6　XWL 公司客户费用

客户分类	费用
A 类	5 413
B 类	864
C 类	323
D 类	3 799
E 类	238
F 类	2 646
G 类	144

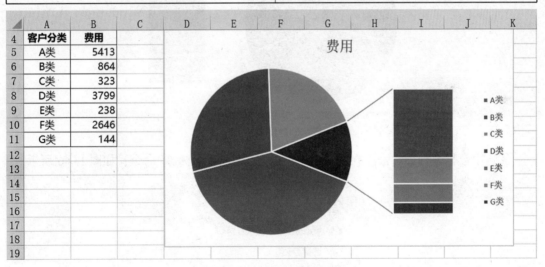

图 1-42　复合条饼图

②选中数据系列，右击，在快捷菜单中选择"设置数据系列格式"命令，如图 1-43 所示。表格右边会出现"设置数据系列格式"窗格，如图 1-44 所示。在"系列分割依据"下拉列表中选择"值"选项，"值小于"文本框中输入"1000"，这样就将数值小于 1 000 的分类展现在右侧柱形中。

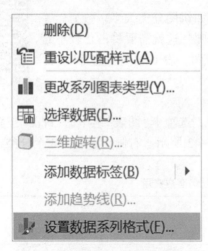

图1-43 设置数据系列格式步骤(1)

图1-44 设置数据系列格式步骤(2)

③删除无关的图表元素。选中图表标题，按〈Delete〉键即可删除。可用同样的方法删除图例，如图1-45所示。

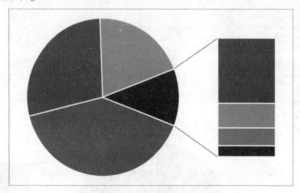

图1-45 删除图表标题和图例

④选中数据系列，右击，在快捷菜单中选择"添加数据标签"命令，如图1-46所示。

图1-46 添加数据标签

⑤选中数据标签，右击，在快捷菜单中选择"设置数据标签格式"命令，如图1-47所示。

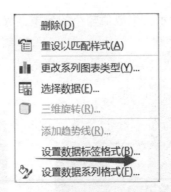

图 1-47　设置数据标签格式步骤(1)

⑥在"标签选项"中勾选"类别名称""百分比""显示引导线"复选框；将"分隔符"设置为"空格"；将"标签位置"设置为"数据标签外"，如图 1-48 所示。

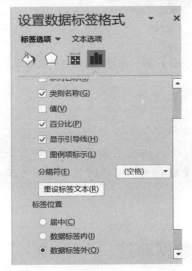

(a)

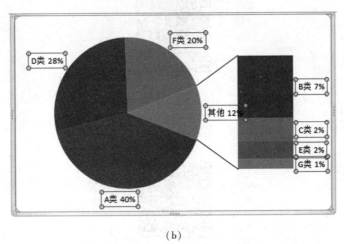

(b)

图 1-48　设置数据标签格式步骤(2)
(a)设置数据标签格式；(b)设置数据标签格式后效果

⑦完成的效果如图1-49所示：将数值较小的分类，放到饼图的右侧展现，整个图表更加清晰、直观、重点突出。

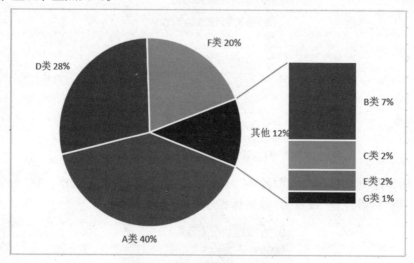

图1-49　设置数据标签格式效果

> **知识拓展**
>
> 　　身为专业的财会人员，必须掌握各种Excel技巧，以提高工作效率。例如数据填充和数据筛选、排序、分类汇总等，这也是实务中需要经常运用的技能。关于以上这些技巧，本书以拓展章节的方式予以补充。可以通过扫描下方二维码观看详细的学习内容。

1.3　数据填充和数据筛选

1.4　排序

1.5 分类汇总

本章全面系统地介绍了 Excel 2016 基础知识,其中重点介绍了单元格、工作表、工作簿、图表的基本操作。

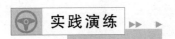

【实践一】ABC 公司 1~6 月份的销售量与单价如表 1-7 所示。

表 1-7　ABC 公司销售量与单价

项目	1月	2月	3月	4月	5月	6月
销售量/台	520	540	550	585	590	605
单价/元	33	35	30	34	33	33.5
销售收入/元	17 160	18 900	16 500	19 890	19 470	20 267.5

要求：①用自定义序列的方法输入 1~6 月。
②对单元格区域进行命名。
③销售收入的计算公式：销售收入=销售量×单价(使用单元格名称)。
④对单价低于 34 元的区域用黄色显示,对销售收入高于 19 000 元的用红色显示。
⑤对 3 月份添加批注——淡季降价销售。

【实践二】表 1-8 所示为 ABC 公司职员名单,请将"性别"列设置为只能录入男或女,不能出现其他信息。

表 1-8　ABC 公司职员名单

员工姓名	性别
米娜	
穆奇	
刘媛	
王麦	
孙生武	

【实践三】请用组合图同时展示 ABC 公司新增用户数及市场占有率。相关资料如表 1-9 所示。

要求：用柱形图和折线图的组合图及坐标轴来展示两类数据。

表 1-9　ABC 公司新增用户数及市场占有率

月份	新增用户数	市场占有率
7 月	121	15.8%
8 月	113	16.2%
9 月	64	15.3%
10 月	176	17.2%
11 月	100	17.5%
12 月	131	18.1%

第 2 章 公式和函数

学习目的

了解 Excel 中公式和函数的表示方法；掌握公式的使用方法，能够区分绝对引用和相对引用；重点掌握公式数组的用法；了解公式出错的原因，能够予以解决；了解函数的分类；重点掌握一般函数、财务函数的使用方法。

2.1 公式

2.1.1 知识储备

Excel 具有强大的计算功能，它除了可以进行加、减、乘、除四则运算外，还可以对财务、金融、统计等方面的复杂数据进行计算，根据系统提供的函数或者根据需要手动输入公式来计算。本节主要介绍手动输入公式的方法。

1. 认识 Excel 中的公式

Excel 公式以等号"="开始，公式中可以包含运算符、常量数值、单元格引用、单元格区域引用、系统内部函数等，如图 2-1 所示。

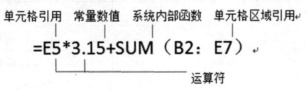

图 2-1 引用运算符

该公式的意思是：E5 单元格内的数据乘以 3.15，与单元格区域 B2：E7 中所有数据的和是多少。当输入公式并按下〈Enter〉键后，公式的计算结果会自动显示，也就是说 Excel

2016 对数据进行了自动计算。

2. 运算符及其优先级

(1) 运算符

在 Excel 公式中,运算符可以分为算术、比较、字符和引用运算符 4 种类型。

① 算术运算符包括 +(加)、-(减)、*(乘)、/(除)、%(百分比)、^(指数)。

② 比较运算符包括 =(等于)、>(大于)、<(小于)、>=(大于或等于)、<=(小于或等于)、<>(不等于)。

③ 字符运算符包括 &(连接)。例如:"Hello"&"World"的结果就是"HelloWorld"。

④ 引用运算符及其含义如表 2-1 所示。

表 2-1　引用运算符及其含义

引用运算符	含义
:(冒号)	区域运算符,表示区域引用,对包括两个单元格在内的所有单元格进行引用
,(逗号)	联合运算符,将多个引用合并为一个引用
空格	交叉运算符,对同时隶属于两个区域的单元格进行引用

例如,B2:F5 表示 B2 单元格到 F5 单元格矩形区域内的所有单元格;

SUM(B5:B15,D4:D12) 表示 B5~B15 以及 D4~D12 所有单元格求和;

SUM(B5:B15 A7:D7) 表示两区域交叉单元格之和,即 B7。

(2) 运算符的优先级

如果公式中同时用到多个运算符,Excel 将按如表 2-2 所示的顺序进行运算。如果公式中包含相同优先级的运算符,例如,公式中同时包含乘法和除法运算符,则 Excel 将从左到右进行计算。

表 2-2　运算符优先级

优先级	运算符	说明
高 ↑ ↑ ↑ ↑ ↑ ↑ ↑ 低	:(冒号)	引用运算符
	(单个空格)	
	,(逗号)	
	-	负号(如-1)
	%	百分比
	^	乘幂
	* 和 /	乘和除
	+ 和 -	加和减
	&	连接两个文本字符串(连接)
	=、<、>、<=、>=、<>	比较运算符使用括号

若要更改求值的顺序,可把公式中先计算的部分用括号括起来。例如,下面公式第一部分中的括号表明首先计算 B4+25,然后再除以单元格 D5、E5 和 F5 中数值的和:=

(B4+25)/SUM(D5：F5)。

3. 引用单元格

(1) 单元格引用的一般式

单元格引用的一般式如下：

工作表名！单元格引用

或

[工作簿名]工作表名！单元格引用

在引用同一工作簿单元格时，工作簿名可以省略，在引用同一工作表时，工作表名可以省略。

例如，E12：F15 表示引用了同一工作表的 E12：F15 单元格区域；Sheet2!A2 表示引用了工作表 Sheet2 的 A2 单元格。

提示： 如果要同时引用多个工作簿相同区域中的数据，则可以使用冒号"："标识工作表的范围，如 Sheet3：Sheet5。

(2) 相对地址与绝对地址

① 相对地址。公式中的相对单元格引用是基于包含公式和单元格引用的单元格的相对位置。如果公式所在的单元格位置改变，引用也随之改变。如果复制公式多行或多列，引用会自动调整。在默认情况下，新公式会使用相对引用。

如图 2-2 所示，在 C1 单元格中，输入公式"=A1*B1"，这时表示 Excel 将在 C1 单元格左边的第二个单元格和第一个单元格中查找数据，并把它们相乘，把相乘的值赋予 C1。此处 A1、B1 就是相对于公式所在的单元格 C1 的相对位置。如果将 C1 单元格内的公式复制到 C2 单元格中，将自动从"=A1*B1"调整为"=A2*B2"，则 C2 单元格的内容为"20"。

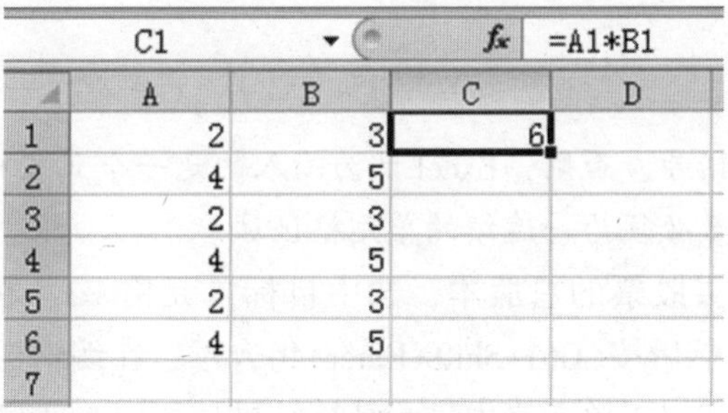

图 2-2 相对引用实例演示

② 绝对地址。有时并不希望全部采用相对地址。例如，公式中某一项的值固定存放在某单元格中，在复制公式中，该项地址不能改变，这样的单元格地址称为绝对地址。绝对地址的表示方式是在相对地址的行和列前加上"$"符号，如在 F3 中定义公式"=$B$3+$C$3+$D$3+$E$3"，然后将 F3 中的公式复制到 F5 单元格，则 F5 单元格的值与 F3 相同，原因是绝对地址在公式复制时，不会随单元格的不同而变化，这一点与相对地址截然不同。

③ 混合地址。如仅在列号前加"$"符号或仅在行号前加"$"符号，表示混合地址。如

果公式所在的单元格位置改变，则相对引用改变，而绝对引用不变。

例如，在C5单元格中输出公式“=$A3 * B $3”，将C5单元格内的公式复制到C6单元格中，公式中相对引用改变，而绝对引用不变，公式变为“=$A4 * B $3”，如图2-3所示。

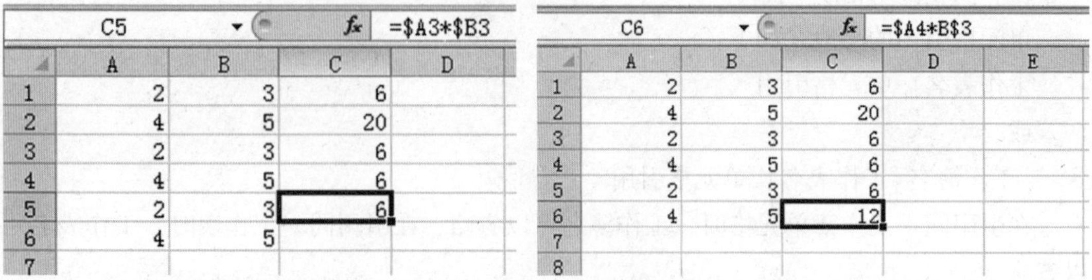
C5　=$A3*$B3

	A	B	C	D
1	2	3	6	
2	4	5	20	
3	2	3	6	
4	4	5	6	
5	2	3	6	
6	4	5		
7				

C6　=$A4*B$3

	A	B	C	D	E
1	2	3	6		
2	4	5	20		
3	2	3	6		
4	4	5	6		
5	2	3	6		
6	4	5	12		
7					
8					

图2-3　绝对引用实例演示

4. 使用数组公式

假设要将A1：A50区域中的所有数值舍入到2位小数位，然后对舍入的数值求和。很自然地就会想到使用公式“=ROUND(A1，2)+ROUND(A2，2)+…+ROUND(A50，2)”。

有没有更便捷的算法呢？答案是肯定的，可以使用数组的方式输入公式，即

{=SUM(ROUND(A1：A50，2))}

数组就是单元的集合或是一组处理的值集合。可以写一个以数组为参数的公式，即数组公式，就能通过这个单一的公式，执行多个输入的操作并产生多个结果，每个结果显示在一个单元中。也就是说，数组公式可以看成有多重数值的公式。与单值公式的不同之处在于，它可以产生一个以上的结果。

输入数组公式时，首先必须选择用来存放结果的单元格区域(可以是一个单元格)，然后在编辑栏输入公式，再按〈Ctrl+Shift+Enter〉组合键锁定数组公式，Excel将在公式两边自动加上花括号“{}”。

注意：

①不要自己输入花括号，否则，Excel认为输入的是一个正文标签。

②数组公式中的参数必须为一连续的单元格区域。

例如，需要计算购买股票的总股本，选中目标单元格E3，在编辑栏中输入“=SUM(B3：B5 * C3：C5)”，然后按〈Ctrl+Shift+Enter〉组合键，在编辑栏可以看到公式的两端自动添加了“{}”符号，并在E3单元格中显示结算结果，如图2-4所示。

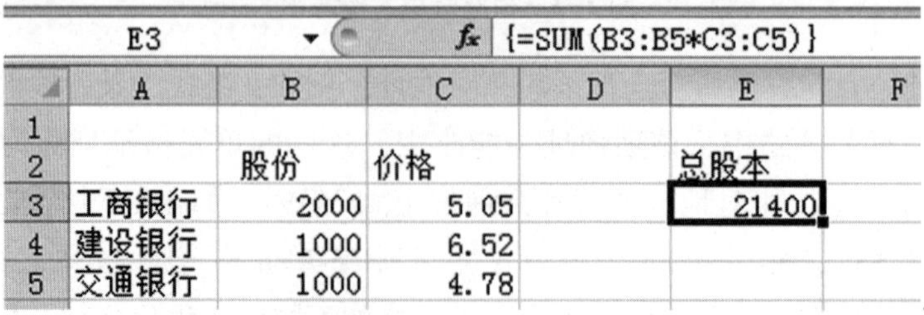
E3　{=SUM(B3:B5*C3:C5)}

	A	B	C	D	E	F
1						
2		股份	价格		总股本	
3	工商银行	2000	5.05		21400	
4	建设银行	1000	6.52			
5	交通银行	1000	4.78			

图2-4　数组公式实例演示

=SUM(B3：B5 * C3：C5)相当于=B3 * C3+B4 * C4+B5 * C5。为了便于理解，在D3中输入“=B3 * C3”，然后填充至D5单元格，这样D3、D4、D5就分别是每一只股票的股本，然后在D5单元格输入“=SUM(D3：D5)”，这样总股本就出来了，如图2-5所示。可以发现，填充计算和使用数组公式的结果是一样的，如果要计算的数据项很多，使用数组公式会更简洁方便。

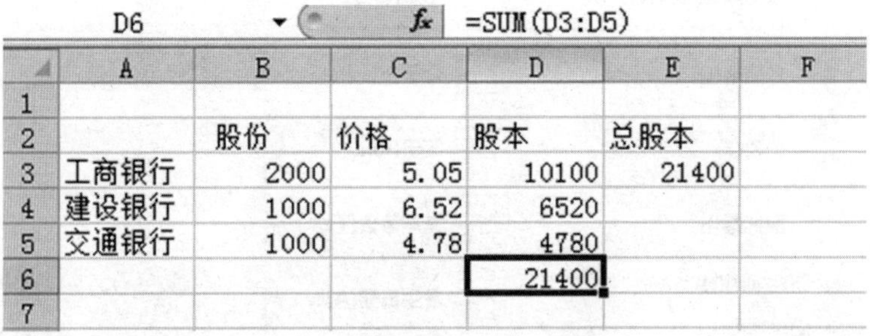

D6 =SUM(D3:D5)

	A	B	C	D	E	F
1						
2		股份	价格	股本	总股本	
3	工商银行	2000	5.05	10100	21400	
4	建设银行	1000	6.52	6520		
5	交通银行	1000	4.78	4780		
6				21400		
7						

图2-5　通过自动填充进行计算

下面再举一个例子：统计股价小于6元的股票支数。在A7单元格中输入“=SUM(IF(C3：C5<6，1，0))”，然后按〈Ctrl+Shift+Enter〉组合键，使公式变成数组公式{=SUM(IF(C3：C5<6，1，0))}，结果如图2-6所示。通过IF函数判断股票价格是否小于6元，如果小于6则结果为1，然后通过SUM函数将结果累加起来，即1+0+1=2。

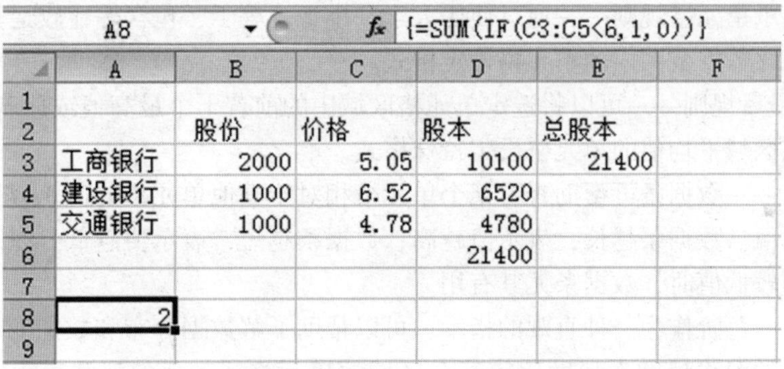

A8 {=SUM(IF(C3:C5<6,1,0))}

	A	B	C	D	E	F
1						
2		股份	价格	股本	总股本	
3	工商银行	2000	5.05	10100	21400	
4	建设银行	1000	6.52	6520		
5	交通银行	1000	4.78	4780		
6				21400		
7						
8	2					
9						

图2-6　利用数组公式进行统计

注意：双击进入公式的编辑状态时，“{}”符号将消失，编辑完公式后，必须再次按〈Ctrl+Shift+Enter〉组合键。

如果要删除数组公式，选取数组公式所占有的区域后，按〈Delete〉键即可。

5. 条件格式

“条件格式”下拉菜单中包括突出显示单元格规则、最前/最后规则、数据条、色阶、图标集等命令，如图2-7所示。

图 2-7 条件格式

各条命令的功能说明如下。

• 突出显示单元格规则——通过使用大于、小于、等于、包含等比较运算符限定数据范围，对属于该数据范围内的单元格设定格式。

• 最前/最后规则——可以将选定单元格区域中的前若干个最高值或后若干个最低值、高于或低于该区域平均值的单元格设定特殊格式。

• 数据条——数据条可帮助查看某个单元格相对于其他单元格的值。数据条的长度代表单元格中的值。数据条越长，表示值越高；数据条越短，表示值越低。在观察大量数据中的较高值和较低值时，数据条尤其有用。

• 色阶——色阶作为一种直观的指示，可以帮助了解数据分布和数据变化。双色刻度使用两种颜色的深浅程度来帮助比较某个区域的单元格。颜色的深浅表示值的高低。例如，在黄色和红色的双色刻度中，可以指定较高值单元格的颜色更黄，而较低值单元格的颜色更红。

• 图标集——使用图标集可以对数据进行注释，并可以按阈值将数据分为 3~5 个类别。每个图标代表一个值的范围。例如，在三相交通灯图标集中，红色的交通灯代表较高值，黄色的交通灯代表中间值，绿色的交通灯代表较低值。

下面以将数值大于 60 的单元格背景色改为绿色为例，介绍"条件格式"的设置方法。

① 选中需要限定条件的数据，在"开始"选项卡的"样式"组中单击"条件格式"按钮，在弹出的下拉菜单中选择"突出显示单元格规则"→"其他规则"命令，打开"新建格式规则"对话框。

② 设置条件为："单元格值"大于 60，如图 2-8 所示；单击对话框中的"格式"按钮，在打开的"单元格格式"对话框中，切换至"填充"选项卡，在"背景颜色"中选择一种颜色，例如选择绿色。

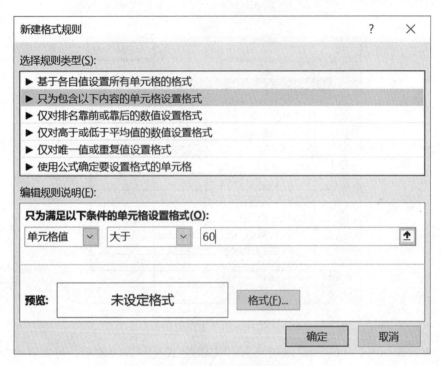

图 2-8 设置单元格条件格式

2.1.2 实例演示

【案例 2-1】相对引用实例演示。

XWL 公司即将在"双 11"来临之际对部分商品进行 9 折促销活动,资料如图 2-9 所示,需要分别计算不同货号的折后价格。如何快速计算出若干商品的折后价格呢?

视频:案例 2-1 演示

	A	B	C
1	货号	价格	9折价
2	TX-2014017555407	1901	
3	TX-2014114463820	1423	
4	TX-2014076104755	1280	
5	TX-2014019610442	1620	
6	TX-2014024512958	1039	
7	TX-2014077406852	1797	
8	TX-2014099921532	1850	
9	TX-2014049217347	1961	
10	TX-2014029753966	1831	
11	TX-2014092085249	1658	
12	TX-2014017754249	1762	
13	TX-2014108789301	1935	

图 2-9 XWL 公司部分商品 9 折促销信息

具体操作步骤如下。

①选中 C2 单元格→输入公式"=B2*0.9"→双击鼠标→完成该列公式填充,如图

2-10 所示。

图 2-10 相对引用步骤

②完成效果如图 2-11 所示。图中显示了 C 列公式复制后的效果，可以看出公式在向下复制过程中对 B2 单元格的引用也发生了变化，这种变化具有相对性的位移特性，引用地址依次变为 B3、B4、B5 等。这种单元格引用地址随公式复制而发生的相对移动就是相对引用。

图 2-11 相对引用效果

【案例 2-2】绝对引用实例演示。

"双 12"即将来临，XWL 公司准备将上次打折商品再推出更优惠的活动——8 折优惠。如何设计可以适应变化的公式，当促销折扣发生变动时不需要修改公式就能更新？

具体操作步骤如下。

①将促销折扣存放在 F1 单元格。选中 C2 单元格，输入公式"＝B2*\$F\$1"，

视频：案例 2-2 演示

在列标 F 和行号 1 的前面都加上了一个"$"符号，表示对 F1 单元格的绝对引用。如图 2-12 所示。

图 2-12 绝对引用步骤(1)

②选中 C2 单元格，使用双击填充将公式应用到同列其他单元格，如图 2-13 所示。

图 2-13 绝对引用步骤(2)

提示：如果 F1 单元格中的促销折扣发生变化，公式的结果也会同步更新。可以验证一下，在 F1 单元格输入 0.7，看看 C2：C13 单元格数据会发生什么变化。

③观察图 2-14 中 C 列每一个单元格中的公式，由于对 F1 单元格使用了绝对引用，因此在公式向下复制的过程中 F1 单元格的引用位置始终保持不变。这种保持对单元格的固定引用使其不随公式复制而变化的方式就是绝对引用。

	A	B	C	D	E	F
1	货号	价格	折后价		促销折扣：	0.8
2	TX-2014017555407	1901	=B2*$F$1			
3	TX-2014114463820	1423	=B3*$F$1			
4	TX-2014076104755	1280	=B4*$F$1			
5	TX-2014019610442	1620	=B5*$F$1			
6	TX-2014024512958	1039	=B6*$F$1			
7	TX-2014077406852	1797	=B7*$F$1			
8	TX-2014099921532	1850	=B8*$F$1			
9	TX-2014049217347	1961	=B9*$F$1			
10	TX-2014029753966	1831	=B10*$F$1			
11	TX-2014092085249	1658	=B11*$F$1			
12	TX-2014017754249	1762	=B12*$F$1			
13	TX-2014108789301	1935	=B13*$F$1			

图 2-14　绝对引用公式展开

小诀窍

掌握好两种引用方式的核心就是正确理解"$"符号的作用,"$"在公式中表示绝对引用符,它的作用类似一把大锁放到行号或列标的前面,可以锁定相应的行号或列标,使其在复制中不再发生位移。

2.2 函数

2.2.1 知识储备

在 Excel 中,函数是预定义的内置公式,它使用被称为参数的特定数值,按照语法所列的特定顺序进行计算。Excel 提供了大量的函数,可以实现数值统计、逻辑判断、财务计算、工程分析、数字计算等功能。

1. 函数简介

函数的结构以等号(=)开始,后面紧跟函数名称和左括号,然后以逗号分隔输入该函数的参数,最后是右括号,如 AVERAGE(A5:A9)。其中函数名是函数的名称,每一个函数都有其唯一可被识别的名称。函数中的参数可以是参数也可以是数值、文本、逻辑值、单元格地址或名称、单元格区域地址或名称,也可以是各种表达式或函数等。参数的个数因不同函数而不同,可以不带参数,也可以带有一个参数或多个参数等。

按常用功能,Excel 2016 函数共分 12 种,分别是兼容性函数、多维数据集函数、数据库函数、日期和时间函数、工程函数、财务函数、信息函数、逻辑函数、查找和引用函数、数学和三角函数、统计函数及文本函数。

(1)兼容性函数

所有兼容性函数都已经被新函数取代,因为新函数可提供更高的精确度,而且它们的名称更好地反映出了其用途。原有函数仍然可用,目的是保持与 Excel 早期版本的兼容性。但是,如果不需要向后兼容性,则应考虑使用新函数,因为它们更加精确地描述了其功能。

(2)多维数据集函数

使用多维数据库(如 SQL Server Analysis Services)时,可以使用联机分析处理(On-Line Analytical Processing,OLAP)公式建立复杂的、任意形式的 OLAP 数据绑定报表。多维数据集函数可用来从 Analysis Services 中提取 OLAP 数据(数据集和数值)并将其显示在单元格中。将数据透视表公式转换为单元格公式时,或者在输入公式对多维数据集函数参数使用记忆式输入时,可以生成 OLAP 公式。

(3)数据库函数

Excel 中的数据库函数用于对存储在列表或数据库(只是一个工作表区域,它包含一组相关数据,其中包含相关信息的行为记录,而包含数据的列为字段,单元格区域的第一行包含着每一列的标志项)中的数据进行分析。数据库函数共有 12 个,每个函数均以 D 打头,并包含三个参数:database(构成列表或数据库的单元格区域)、field(需要汇总的列)和 criteria(一组包含给定条件的单元格),这些参数指向函数所使用的工作表区域。这 12 个函数也称为 D 函数。

(4)日期和时间函数

在数据表的处理过程中,日期和时间函数是相当重要的处理依据。这类函数的主要功能是获取当前系统时间/日期信息,如 NOW、TODAY;或者取得日期/时间的部分字段值,如年份、月份、日数或小时的数据,可以使用 HOUR、DAY、MONTH、YEAR 函数直接从日期/时间中取出需要的数据。

(5)工程函数

工程函数就是用于工程分析的函数。Excel 中一共提供了近 40 个工程函数。工程函数大体可分为三种类型,即对复数进行处理的函数;在不同的数制系统(如十进制系统、十六进制系统、八进制系统和二进制系统)间进行数值转换的函数;在不同的度量系统中进行数值转换的函数。

(6)财务函数

Excel 提供了许多财务函数,这些函数大体上可分为四类:投资计算函数、折扣计算函数、偿还率计算函数、债券及其他金融函数。这些函数为财务分析提供了极大的便利。利用这些函数,可以进行一般的财务计算,如确定贷款的支付额、投资的未来值或净现值,以及债券或息票的价值等。

(7)信息函数

信息函数用来返回某些指定单元格或区域等的信息,如单元格内的内容、格式、个数等。在实际应用中,通常是与逻辑函数 IF 等配合使用来达到对单元格信息的确定。

(8)逻辑函数

用来判断真假值,或者进行复合检验的 Excel 函数,称为逻辑函数。在 Excel 中提供了六种逻辑函数,即 AND、OR、NOT、FALSE、IF、TRUE 函数。

(9)查找和引用函数

查找和引用函数的主要功能是查询各种信息。查找函数可快速确定和定位所需的信息,这类函数主要用于检索,在工作表中获取需要的信息或数据。通过引用函数,用户可获取或者分析单元格的地址。

（10）数学和三角函数

Excel 提供的数学和三角函数已基本囊括了通常使用的各种数学公式与三角函数，如正弦函数、余弦函数、取整函数等。

（11）统计函数

Excel 的统计函数用于对数据区域进行统计分析。例如，可以用来统计样本的方差、数据区间的频率分布等。

（12）文本函数

所谓文本函数，就是可以在公式中处理文字串的函数。例如，可以改变大小写或确定文字串的长度；可以替换某些字符或者去除某些字符等。

2. 使用函数

（1）使用工具栏插入函数

选定要插入函数的单元格，然后在"公式"选项卡的"函数库"组中选择一种函数类别，在下拉菜单中选择具体的函数，例如单击"日期和时间"按钮，在下拉菜单中选择"DAY"命令即可。

（2）使用"插入函数"对话框

选定要插入公式的单元格，然后单击编辑栏上的"插入函数"按钮，弹出如图 2-15 所示的"插入函数"对话框；选择需要的函数，当在"选择函数"列表框内选择函数时，在对话框的下部会出现该函数的参数格式和对该函数的简短介绍。

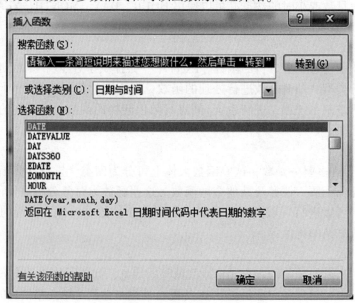

图 2-15 "插入函数"对话框

弹出"函数参数"对话框，输入参数，如图 2-16 所示。或者在工作表中选定要参与计算的单元格区域，输入参数，然后单击"确定"按钮，即可完成函数的输入。

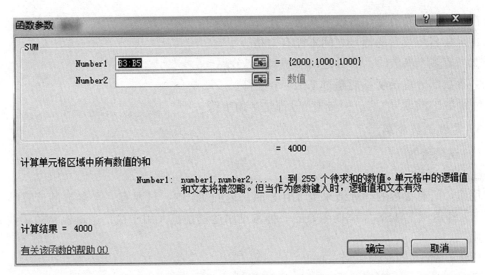

图 2-16 "函数参数"对话框

(3) 在单元格中浏览选择函数

① 在单元格中输入内容。在单元格中,输入"=",然后输入一个字母(如"a"),查看可用函数列表,如图 2-17 所示。按〈↓〉键向下滚动浏览该列表,在滚动浏览列表时,将看到每个函数的屏幕提示(一个简短说明)。例如,ABS 函数的屏幕提示是"返回给定数值的绝对值,即不带符号的数值"。

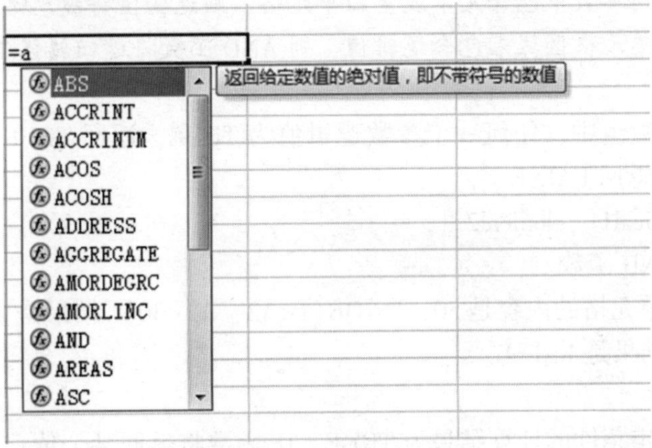

图 2-17 可用函数列表

② 选择一个函数并填写其参数。在列表中,双击要使用的函数。Excel 将在单元格中输入函数名称,后面紧跟一个左括号,如"=SUM(",然后在左括号后面输入一个或多个参数,以及右括号。

③ 按〈Enter〉键,Excel 将自动添加右括号,单元格将显示公式中所用函数的结果。选定该单元格,在编辑栏可以查看公式。

提示: Excel 提供了一条更方便的途径,即利用"自动求和"按钮Σ,可以方便对行和列中的数据进行求和等常用操作。选定求和区域并在下方或右方留有一空行或空列,然后在"开始"选项卡的"编辑"组中单击"自动求和"按钮右侧的下三角按钮,在下拉菜单中选择一种操作命令,如"求和",便会在空行或空列上求出对应列或行的合计值,最后按〈Enter〉键。

在使用函数时，要注意以下几点。

①函数名与其后的括号之间不能有空格。

②当有多个参数时，参数之间用逗号","分隔。

③参数部分总长度不能超过1 024个字符。

④函数中的逗号","、引号""""等都是半角字符。

3. 常用函数介绍

（1）逻辑函数

①AND函数。

用途：所有参数的计算结果为TRUE时，返回TRUE；只要有一个参数的计算结果为FALSE，即返回FALSE。AND函数的一种常见用途就是扩大用于执行逻辑检验的其他函数的效用。

语法：AND(lonical1［，lonical2］，…)。

参数：lonical1 是要检验的第一个条件，其计算结果可以为 TRUE 或 FALSE；lonical2，…是可选参数，是要检验的其他条件，最多可包含255个条件。

例：如果A2单元格的内容是50，则"=AND(1<A2，A2<100)"的结果是TRUE，"=AND(1<A2，A2<30)"的结果是FALSE。

提示：

● 参数的计算结果必须是逻辑值，或者参数必须是包含逻辑值的数组或引用。

● 如果数组引用参数中包含文本或空白单元格，则这些值将被忽略。

● 如果指定的单元格区域未包含逻辑值，则AND函数将返回错误值"#VALUE！"。

②OR函数。

用途：在其参数组中，任何一个参数逻辑值为TRUE，返回TRUE；每一个参数的逻辑值都为FALSE，返回FALSE。

语法：OR(lonical1［，lonical2］，…)。

参数：参见AND函数。

例：如果A2单元格的内容是50，"=OR(1<A2，A2<30)"结果是TRUE，"=OR(A2<20，A2>80)"的结果是FALSE。

③IF函数。

用途：如果指定条件的计算结果为TRUE，IF函数将返回某个值；如果该条件的计算结果为FALSE，则返回另一个值。

语法：IF(lonical1_test，[value_if_true]，[value_if_false])。

参数：lonical1_test是计算结果可能为TRUE或FALSE的任意值或表达式，此参数可使用任何比较运算符。

value_if_true是可选参数，表示计算结果为TRUE时所要返回的值。

value_if_false是可选参数，表示计算结果为FALSE时所要返回的值。

例："=IF(A2<=100,"预算内","超预算")"用于判断A2中的数字是否小于或等于100，如果是，公式将返回"预算内"；否则，返回"超预算"。

提示：

● 最多可以使用64个IF函数作为value_if_true和value_if_false参数进行嵌套，以构造更详尽的测试。
- 如果 IF 的任意参数为数组,则在执行 IF 语句时,将计算数组的每一个元素。

(2)查找和应用函数

① COLUMN 函数。

用途:返回给定引用的列标。

语法:COLUMN([reference])。

参数:reference 为需要得到其列标的单元格或单元格区域。

例:"=COLUMN(A3)"返回 1,"=COLUMN(B3:C5)"返回{2,3}。

提示:
- 如果省略 reference,则假定函数 COLUMN 是对所在单元格的引用。
- 如果 reference 为一个单元格区域,并且函数 COLUMN 作为水平数组输入,则 COLUMN 函数将 reference 中的列标以水平数组的形式返回。

② COLUMNS 函数。

用途:返回数组或引用的列数。

语法:COLUMNS(array)。

参数:array 为需要得到其列数的数组、数组公式或对单元格区域的引用。

例:"=COLUMNS(B1:C5)"返回 2,"=COLUMNS({3,4;4,5})"返回 2。

③ LOOKUP 函数。

用途:可从单行、单列区域或者从一个数组返回值。该函数有两种语法形式:向量形式和数组形式。向量形式是在单行区域或单列区域(向量)中查找数值,然后返回第二个单行区域或单列区域中相同位置的数值。当要查询的值列表较大或者值可能会随时间而改变时,使用向量形式。数组形式在数组的第一行或第一列中查找指定的数值,然后返回数组的最后一行或最后一列中相同位置的数值。当要查询的值列表较小或者值在一段时间内保持不变时,使用数组形式。

语法 1(向量形式):LOOKUP(lookup_value, lookup_vector[, result_vector])。

语法 2(数组形式):LOOKUP(lookup_value, array)。

参数 1(向量形式):lookup_value 为函数 LOOKUP 在第一个向量中搜索的值。Lookup_value 可以是数字、文本、逻辑值、名称或对值的引用。Lookup_vector 为只包含一行或一列的区域,其值可以为文本、数字或逻辑值。Result_vector 为可选参数,是只包含一行或一列的区域,该参数必须与 lookup_vector 大小相同。

提示:lookup_value 中的值必须以升序排列,否则,LOOKUP 可能无法返回正确的值。另外,大写文本和小写文本是等同的。

参数 2(数组形式):lookup_value 为函数 LOOKUP 在数组中搜索的值。lookup_value 参数可以是数字、文本、逻辑值、名称或对值的引用。如果函数 LOOKUP 找不到 lookup_value,则使用数组中小于或等于 lookup_value 的最大数值。array 为包含要与 lookup_value 进行比较的文本、数字或逻辑值的单元格区域。

提示:
- 如果数组包含宽度比高度大的区域(列数多于行数),LOOKUP 会在第一行中搜索 lookup_value 的值。
- 如果数组是正方的或者高度大于宽度(行数多于列数),LOOKUP 会在第一列中进行搜索。

●数组中的值必须以升序排列，否则，LOOKUP 可能无法返回正确的值。另外，大写文本和小写文本是等同的。

例：如果 A1：A4 区域中的内容分别为 68、76、85、90，B1：B4 区域中的内容分别为"红""橙""黄""绿"，则"=LOOKUP(76，A1：A4)"返回2，"=LOOKUP(76，A1：A4，B1：B4)"返回"橙"。"=LOOKUP("C"，{"a"，"b"，"c"，"d"；1，2，3，4})"在数组的第一行中查找"C"，查找小于或等于它的最大值（"c"），然后返回最后一行中同一列内的值(3)。"=LOOKUP("bump"，{"a"，1；"b"，2；"c"，3})"在数组的第一行中查找"bump"，查找小于或等于它的最大值（"b"），然后返回最后一列中同一行内的值(2)。

④ VLOOKUP 函数。

用途：在表格或数值数组的首列查找指定的数值，并由其返回表格或数组当前行中指定列处的数值。

语法：VLOOKUP(lookup_value，table_array，col_index_num[，range_lookup])。

参数：Lookup_value 为需要在表的第一列中进行查找的数值，可以为数值、引用或文本字符串。table_array 为需要在其中查找数据的信息表，使用对区域或区域名称的引用。col_index_num 为 table_array 中查找数据的数据列序号。

range_lookup 为一逻辑值，指明函数 VLOOKUP 查找时是精确匹配，还是近似匹配。

例：如果 A1：A4 中的值分别为 23、45、50、65，B1：B4 中的值分别为 2.1、2.2、2.3、2.4，"=VLOOKUP(50，A1：B4，2，TRUE)"使用近似匹配搜索 A 列中的值 50，然后返回同一行中 B 列的值(2.3)。

提示：

LOOKUP 的数组形式与 VLOOKUP 函数非常相似。区别在于：LOOKUP 主要是从某一行或者某一列中查找你想要的一个值，这个是单个的查询，操作也比较好理解。VLOOKUP 在第一列中搜索，而 LOOKUP 根据数组维度进行搜索。当比较值位于要查找的数据左边的一列时，使用函数 VLOOKUP。VLOOKUP 跟 LOOKUP 相比，查询的返回值是不同的，这个返回的是你需要查询的某几个列中的多个数值。在 LOOKUP 函数中第一项参数是查找的值，然后第二项是检索区域，第三项是返回值的对应区域，然后我们就可以看到返回的值。而使用 VLOOKUP 的时候，第一项是查找值，第二项是查找区域，这个区域需要框选多行，键值都要框在里面，第三项"列序数"是指展示的是你勾选的哪一列的值，最后的第四项"匹配条件"就是模糊或精准查询。

(3) 数学函数

① SUM 函数。

用途：求和计算。

语法：SUM(number1[，number2]，…)。

参数：number1，number2，…为想要相加的数值参数，参数个数为 1~255。number1 为必选参数，其他参数为可选参数。

例："=SUM(1，2，3)"表示将 1、2、3 三个数字相加，结果为 6。"=SUM("5"，15，TRUE)"是将 5、15 和 1 相加，结果为 21。在计算中，文本值"5"被转换为数字，逻辑值 TRUE 被转换为数字 1；"=SUM(A2：A4，15)"是将单元格 A2、A3、A4 中的数字相加，然后将结果与 15 相加。

提示：

●如果参数是一个数组或引用，则只计算其中的数字。数组或引用中的空白单元格、逻辑值或文本将被忽略。

- 如果任意参数为错误值或为不能转换为数字的文本，Excel 将会显示错误。

②SUMIF 函数。

用途：对满足条件的单元格的数值求和。

语法：SUMIF(range，criteria[，sum_range])。

参数：range 为用于条件计算的单元格区域。每个区域中的单元格都必须是数字或名称、数组或包含数字的引用。空值和文本值将被忽略。

criteria 为用于确定对哪些单元格求和的条件，其形式可以为数字、表达式、单元格引用、文本或函数。

sum_range 为可选参数，是要求和的实际单元格。如果 sum_range 参数被忽略，Excel 会对在 range 参数中指定的单元格求和。

注意：任何文本条件或任何含有逻辑或数学符号的条件都必须使用双引号("")括起来。如果条件为数字，则无须使用双引号。

例：学生成绩表如图 2-18 所示，输入"=SUMIF(B2：B7,">80"，C2：C7)"，表示将数学成绩在 80 分以上的英语成绩求和，结果为 260(C2+C4+C5)。

	A	B	C	D
1	姓名	数学	英语	
2	万宇轩	85	96	
3	陈雨潇	72	87	
4	杨业忻	98	86	
5	谭舒心	88	78	
6	熊睿扬	69	82	
7	徐凡芝	76	65	
8				

图 2-18　学生成绩表

③SUMPRODUCT 函数。

用途：在给定的几组数据中，将数组间对应的元素相乘，并返回乘积之和。

语法：SUMPRODUCT(array1[，array2]，[，array3]，…)。

参数：array1，array2，array3，…为需要进行相乘并求和的数组参数，参数个数为 1 ~ 255。array1 为必选参数，其他参数为可选参数。

例：数据如图 2-19 所示，输入"=SUMPRODUCT(A1：B4，C1：D4)"，表示两个数组的所有元素对应相乘，然后将乘积相加，即 A1×C1+B1×D1+A2×C2+B2×D2+A3×C3+B3×D3+A4×C4+B4×D4=3×2+4×3+2×4+5×1+1×5+7×6+5×3+8×8=157。

D6　　fx　=SUMPRODUCT(A1:B4,C1:D4)

	A	B	C	D	E	F
1	3	4	2	3		
2	2	5	4	1		
3	1	7	5	6		
4	5	8	3	8		
5						
6				157		
7						

图 2-19　SUMPRODUCT 函数实例演示

注意：数组参数必须具有相同的维数，否则，函数 SUMPRODUCT 将返回错误值"#VALUE!"。函数 SUMPRODUCT 将非数值型的数据元素作为 0 处理。

（4）统计函数

①AVERAGE 函数。

用途：计算所有参数的算术平均值。

语法：AVERAGE(number1[，number2]，…)。

参数：number1，number2，…为要计算平均值的 1~255 个参数。

例：如果 A1：A5 中的数值分别为 100、70、92、47 和 82，则公式"=AVERAGE(A1：A5)"返回 78.2；"=AVERAGE(A1：A5，5)"则返回单元格区域 A1 到 A5 中数字与数字 5 的平均值。

提示：函数中的参数可以是数字，或者是涉及数字的名称、数组或引用。参数不能超过 30 个。如果数组或单元格引用参数中有文字、逻辑值或空单元格，则忽略其值。但是，如果单元格包含零值则计算在内。

②COUNT 函数。

用途：返回数字参数组中非空值的数目。利用函数 COUNTA 可以计算数组或单元格区域数据项的个数。

语法：COUNT(value1，[value2]，…)。

参数：value1，value2，…为包含或引用各种类型数据的参数（1~255 个）。在这种情况下的参数可以是任何类型，包括空格但不包括空白单元格。如果参数是数组或单元格引用，则数组或引用中的空白单元格将被忽略。如果不需要统计逻辑值、文字或错误值，则应该使用 COUNT 函数。

例：如果 A1=6.28，A2="人数"，其余单元格为空，则公式"=COUNTA(A1：A7)"的计算结果等于 2。

③COUNTIF 函数。

用途：计算区域中满足给定条件的单元格的个数。

语法：COUNTIF(range，criteria)。

参数：range 为需要计算其中满足条件的单元格数目的单元格区域。criteria 为确定哪些单元格将被计算在内的条件，其形式可以为数字、表达式或文本。

例：如果 A2：A5 中的内容为苹果、桃子、苹果、梨子，则"=CUONTIF(A2：A5,"苹果")"会返回 2，即单元格区域 A2：A5 中包含"苹果"的单元格的个数。

④MAX 函数。

用途：返回一组值中的最大值。

语法：MAX(number1[，number2]，…)。

参数：number1，number2，…为要从中找出最大值的 1~255 个数字参数。

例："=MAX(3，7，9)"返回最大值 9。

提示：

● 参数可以是数字或者是包含数字的名称、数组或引用。

● 逻辑值和直接输入参数列表中代表数字的文本被计算在内。

● 如果参数为数组或引用，则只使用该数组或引用中的数字。数组或引用中的空白单元格、逻辑值或文本将被忽略。

- 如果参数不包含数字，则函数 MAX 返回 0。
- 如果参数为错误值或不能转换成数字的文本，将会导致错误。

⑤MIN 函数。

用途：返回一组值中的最小值，用法类似于 MAX 函数。

语法：MIN(number1[，number2]，…)。

参数：number1，number2，…为要从中找出最小值的 1~255 个数字参数。

例："＝MIN(3，7，9)"返回最小值 3。

(5) 日期函数

①DAY 函数。

用途：返回用序列号表示的某日期的天数，用整数 1~31 表示。

语法：DAY(serial_number)。

参数：serial_number 为要查找的天数日期。

例："＝MONTH(A2)"返回值为 10。

提示：YEAR、MONTH 和 DAY 函数应使用 DATE 函数输入日期，或者使用日期型数据，如果日期以文本形式输入，则会出现问题。

②TODAY 函数。

用途：返回系统当前日期的序列号。如果需要无论何时打开工作簿时工作表上都能显示当前日期，可以使用 TODAY 函数实现这一目的。此函数也可以用于计算时间间隔。

语法：TODAY()。

参数：无。

例：如果知道某人出生于 1990 年，可以使用公式"＝YEAR(TODAY())−1990"计算出其年龄。

2.2.2 实例演示

【案例 2-3】逻辑函数-IF 函数实例演示。

XWL 公司规定不同职位差旅标准不同，经理级别的差旅住宿报销额度是 500 元，其他人 300 元。如何在表 2-3 中快速得到每个人的差旅住宿额度？

视频：案例 2-3 演示

表 2-3　XWL 公司差旅报销标准

员工姓名	职位	差旅住宿
米娜	经理	500
穆奇	专员	300
都唱	专员	300
蔡士	经理	500
廖漫利	专员	300
滑麦	专员	300
孙生武	助理	300

具体操作步骤如下。

①选中 C2 单元格,输入如下"=IF(B2="经理",500,300)",按〈Enter〉键显示出判断结果,如图 2-20 所示。

公式详解:=IF(B2="经理",500,300)

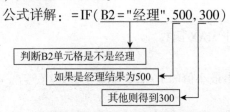

图 2-20 IF 函数操作步骤

②选中公式所在单元格,双击,将公式应用到同列其他单元格。

【案例 2-4】数学函数-SUMIF 函数实例演示。

XWL 公司佣金提成数据如表 2-4 所示,根据"属性值"的取值范围,对销售额超过 160 000 的单元格求佣金的和是多少?

视频:案例 2-4 演示

表 2-4 XWL 公司佣金提成表

销售额	佣金
100 000	7 000
200 000	14 000
300 000	21 000
400 000	28 000

具体操作步骤如下。

①选中 C5 单元格,输入公式"=SUMIF(A2:A5,">160000",B2:B5)",按〈Enter〉键。

②完成效果如图 2-21 所示。

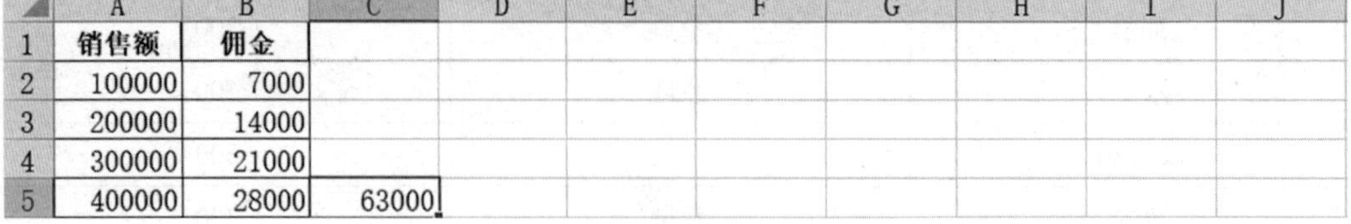

图 2-21 SUMIF 函数完成效果

【案例 2-5】查找和引用函数-VLOOKUP 函数实例演示。

表 2-5 是 XWL 公司发送给客户的产品快递流水账，因业务需要根据表 2-6 中的单号查询这些快递发件日期。（说明：因表 2-5 中快递流水账原始数据较多，只展示部分数据。）

视频：案例 2-5 演示

表 2-5 XWL 公司产品快递流水账

	A	B	C	D	E	F
1	快递单号	寄件人	始发地	发件日期	收件人	目的地
2	903831484344	计思莲	上海	2014/4/1	吉娅华	山东
3	286953927778	贺荣	上海	2014/4/2	薛保时	甘肃
4	527117009983	冷室	上海	2014/4/3	刘曜	广西
5	545982232416	凤思河	上海	2014/4/4	邴毅钧	宁夏
6	623409008119	平振晨	上海	2014/4/5	薛园	湖南
7	548996500632	上官绍	上海	2014/4/6	钱乐健	陕西
8	644474629794	王彩	上海	2014/4/7	姜瑷	内蒙古
9	062910861736	蓝克	上海	2014/4/8	贾杰良	福建
10	163334916850	羊募秀	上海	2014/4/9	鞠巧	广西
11	722190731598	冉乐中	上海	2014/4/10	武莺	青海
12	652389324569	连风民	上海	2014/4/11	党妍宁	四川
13	582205426808	赵聪佳	上海	2014/4/12	薛园	甘肃
14	590481740864	连芬梦	上海	2014/4/13	陆伦	陕西
15	660520112209	姜倩	上海	2014/4/14	怀喷松	吉林
16	311799224920	龚瑶纳	上海	2014/4/15	班芬	江西
17	829720150905	居福和	上海	2014/4/16	刁春秋	上海
18	715931543204	童爽琼	上海	2014/4/17	虞几芳	广东
19	987217533131	孔玉	上海	2014/4/18	鲍护力	宁夏
20	594333187405	胥朗	上海	2014/4/19	陶节瑶	广西

表 2-6 XWL 公司快递单号查询表

快递单号	发件日期
903831484344	
286953927778	
623409008119	
644474629794	
722190731598	

具体操作步骤如下。

① 选中"903831484344"快递单号右边对应的"发件日期"列的单元格，输入"=VLOOKUP(I2, A:F, 4, 0)"，按〈Enter〉键，显示出该快递的发件日期：2014/4/1，如图 2-22 所示。

公式详解：=VLOOKUP(I2, A:F, 4, 0)

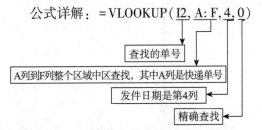

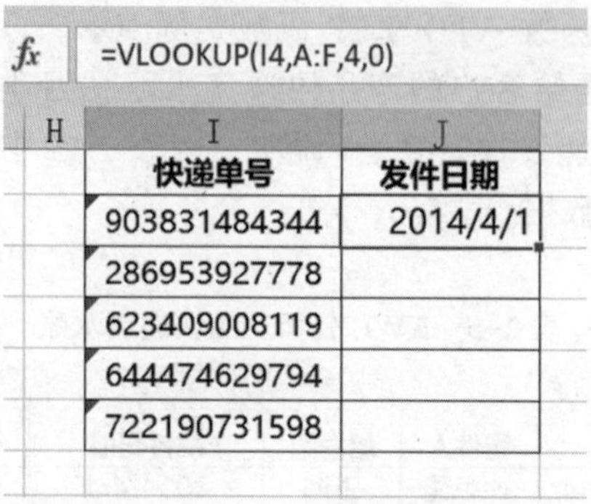

图 2-22　VLOOKUP 函数操作步骤

②选中公式所在单元格，双击，将公式应用到同列其他单元格。

③完成效果：每个快递单号都比查询到相应的发件日期，使用公式比人工查找的效率提升了数倍。完成效果如图 2-23 所示。

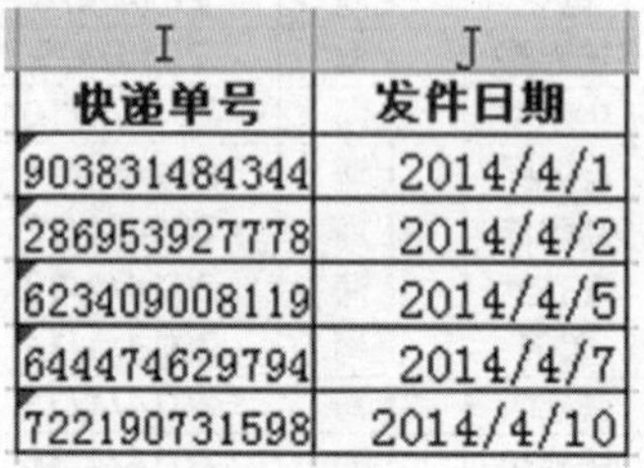

图 2-23　VLOOKUP 函数完成效果

视频：案例2-6 演示

【案例 2-6】统计函数-AVERAG(算平均值)E 和数值函数-INT(取整处理)函数实例演示。

请计算 XWL 公司上半年各月的平均新员工人数，资料如表 2-7 所示。

表 2-7　新员工人数统计表

月份	新员工数
1月	6
2月	2
3月	4
4月	4
5月	5
6月	1
平均	
取整	

具体操作步骤如下。

①在"平均数"单元格右边的单元格输入如下"=AVERAGE(B2：B7)"，按〈Enter〉键，显示出上半年月均新员工数：3.666667。

②继续在"取整"单元格右边的单元格输入"=INT(B8)"，按〈Enter〉键，显示最终

结果。

公式详解：=INT(B8)→对 B8 单元格取整运算，舍去小数位仅保留整数。

③完成效果：得到了取整后的均值，见图 2-24。

	A	B
4	月份	新员工数
5	1月	6
6	2月	2
7	3月	4
8	4月	4
9	5月	5
10	6月	1
11	平均	3.6667
12	取整	3

图 2-24 "平均数""取整"函数完成效果

2.3 常用财务函数

Excel 提供了许多财务函数，这些函数大体上可分为四类：投资计算函数、折扣计算函数、偿还率计算函数、债券及其他金融函数，分别如表 2-8～表 2-11 所示。财务函数具体的使用方法和技巧请参见后面相关章节，此处不再赘述。

表 2-8 投资计算函数

函数名称	函数功能
EFFECT	计算实际年利息率
FV	计算投资的未来值
FVSCHEDULE	计算原始本金经一系列复利率计算之后的未来值
IPMT	计算某投资在给定期间内的支付利息
NOMINAL	计算名义年利率
NPER	计算投资的周期数
NPV	在已知定期现金流量和贴现率的条件下计算某项投资的净现值
PMT	计算某项投资
PPMT	计算某项投资在给定期间里应支付的本金金额
PV	计算某项投资的净现值
XIRR	计算某一组不定期现金流量的内部报酬率
XNPV	计算某一组不定期现金流量的净现值

表2-9 折扣计算函数

函数名称	函数功能
AMORDEGRC	计算每个会计期间的折扣值
DB	计算用固定比例递减法得出的指定期间的资产折扣值
DDB	计算用双倍余额递减或其他方法得出的指定期间的资产折扣值
SLN	计算一个期间的某项资产的直线折扣值
SYD	计算一个指定期间的某项资产按年数合计法计算的折扣值
VDB	计算用余额递减法得出的指定或部分期间的资产折扣值

表2-10 偿还率计算函数

函数名称	函数功能
IRR	计算某一连续现金流量的内部报酬率
MIRR	计算内部报酬率,此外,正、负现金流量以不同利率供给资金计算
RATE	计算某项年金在每个期间的利率

表2-11 债券及其他金融函数

函数名称	函数功能
ACCRINTM	计算到期付息证券的应计利息
COUPDAYB	计算从付息日期开始到结算日期的天数
COUPDAYS	计算包括结算日期的付息期间的天数
COUPDAYSNC	计算从结算日期到下一个付息日期的天数
COUPNCD	计算结算日期后的下一个付息日期
COUPNUM	计算从结算日期至到期日期之间的可支付息票数
COUPPCD	计算结算日期前的上一个付息日期
CUMIPMT	计算两期之间所支付的累计利息
CUMPRINC	计算两期之间偿还的累计本金
DISC	计算证券的贴现率
DOLLARDE	转换分数形式表示的货币为十进制表示的数值
DOLLARFR	转换十进制形式表示的货币为分数表示的数值
DURATION	计算定期付息证券的收现平均期间
INTRATE	计算定期付息证券的利率
ODDFPRICE	计算第一个不完整期间面值$100 的证券价格
ODDFYIELD	计算第一个不完整期间证券的收益率
ODDLPRICE	计算最后一个不完整期间面值$100 的证券价格
ODDYIELD	计算最后一个不完整期间证券的收益率
PRICE	计算面值$100 定期付息证券的单价

续表

函数名称	函数功能
PRICEDISC	计算面值$100的贴现证券的单价
PRICEMAT	计算面值$100的到期付息证券的单价
PRICEIVED	计算全投资证券到期时可收回的金额
TBILLPRICE	计算面值$100的国库债券的单价
TBILLYIELD	计算国库债券的收益率
YIELD	计算定期付息证券的收益率
YIELDDISC	计算贴现证券的年收益额
YIELDMAT	计算到期付息证券的年收益率

本章小结

本章主要介绍了公式和函数的表示方法。Excel的公式是由数值和运算符组成的一个表达式序列,必须以等号"="开始,也可以包括函数、引用、运算符和常量。单元格的引用有相对引用、绝对引用、半相对引用等。Excel公式的编辑包括公式的输入与修改、公式的移动与复制、数组公式等。

Excel提供了大量的内置函数供用户使用,函数的基本语法为:=函数名(参数1,参数2,…,参数n)。函数的调用可以采用手工输入的方法,也可以采用插入函数的方法。本章介绍了函数的分类,并罗列了常用财务函数的种类。本章重点讲述了逻辑函数、查找和引用函数、数学函数、统计函数、日期函数的使用方法。

实践演练

【实践一】请计算ABC公司各营业部的客户数占总数的比例分别是多少?资料如表2-12所示。

表2-12 ABC公司营业部数据占比统计表

部门	客户数	占比
营业部1	611	
营业部2	589	
营业部3	582	
营业部4	902	
营业部5	691	
营业部6	840	

要求:在本实验中运用绝对引用和相对引用共同完成。

【实践二】表 2-13 所示为 ABC 公司的月销售进度表,如果销量落后进度目标,D 列显示。

表 2-13 ABC 公司的月销售进度表

地区	本月销量	进度目标	状态
重庆	940 021	943 622	
合肥	865 162	866 766	
南京	823 194	820 670	
昆明	707 033	808 665	
福州	660 262	563 438	
广州	601 008	602 377	
北京	584 891	580 770	
杭州	307 448	310 196	
上海	304 579	306 610	
拉萨	284 328	286 629	
天津	225 673	224 824	
成都	116 359	118 856	

要求:在本实验中运用 IF 函数来完成。

【实践三】表 2-14 是 ABC 公司发货快递单号流水账,需要根据这些单号查询这些快递的目的地。

表 2-14 ABC 公司发货快递单号流水账

快递单号	寄件人	始发地	发件日期	收件人	目的地
903831484344	计思莲	上海	2014/4/1	吉娅华	山东
286953927778	贺荣	上海	2014/4/1	薛保时	甘肃
527117009983	冷室	上海	2014/4/1	刘曜	广西
545982232416	凤思河	上海	2014/4/1	邝毅钧	宁夏
623409008119	平振晨	上海	2014/4/1	薛园	湖南
548996500632	上官绍	上海	2014/4/1	钱乐健	陕西
644474629794	王彩	上海	2014/4/1	姜瑗	内蒙古
062910861736	蓝克	上海	2014/4/1	贾杰良	福建
163334916850	羊募秀	上海	2014/4/1	鞠巧	广西
722190731598	冉乐中	上海	2014/4/1	武莺	青海
652389324569	连凤民	上海	2014/4/1	党妍宁	四川
582205426808	赵聪佳	上海	2014/4/1	薛园	甘肃
590481740864	连芬梦	上海	2014/4/1	陆伦	陕西
660520112209	姜情	上海	2014/4/1	怀喷松	吉林

续表

快递单号	寄件人	始发地	发件日期	收件人	目的地
311799224920	龚瑶纨	上海	2014/4/1	班芬	江西
829720150905	居福和	上海	2014/4/1	刁春秋	上海
715931543204	童爽琼	上海	2014/4/2	虞几芳	广东
987217533131	孔玉	上海	2014/4/2	鲍护力	宁夏
594333187405	胥朗	上海	2014/4/2	陶节瑶	广西

要求：在表2-15中运用VLOOKUP函数来查找发件目的地。

表2-15　ABC公司快递单号查询表

快递单号	目的地
903831484344	
286953927778	
623409008119	
644474629794	
722190731598	

【实践四】 表2-16中在品名1、品名2、品名3中分别有相同的品名，求所有相同品名的数量和。

注意：条件判断区域与求和区域需要差一列，不能完全相同。

表2-16　产品数量统计表

品名1	数量1	品名2	数量2	品名3	数量2	品名	数量
冰箱	10	冰箱	10	MP3	10	冰箱	
彩电	10	电脑	10	彩电	10	彩电	
冰箱	10	冰箱	10	冰箱	10	MP3	
MP3	10	MP3	10	MP3	10	电脑	
冰箱	10	冰箱	10	冰箱	10		
电脑	10	电脑	10	电脑	10		
MP3	10	MP3	10	电脑	10		
彩电	10	彩电	10	MP3	10		

要求：用SUMIF函数完成多相邻区域的条件求和。

【实践五】 计算ABC公司人均年收入，结果保留两位小数。资料如表2-17所示。

表2-17　ABC公司人均年收入统计表

员工姓名	职位	年收入/元
米娜	经理	99 938
穆奇	专员	56 771
都唱	专员	61 037

续表

员工姓名	职位	年收入/元
蔡士	经理	113 073
廖漫利	专员	52 958
滑麦	专员	66 805
孙生武	助理	44 317
潘敬	经理	97 670
金婕亚	主管	80 120
隆娟英	主管	72 474
毛杰	专员	58 931
黄晶宜	专员	64 796
陈清河	专员	56 359
危琳	专员	66 376
裘思鹏	专员	68 190
查彬昌	专员	71 706
门富	专员	54 235
蔚亨	助理	43 371
芮纯	助理	46 486
人均收入		
保留两位小数		

要求：用 AVERAGE 函数计算平均值，用 ROUND 函数保留两位小数。

第 3 章 数据透视表

📖 学习目的

掌握数据透视表和数据透视图的创建和修改、字段的编辑、数值的分组以及数据透视表的布局等各种操作方法,在充分练习的基础上,能熟练运用这一分类汇总工具高效地进行数据分析。

3.1 数据透视表的基本操作

3.1.1 知识储备

1. 认识数据透视表

数据透视表是一种交互式的、用于快速汇总大量数据的交互式表格。用户可以旋转表格的行或列以实现对数据源的不同角度的汇总,还可以通过显示不同的页来筛选数据,也可以显示所关心区域的明细数据。由于数据透视表是交互式的,因此,用户可以更改数据标签的不同布局以查看其明细数据或计算不同的汇总额。

数据透视表由数据透视表布局区域和数据透视表字段列表区域组成,如图 3-1 所示。字段列表区域中显示的字段选项为数据源中的字段信息。用鼠标点选任一字段拖动到下方区域中,即可从不同角度对数据源进行分类汇总,分类汇总的结果显示在左边的布局区域。例如图 3-2 显示了右侧四个区域与左侧数据透视表结构之间的关系。字段放好后,还可以用鼠标在不同区域中拖动,从而对数据进行不同角度的分类汇总。

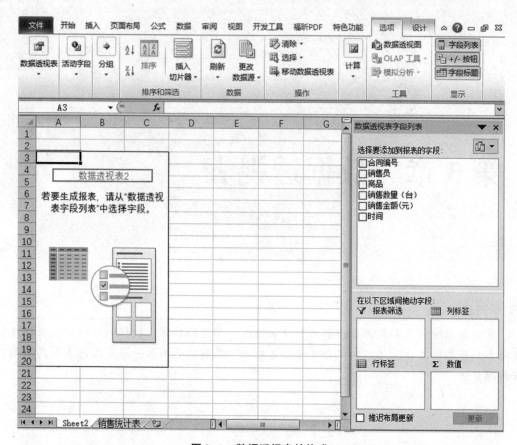

图 3-1　数据透视表的构成

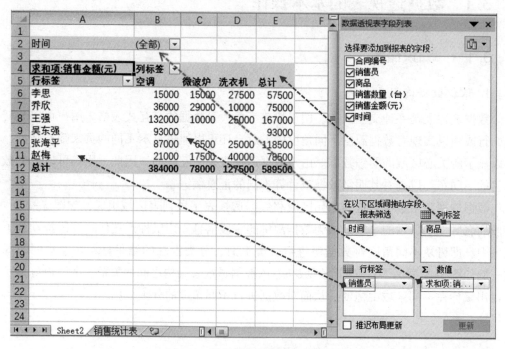

图 3-2　字段位置与报表布局关系

值得注意的是，要想更方便地使用数据透视表，必须对其数据源的录入加以规范。
①数据源中不能有合并的单元格。
②列示字段的表头必须是一行，且中间不能有空白字段。
③要避免在单元格的开始和末尾输入空格。

2. 更改值字段的计算方式和显示方式

对数据源中的值字段进行计算是数据透视表的核心部分，为此数据透视表对值字段提供了多种计算类型，包括常用的求和、计数、平均值等，如图3-3所示。

图3-3　值字段计算类型

数据透视表不仅可以按照不同的方式汇总值字段，还可以按照不同的方式显示数据，从而更清晰地看出数据之间的逻辑关系。图3-4显示了数据透视表提供的全部值字段显示方式，一般情况的显示方式为"无计算"，若想看到行、列各字段占的百分比情况，可用鼠

图3-4　值字段显示方式

标点选不同的显示方式。图 3-5 ~ 图 3-7 显示了最常用的三种百分比显示方式，通过不同百分比显示方式从不同角度展示数据间的关系。

时间	(全部)			
求和项:销售金额(元)	列标签			
行标签	空调	微波炉	洗衣机	总计
李思	2.54%	2.54%	4.66%	9.75%
乔欣	6.11%	4.92%	1.70%	12.72%
王强	22.39%	1.70%	4.24%	28.33%
吴东强	15.78%	0.00%	0.00%	15.78%
张海平	14.76%	1.10%	4.24%	20.10%
赵梅	3.56%	2.97%	6.79%	13.32%
总计	65.14%	13.23%	21.63%	100.00%

图 3-5　总计的百分比

时间	(全部)			
求和项:销售金额(元)	列标签			
行标签	空调	微波炉	洗衣机	总计
李思	3.91%	19.23%	21.57%	9.75%
乔欣	9.38%	37.18%	7.84%	12.72%
王强	34.38%	12.82%	19.61%	28.33%
吴东强	24.22%	0.00%	0.00%	15.78%
张海平	22.66%	8.33%	19.61%	20.10%
赵梅	5.47%	22.44%	31.37%	13.32%
总计	100.00%	100.00%	100.00%	100.00%

图 3-6　列汇总的百分比

时间	(全部)			
求和项:销售金额(元)	列标签			
行标签	空调	微波炉	洗衣机	总计
李思	26.09%	26.09%	47.83%	100.00%
乔欣	48.00%	38.67%	13.33%	100.00%
王强	79.04%	5.99%	14.97%	100.00%
吴东强	100.00%	0.00%	0.00%	100.00%
张海平	73.42%	5.49%	21.10%	100.00%
赵梅	26.75%	22.29%	50.96%	100.00%
总计	65.14%	13.23%	21.63%	100.00%

图 3-7　行汇总的百分比

3. 插入计算字段

当透视表中现有信息不能满足需求，需要手动增加数据信息时，最好的方法就是在数据透视表中插入值字段，单击选项的"项目和集"中的"计算字段"，即可按需插入新的计算字段，像普通 Excel 工作表一样对数据进行编辑。

4. 数据透视表的排序和筛选

同一般表格一样，有时对做出来的数据透视表，我们需要按一定目的对标签进行排序。首先，选定需要排序的字段单元格，右击，选择"排序"（其中有"升序""降序""其他排序"多个命令）命令，从而按照特定目的进行排序。

做出来的数据透视表在行、列标签上自动带有数据筛选功能框，筛选的操作同一般 Excel 工作表一样。

5. 调整行、列字段的顺序

有时生成的数据透视表中行或列字段的排序并非自己想要的，这时可以在原表的基础上对字段顺序进行微调，常用的有以下两种方法。

(1) 手动调整

选中要挪动位置的标签，然后将光标放在单元格边框上，直到光标显示为四个方向的黑色箭头✥时，按住左键拖动标签单元格，若拖动成功，单元格右侧/下方会出现灰色粗线竖条/横条，如图3-8所示，把标签单元格拖到目标位置，然后松开左键即可。

(2) 点选调整

将光标放在标签字段上，如图3-8的B4"空调"单元格，右击，选择"移动"命令，即可一点一点地挪动"空调"列标签所在的位置。这种方法相对麻烦一些。

图3-8 调整字段顺序

6. 更新数据透视表

当数据透视表的数据源中的信息发生变化时，透视表是不会自动更新的，需要手动进行更新。选择选项的"数据"组，单击"刷新"按钮即可。

若数据源的应用区域发生变动，也需要手动更新，选择选项的"数据"组，单击"更改数据源"按钮，然后在弹出的对话框中输入新数据源所在的位置。

7. 复制和删除数据透视表

若想把生成的数据透视表单独作为一张普通Excel工作表存放，全选透视表，然后进行复制、粘贴即可。

要删除数据透视表，全选透视表，直接按〈Delete〉键即可。

3.1.2 实例演示

【案例3-1】XWL公司销售部统计了第二季度的销售情况，如表3-1所示，请利用数据透视表统计销售部经理需要的数据。

视频：案例3-1演示

表3-1 第二季度销售统计表

合同编号	销售员	商品	销售数量/台	销售金额/元	时间
XS190001	乔欣	洗衣机	4	10 000	2019年4月
XS190002	张海平	洗衣机	8	20 000	2019年4月
XS190003	张海平	洗衣机	2	5 000	2019年4月
XS190004	王强	微波炉	20	10 000	2019年4月

续表

合同编号	销售员	商品	销售数量/台	销售金额/元	时间
XS190005	赵梅	洗衣机	6	15 000	2019年4月
XS190006	李思	洗衣机	5	12 500	2019年4月
XS190007	乔欣	微波炉	12	6 000	2019年4月
XS190008	乔欣	微波炉	17	8 500	2019年4月
XS190009	张海平	空调	15	45 000	2019年4月
XS190010	赵梅	洗衣机	5	12 500	2019年4月
XS190011	张海平	微波炉	13	6 500	2019年4月
XS190012	王强	洗衣机	10	25 000	2019年4月
XS190013	赵梅	洗衣机	5	12 500	2019年5月
XS190014	赵梅	空调	7	21 000	2019年5月
XS190015	张海平	空调	8	24 000	2019年5月
XS190016	王强	空调	9	27 000	2019年5月
XS190017	乔欣	微波炉	7	3 500	2019年5月
XS190018	王强	空调	5	15 000	2019年5月
XS190019	李思	微波炉	15	7 500	2019年5月
XS190020	王强	空调	10	30 000	2019年5月
XS190021	乔欣	空调	12	36 000	2019年5月
XS190022	张海平	空调	6	18 000	2019年5月
XS190023	赵梅	微波炉	10	5 000	2019年5月
XS190024	赵梅	微波炉	5	2 500	2019年5月
XS190025	李思	洗衣机	6	15 000	2019年6月
XS190026	吴东强	空调	11	33 000	2019年6月
XS190027	赵梅	微波炉	20	10 000	2019年6月
XS190028	乔欣	微波炉	10	5 000	2019年6月
XS190029	李思	微波炉	15	7 500	2019年6月
XS190030	吴东强	空调	20	60 000	2019年6月
XS190031	乔欣	微波炉	12	6 000	2019年6月
XS190032	李思	空调	5	15 000	2019年6月
XS190033	王强	空调	20	60 000	2019年6月

具体操作步骤如下。

（1）新建数据透视表

将光标放在数据表中任意位置，单击"插入"选项卡"表格"组中的"数据透视表"按钮，在随后弹出的对话框中选择数据透视表要存放的位置，本例选择存放在新工作表中，如图3-9所示。

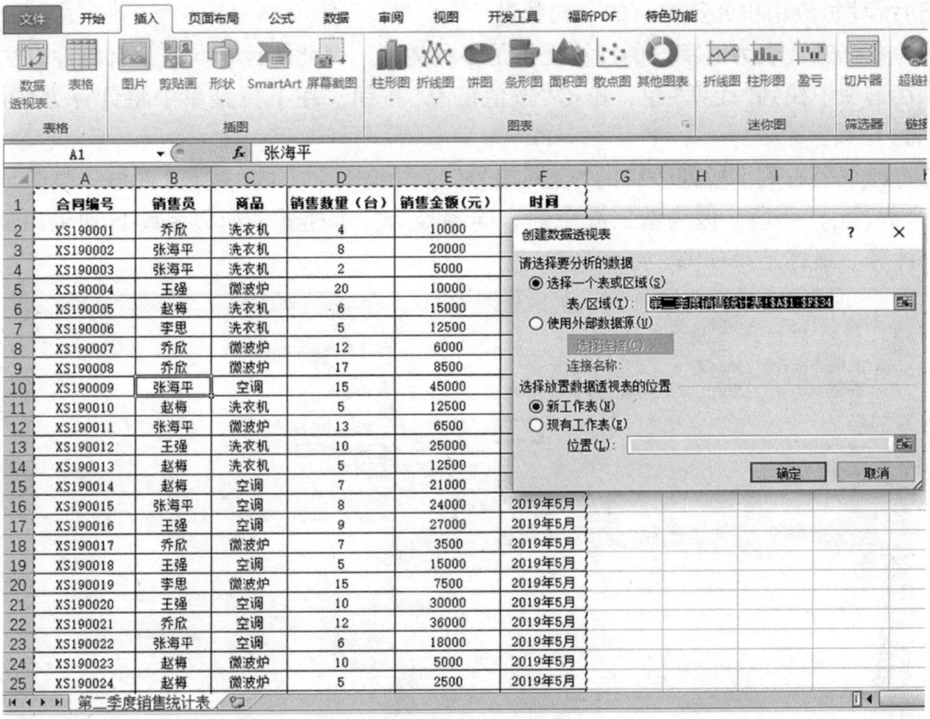

图 3-9 创建数据透视表

(2) 统计每位销售人员第二季度的销售金额

首先把新建的"sheet2"工作表重命名为"数据透视表"。在数据透视表右侧的区域中，把"时间"字段设为"报表筛选"，"商品"字段设为"列标签"，"销售员"字段设为"行标签"，"销售金额(元)"设为数值，默认"求和"计算方式。结果如图 3-10 所示。

图 3-10 统计销售员业绩

(3)统计每位销售人员签订的合同数量

因为数据透视表为值字段的计算提供了多种类型,因此统计合同数量有两种方法。

①在选项中找到"计算"组,单击"按值汇总"按钮,在下拉菜单中将计算方式由"求和"改为"计数"。

②将透视表右侧字段列表中的"合同编号"字段拉入下方的"数值"区域,删除原有的"销售金额(元)"字段。因为数据源中的合同编号为文本模式,所以系统自动采用计数方式进行计算。最终结果如图 3-11 所示。

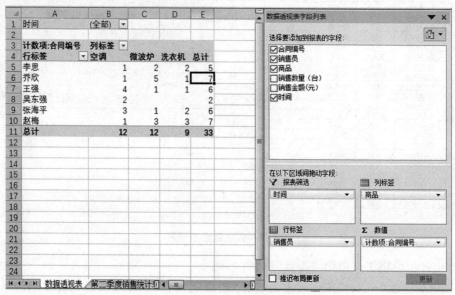

图 3-11 统计销售员合同签订数

(4)统计每位销售员第二季度的奖金数(奖金以销售金额的 1% 计)

在选项中找到"计算"组,单击"域、项目和集"按钮,在下拉菜单中选择"计算字段"命令,随即弹出"插入计算字段"对话框。在对话框中的"名称"文本框中输入"奖金",单击右侧的"添加"按钮,即在透视表中新增了一个字段;在"公式"一栏,选择下方"销售金额(元)"字段,然后单击"插入字段"按钮,在公式后面输入"*1%",最后单击"确定"按钮。为使图表简洁,可删除列标签中的"商品"字段。操作过程如图 3-12 所示,结果如图 3-13 所示。

图 3-12 插入计算字段

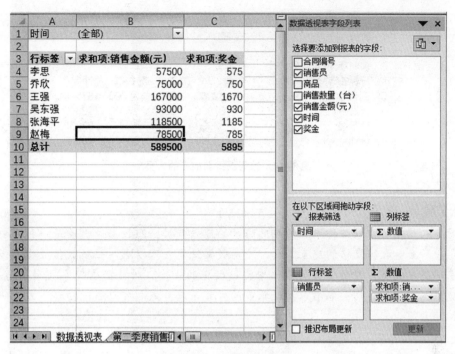

图 3-13　计算销售员奖金

(5) 将各销售人员按季度销售金额从大到小排列，并筛选出排名前三的人员

将光标放在 E5 到 E11 单元格中的任一单元格上，右击"排序"选项中的"降序"按钮，结果如图 3-14 所示。

	A	B	C	D	E
1	时间	(全部)			
2					
3	求和项:销售金额(元)	列标签			
4	行标签	空调	微波炉	洗衣机	总计
5	王强	132000	10000	25000	167000
6	张海平	87000	6500	25000	118500
7	吴东强	93000			93000
8	赵梅	21000	17500	40000	78500
9	乔欣	36000	29000	10000	75000
10	李思	15000	15000	27500	57500
11	总计	384000	78000	127500	589500

图 3-14　对销售金额降序排列

单击行标签（A4 单元格）右侧的"筛选"按钮，选择"值筛选"中的"10 个最大的值"，在随即弹出的对话框中，将显示数由"10"改为"3"，单击"确定"按钮，如图 3-15 所示，筛选结果如图 3-16 所示。

图 3-15　筛选对话框

	A	B	C	D	E
1	时间	(全部)			
2					
3	求和项:销售金额(元)	列标签			
4	行标签	空调	微波炉	洗衣机	总计
5	王强	132000	10000	25000	167000
6	张海平	87000	6500	25000	118500
7	吴东强	93000			93000
8	总计	312000	16500	50000	378500

图 3-16　销售额排名前三的人员

> **知识拓展**
>
> 　　财务人员在日常的工作中会接触到海量的原始数据,而数据透视表是一种可以快速汇总、分析大量数据表格的交互工具。使用数据透视表可以深入分析数值数据,以帮助用户发现关键数据,并做出有关企业中关键数据的决策。对数据透视表的布局与分组、创建数据透视图的技巧,本书以拓展章节的方式予以补充。可以通过扫描下方二维码观看详细的学习内容。

3.2　数据透视表的布局与分组

3.3　创建数据透视图

本章小结

　　本章详细介绍了 Excel 中数据透视表的各项操作,特别是行和列字段的编辑、数据透视表的布局、数据分组和创建数据透视图。读者通过对本章内容进行反复的操作练习,为今后高效率地分析数据打下基础。

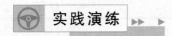

实践演练

【**实践一**】ABC 公司全年产品销售统计表如表 3-2 所示，请运用数据透视表完成下列任务。

表 3-2　产品销售统计表

产品名称	销售收入	销售数量	销售人员	销售月份
产品 A	8 226.00	1 200	章升	1
产品 A	9 008.00	1 320	章升	2
产品 A	8 440.00	1 220	赵一梅	3
产品 A	8 050.00	1 150	李冬青	4
产品 A	12 560.00	1 620	李冬青	5
产品 A	9 550.00	1 368	李冬青	6
产品 A	8 226.00	1 200	李倩	7
产品 A	9 008.00	1 320	李倩	8
产品 A	8 440.00	1 220	吴双	9
产品 A	8 050.00	1 150	徐海	10
产品 A	12 560.00	1 620	徐海	11
产品 A	9 550.00	1 368	夏天	12
产品 B	8 760.60	260	赵一梅	1
产品 B	1 600.00	120	李倩	1
产品 B	6 005.00	210	赵一梅	2
产品 B	5 822.30	163	李倩	2
产品 B	6 780.50	336	李倩	3
产品 B	5 897.60	360	章升	4
产品 B	1 600.00	120	夏天	5
产品 B	6 122.30	183	章升	6
产品 B	8 760.60	280	徐海	7
产品 B	6 005.00	210	徐海	8
产品 B	6 780.50	336	夏天	9
产品 B	5 897.60	360	章升	10
产品 C	7 065.60	320	吴双	1
产品 C	3 658.50	156	吴双	2
产品 C	3 265.56	165	吴双	3
产品 C	6 007.89	280	夏天	4

续表

产品名称	销售收入	销售数量	销售人员	销售月份
产品C	5 246.14	290	蔡嘉禾	5
产品C	3 022.58	150	蔡嘉禾	6
产品C	7 065.60	320	章升	7
产品C	3 658.50	156	李冬青	8
产品C	3 265.56	165	李倩	9
产品C	6 007.89	280	李冬青	10
产品C	5 246.14	290	吴双	11
产品C	3 022.58	150	赵一梅	12

（1）统计每名销售人员每个月份的销售收入情况；

（2）分季度显示每名销售人员的销售收入情况；

（3）将产品名称和月份均作为行标签，统计各产品每个月的销售收入、销售数量和销售单价情况；

（4）将第（3）问创建的数据透视表以表格形式显示，并合并行标签；

（5）分月份统计三种产品的销售收入情况，产品名称作为列标签，月份作为行标签，并设置值显示方式为"列汇总的百分比"；

（6）用数据透视图展示三种产品每个月的销售收入情况。

【实践二】请利用Excel建立表格，统计自己从大一以来每门课程的情况，包括学期、课程、考试成绩、对应学分等。然后以该表作为数据源，利用数据透视表功能分析自己在学业上的表现情况。

第 4 章 会计记账

🔔 **学习目的**

掌握填制记账凭证、记账凭证汇总和登记日记账的方法。

4.1 填制记账凭证

4.1.1 知识储备

在记账时首先要根据具体的经济业务填制会计凭证，然后再根据会计凭证登记相关账簿。因此填制记账凭证是会计工作的首要工作。在实际中，会计凭证的形式多种多样，会计法将会计凭证明确地分为两大类，即原始凭证和记账凭证。

1. 原始凭证

原始凭证是在经济业务事项发生时取得或填制，用以证明经济业务发生和完成情况的凭据，是会计核算的原始依据。原始凭证种类很多，如常见的收货单、发货单、收款或付款凭证、支票等。

2. 记账凭证

记账凭证是对原始凭证所反映的经济业务事项按其性质加以归类后由会计人员编制作为记账依据的凭证。记账凭证的作用主要在于对原始凭证进行分类归纳，便于登记会计账簿。

最常用的记账凭证是通用记账凭证，它可用于填制收款凭证或付款凭证。记账凭证必须具备以下基本内容。

①记账凭证的编号。

②记账凭证的日期。

③经济业务的内容摘要。

④会计科目(包括一级、二级和明细科目)的名称、记账方法和金额。

⑤所附原始凭证的张数。

⑥制证、审核、记账、会计主管等有关人员的签章，收款凭证和付款凭证还应由出纳人员签名或盖章。

4.1.2 实例演示

【案例4-1】制作通用记账凭证实例演示。

请制作XWL公司通用记账凭证。

(1)建立"记账凭证"表单

①新建工作簿，单击"保存"按钮，将文件名设置为"填制记账凭证"。在Sheet1工作表标签上双击进入文字编辑状态，重新输入名称为"通用记账凭证"，在表格中输入通用记账凭证的各项元素，主要包括"凭证号""科目代码""科目名称""借方金额""贷方金额"等，具体如图4-1所示。

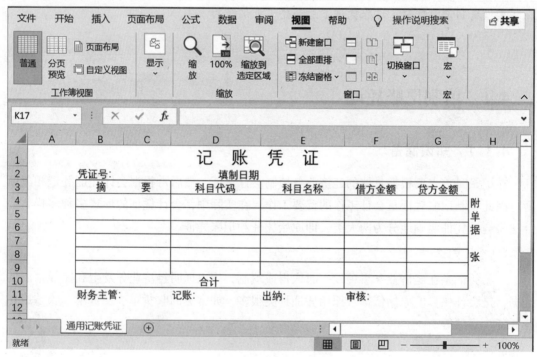

图4-1 记账凭证示意

②选中C2单元格，在"开始"选项卡"数字"组中单击"数字格式"下拉按钮，在下拉列表中选择"文本"选项，如图4-2所示。设置文本格式的目的是在C2单元格中可以输入以0开头的凭证号，如图4-3所示。

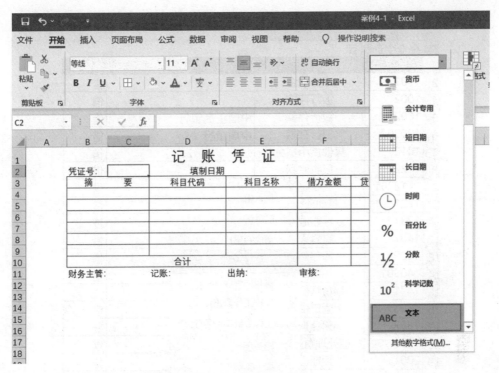

图4-2 设置文本格式

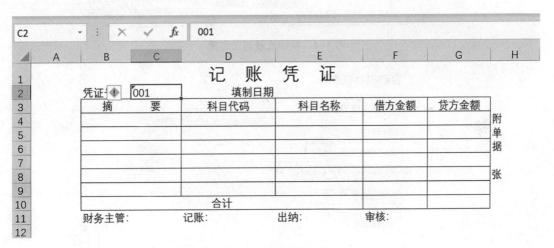

图4-3 输入凭证号

(2)将"会计科目表"移至本工作簿中

将"会计科目表"移至需要编制记账凭证所在的工作簿中,以方便填制会计凭证时对科目名称的引用。

①打开已建立好的"WXL公司会计科目表"工作簿,在"WXL公司会计科目表"工作表中右击,选择"移动或复制"命令,如图4-4所示,打开"移动或复制工作表"对话框。在"工作簿"下拉列表中选择要复制的工作簿(即当前的"填制记账凭证"工作簿),并设置工作表的放置位置,勾选"建立副本"复选框,如图4-5所示。

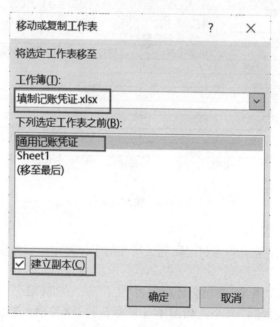

图4-4 移动或复制工作簿

图4-5 建立副本

②单击"确定"按钮即可实现工作表跨工作簿复制,如图4-6所示。

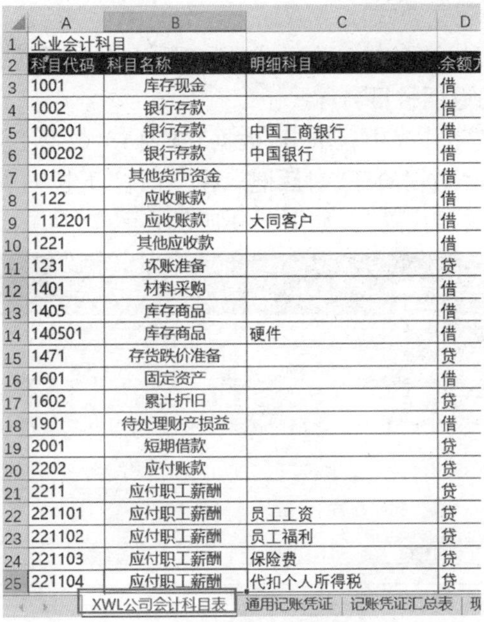

	A	B	C	D
1	企业会计科目			
2	科目代码	科目名称	明细科目	余额方
3	1001	库存现金		借
4	1002	银行存款		借
5	100201	银行存款	中国工商银行	借
6	100202	银行存款	中国银行	借
7	1012	其他货币资金		借
8	1122	应收账款		借
9	112201	应收账款	大同客户	借
10	1221	其他应收款		借
11	1231	坏账准备		贷
12	1401	材料采购		借
13	1405	库存商品		借
14	140501	库存商品	硬件	借
15	1471	存货跌价准备		贷
16	1601	固定资产		借
17	1602	累计折旧		贷
18	1901	待处理财产损益		借
19	2001	短期借款		贷
20	2202	应付账款		贷
21	2211	应付职工薪酬		贷
22	221101	应付职工薪酬	员工工资	贷
23	221102	应付职工薪酬	员工福利	贷
24	221103	应付职工薪酬	保险费	贷
25	221104	应付职工薪酬	代扣个人所得税	贷

图 4-6　工作表跨工作簿复制

③在“XWL 公司会计科目表”工作表中选中“科目代码”列的单元格区域，在名称框中输入名称为“科目代码”，如图 4-7 所示。此操作是为了将这部分单元格区域名称定义为“科目代码”，以后想引用这个单元格区域时，可以直接使用名称。

提示： 步骤③中的操作是将 A 列中显示科目代码的单元格区域定义为名称。定义名称后，当公式中或设置数据验证需要使用这个单元格区域时，可使用这个名称代替。

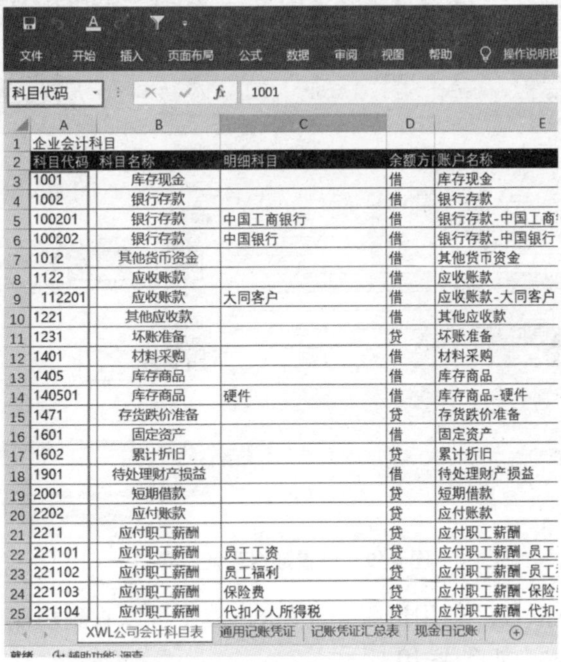

	A	B	C	D	E
1	企业会计科目				
2	科目代码	科目名称	明细科目	余额方	账户名称
3	1001	库存现金		借	库存现金
4	1002	银行存款		借	银行存款
5	100201	银行存款	中国工商银行	借	银行存款-中国工商
6	100202	银行存款	中国银行	借	银行存款-中国银行
7	1012	其他货币资金		借	其他货币资金
8	1122	应收账款		借	应收账款
9	112201	应收账款	大同客户	借	应收账款-大同客户
10	1221	其他应收款		借	其他应收款
11	1231	坏账准备		贷	坏账准备
12	1401	材料采购		借	材料采购
13	1405	库存商品		借	库存商品
14	140501	库存商品	硬件	借	库存商品-硬件
15	1471	存货跌价准备		贷	存货跌价准备
16	1601	固定资产		借	固定资产
17	1602	累计折旧		贷	累计折旧
18	1901	待处理财产损益		借	待处理财产损益
19	2001	短期借款		贷	短期借款
20	2202	应付账款		贷	应付账款
21	2211	应付职工薪酬		贷	应付职工薪酬
22	221101	应付职工薪酬	员工工资	贷	应付职工薪酬-员工
23	221102	应付职工薪酬	员工福利	贷	应付职工薪酬-员工
24	221103	应付职工薪酬	保险费	贷	应付职工薪酬-保险
25	221104	应付职工薪酬	代扣个人所得税	贷	应付职工薪酬-代扣

图 4-7　名称框中设置“科目代码”

(3)"记账凭证"表中建立公式

在"记账凭证"表中可以通过数据验证设置实现科目代码的选择输入,并且通过公式设置可以根据科目代码自动返回科目名称。

①在"通用记账凭证"工作表中,单击"数据"选项卡"数据工具"组中的"数据验证"按钮,如图4-8所示,打开"数据验证"对话框。在"允许"下拉列表中选择"序列"选项;在"来源"文本框中输入"=科目代码",如图4-9所示。

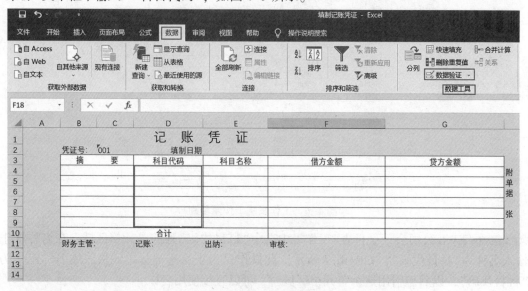

图4-8 设置数据验证步骤一

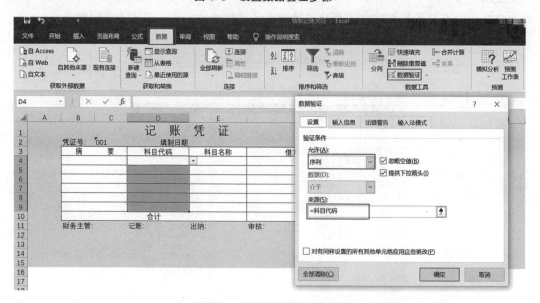

图4-9 设置数据验证步骤二

②单击"确定"按钮,在"通用记账凭证"工作表中可以看到填制"科目代码"时可以通过序列选择的方式输入,如图4-10所示。

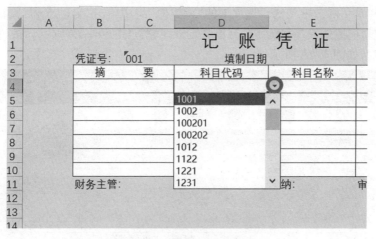

图 4-10　设置数据验证完成效果

③设置根据科目代码自动返回科目名称的公式。选中 E4 单元格,在编辑栏中输入公式"=IF(D4 = "","", VLOOKUP(D4, XWL 公司科目余额表! \$A \$3: \$E \$48, 5, FALSE))",按〈Enter〉键,如图 4-11 所示。

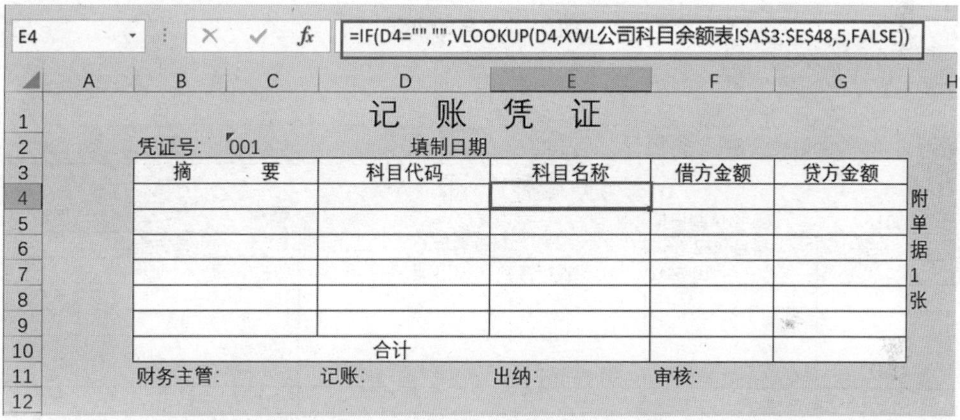

图 4-11　设置自动返回科目名称步骤一

④选中 E4 单元格,使光标指向该单元格右下角的填充柄上,按住鼠标左键向下拖拽,即可实现公式的向下复制,如图 4-12 所示。由于当前 D 列单元格中未填入任意科目代码,因此返回空白;而当填入科目代码后,科目名称则会自动返回,如图 4-13 所示。

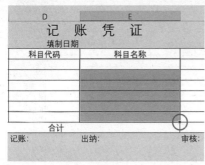

图 4-12　设置自动返回科目名称步骤二 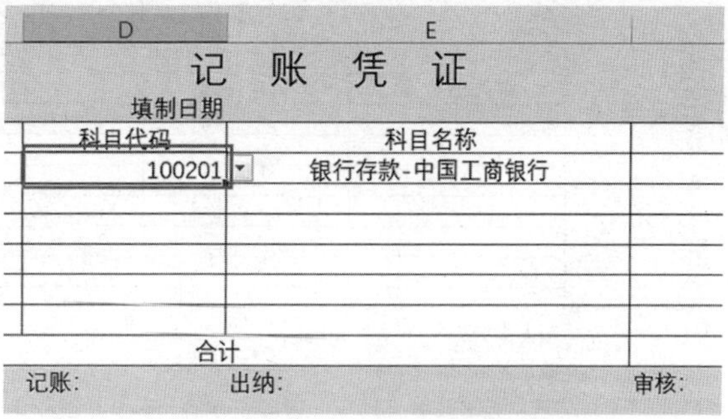　　图 4-13　设置自动返回科目名称效果

⑤选中 F9 单元格,在"公式"选项卡的"函数库"组中单击"自动求和"按钮,如图 4-14 所示。然后重新拖拽选取参数为 F4:F8 单元格区域,如图 4-15 所示。按〈Enter〉键即可建立求和公式,如图 4-16 所示。

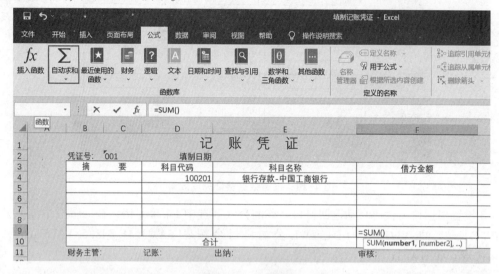

图 4-14 自动求和

图 4-15 选中自动求和区域

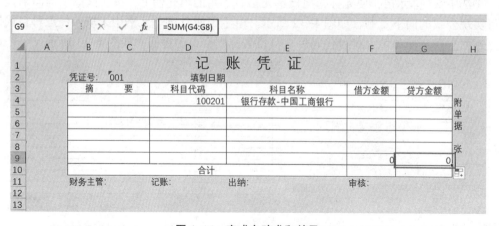

图 4-16 完成自动求和效果

⑥将 F9 单元格的公式复制到 G9 单元格中，即可快速建立 G9 单元格的求和公式，如图 4-16 所示。

提示：根据本月凭证的数量(假如 15 张)，凭证之间打印的间隙(选择多少空行来实现)，现在假定空一行，然后根据日期、凭证号和附单据数量相应填写 2022 年 1 月 1 日、1 和 1，预先设好格式。选择 B1：H12 填充柄，拖动至 H180(＝15＊12)，可以设置好 15 张凭证(但日期资料会错，需按实际情况修改)，如图 4-17 所示。

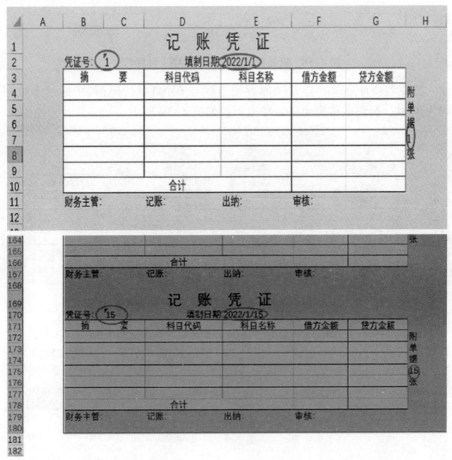

图 4-17　设置多张凭证日期

【**案例 4-2**】填制通用记账凭证。

XWL 公司销售员于 2022 年 2 月 14 日，报销招待费金额为 1 054 元，原始凭证审核无误。同年 2 月 16 日该公司还签发了一张中国工商银行的现金支票，提取现金 65 000 元，作为企业的备用金，原始凭证已审核无误。请为这两笔经济账目填制记账凭证。

提示：填制通用记账凭证的关键是根据原始凭证填制会计分录。在操作的时候要注意手动填写的要仔细核对填入，科目名称会根据科目代码自动返回。记账凭证表单建立完成后，可以根据各个原始凭证进行会计分录的填制。

①输入摘要和会计分录的借方("销售费用")，在"科目代码"列中通过下拉序列选择科目代码为 6601，科目名称则可以自动返回，如图 4-18 所示。

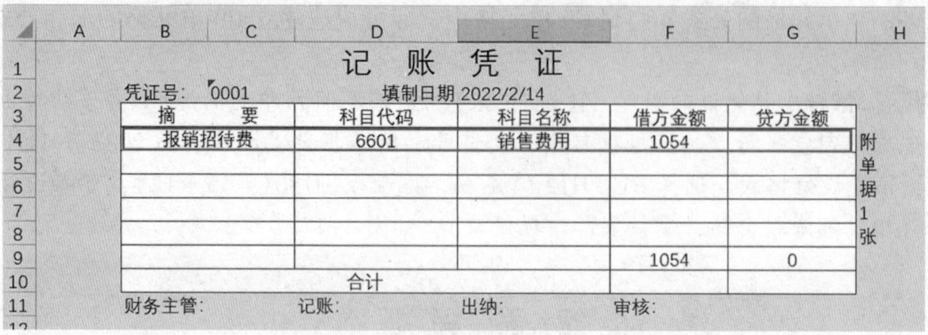

图4-18 设置自动返回"销售费用"科目名称

②输入摘要和会计分录的贷方("库存现金"),在"科目代码"列中通过下拉序列选择科目代码为1001,科目名称则可以自动返回,如图4-19所示。

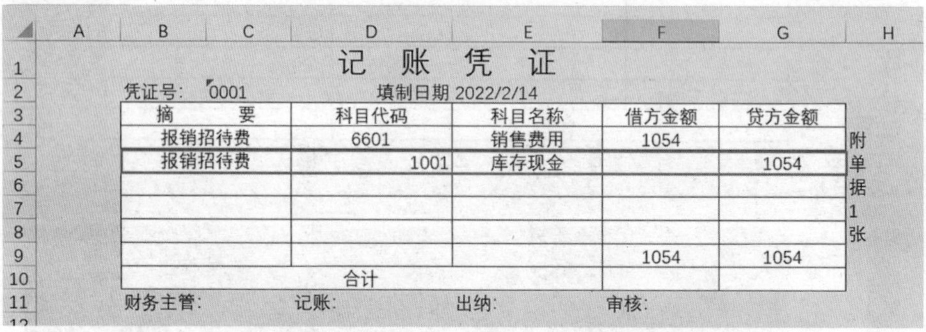

图4-19 设置自动返回"库存现金"科目名称

③选中显示金额的单元格区域,在"开始"选项卡"数字"组中单击"数字格式"的下拉按钮,在下拉列表中选择"会计专用"选项,如图4-20所示,即可让借方金额与贷方金额均显示会计专用格式,如图4-21所示。

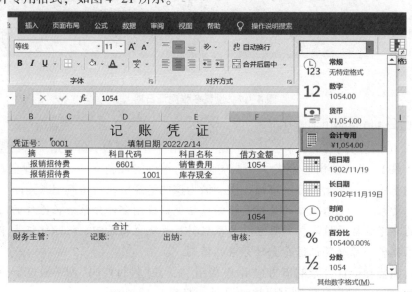

图4-20 金额单元格设置"会计专用"格式

	A	B	C	D	E	F	G	H
					记 账 凭 证			
	凭证号：		0001	填制日期	2022/2/14			
		摘　　要		科目代码	科目名称	借方金额	贷方金额	
		报销招待费		6601	销售费用	¥　1,054.00		附单据1张
		报销招待费		1001	库存现金		¥　1,054.00	
						¥　1,054.00	¥　1,054.00	
					合计			
	财务主管：			记账：	出纳：	审核：		

图 4-21　金额单元格设置"会计专用"格式完成效果

完成上述操作后，此项经济业务的记账凭证已填制完成。按相同的方法可依次填制其他凭证。图 4-22 所示为 XWL 公司 2022 年 2 月 16 日签发了一张中国银行的现金支票，提取现金 65 000 元，作为企业的备用金，原始凭证已审核无误，可将记账凭证按图 4-22 进行填制。

	A	B	C	D	E	F	G	H
1					记 账 凭 证			
2	凭证号：		0002	填制日期	2022/2/16			
3		摘　　要		科目代码	科目名称	借方金额	贷方金额	
4		提取备用金		1001	库存现金	¥　65,000.00		附单据1张
5		提取备用金		100201	银行存款-中国工商银行		¥　65,000.00	
6								
7								
8								
9						¥　65,000.00	¥　65,000.00	
10					合计			
11	财务主管：			记账：	出纳：	审核：		
12								

图 4-22　记账凭证填制完成效果

4.2　记账凭证汇总

4.2.1　知识储备

记账凭证填制后，可以登记有关账簿，在 Excel 中可以通过自动化的方式来登记账簿，而原始数据则来源于记账凭证，因此在填制了单张记账凭证后，需要将它们汇总到一个表格中，这就是记账凭证的汇总处理。

4.2.2　实例演示

【案例 4-3】制作记账凭证汇总表的实例演示。
请为 XWL 公司制作 2022 年 2 月份的记账凭证汇总表。
制作记账凭证汇总表的关键点：首先拟订记账凭证汇总表包含的项目，其次是科目代码的选择输入。操作要点：①单击"数据"选项卡"数据工具"组的"数据验证"按钮；②单击"开始"选项卡"字体"组的"格式"按钮。

在填制记账凭证后，需要将各个记账凭证汇总到一张表中，从而得到本月的"记账凭证汇总表"。这张表格对整月的账务处理非常重要，如月末账务处理的明细账、总账、财务报表等，都要以此表作为原始数据进行统计计算。

①在"填制记账凭证"工作簿中添加一张新工作表，并将新工作表重命名为"记账凭证汇总表"。建立如图4-23所示的列标识，然后对表格标题、列标识等进行格式设置，使表格更加容易阅读。

图4-23 新建"记账凭证汇总表"

②按4.1.1节相同的方法，运用"数据验证"功能，设置"科目代码"的可选序列，如图4-24所示。

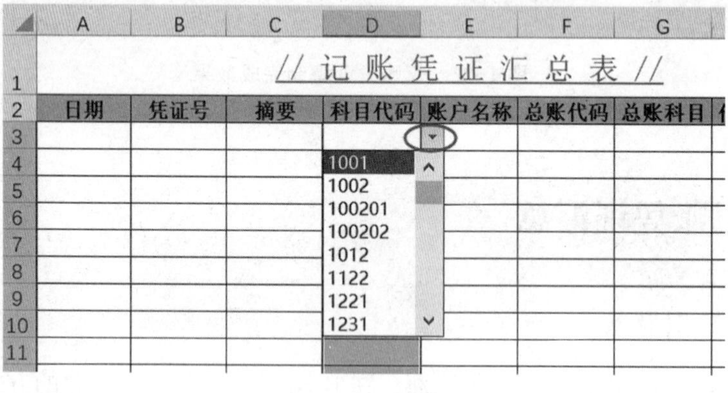

图4-24 设置科目代码

③对表格中进行几项单元格格式的设置，设置"日期"列显示为需要的日期格式，如"22/02/14"格式，"凭证号"列为"文本"格式，"借方金额"与"贷方金额"列为"会计专用格式"，这些设置单元格格式的方法在前面都已经介绍过，此处不再赘述。

建立公式从"会计科目表"中返回基本信息。由于记账凭证汇总表中的众多信息都想从"会计科目表"中返回得到，因此需要建立多个公式实现数据的自动查询与匹配，可用IF和VLOOKUP函数完成。

【案例4-4】建立公式从"会计科目表"中返回基本信息的实例演示。

通过建立公式从"XWL公司会计科目表"中返回基本信息。

①设置根据科目代码自动返回账户名称的公式。选中E3单元格,在编辑栏中输入公式"=IF(D3="","",VLOOKUP(D3,XWL公司科目表!$A$3:$E$48,5,FALSE))",按〈Enter〉键(因为D3中无值,所以暂时为空),结果如图4-25所示。

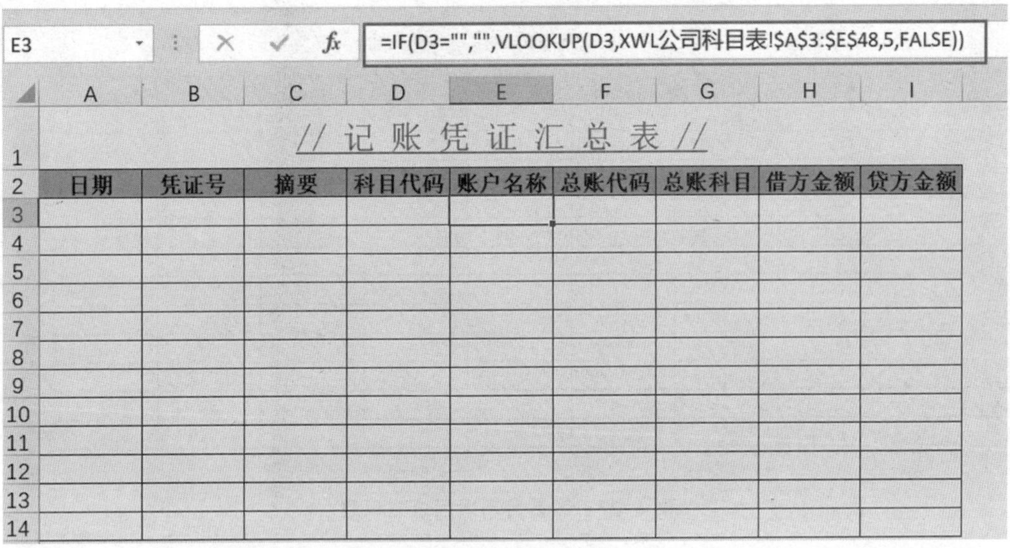

图4-25 设置自动返回账户名称

②设置根据科目代码自动返回总账代码的公式。选中F3单元格,在编辑栏中输入公式"=LEFT(D3,4)",按〈Enter〉键(因为D3中无值,所以暂时为空),如图4-26所示。

提示:LEFT函数是从一个文本字符串的第一个字符开始返回指定个数的字符。

LEFT(text,num_chars)

=LEFT(D3,4)

表示从D3单元格的最左侧提取,共提取4个字符。

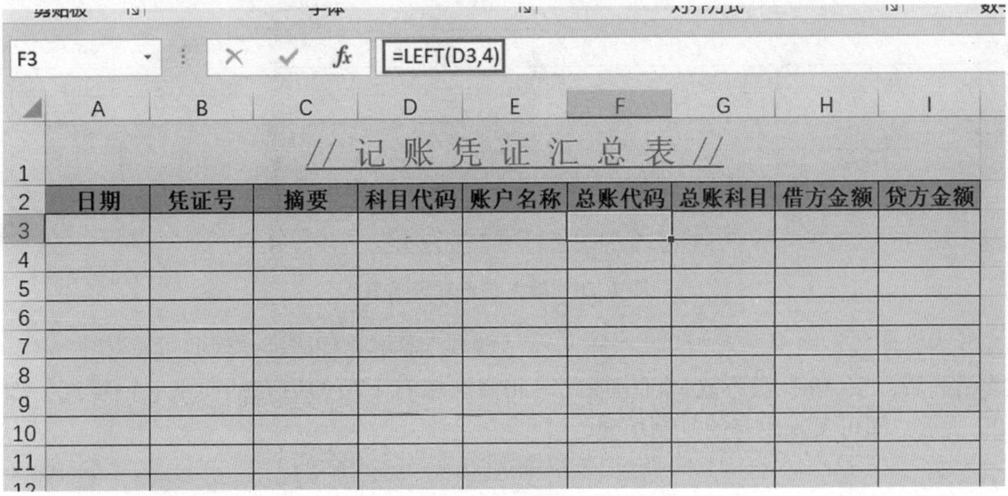

图4-26 设置自动返回总账代码

③设置返回总账科目的公式。选中 G3 单元格,在编辑栏中输入公式"= IF(D3 ="","",VLOOKUP(D3, XWL 公司科目表!$A$3:$E$48, 2, FALSE))",按〈Enter〉键(因为 D3 中无值,所以暂时为空),结果如图 4-27 所示。

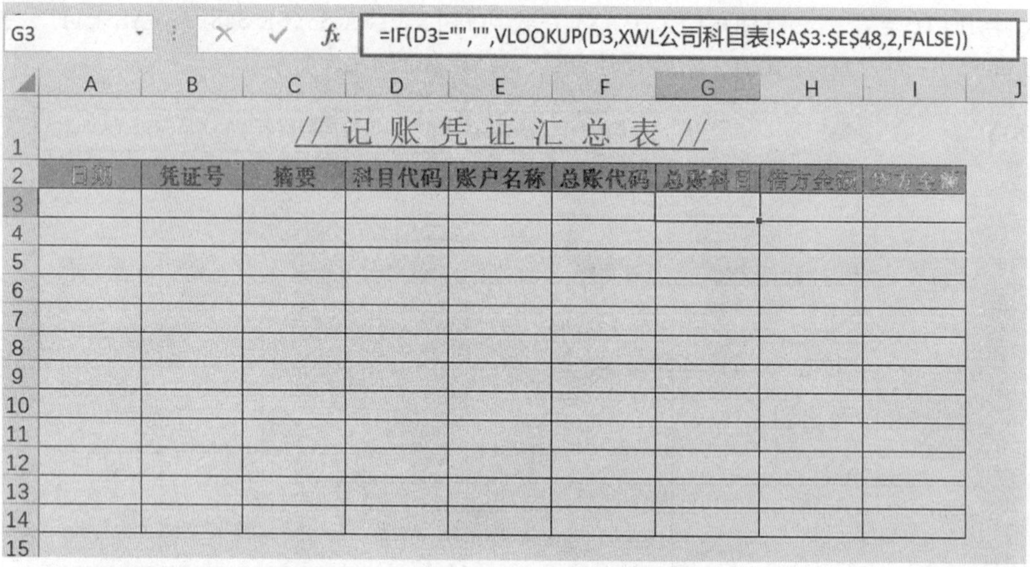

图 4-27 设置自动返回总账科目

④在工作表相应位置输入已记账的记账凭证信息。图 4-28 显示的画框为需要填制的部分,可以看到设置公式的单元格能自动返回相关信息。

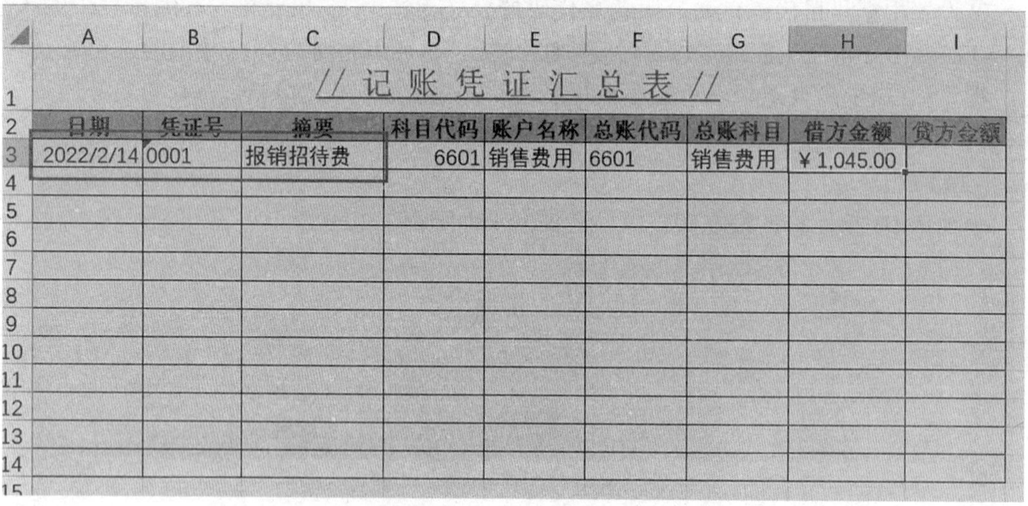

图 4-28 输入记账凭证信息

⑤为方便登记账簿,对"日期""凭证号""摘要"需要重复记录,因此可以选中 A3:C3 单元格区域,按〈Ctrl〉键不放,再拖拽此单元格区域右下角的填充柄向下一行填充,如图 4-29 所示,即可实现内容的复制填充。

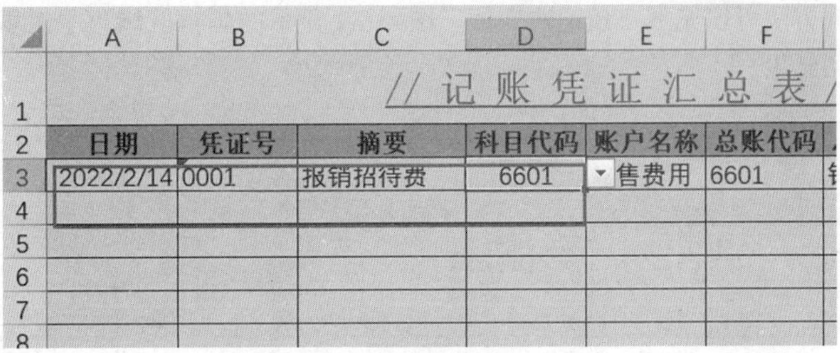

图 4-29 重复记录项的复制填充

⑥接着输入贷方科目与贷方金额，如图 4-30 所示。

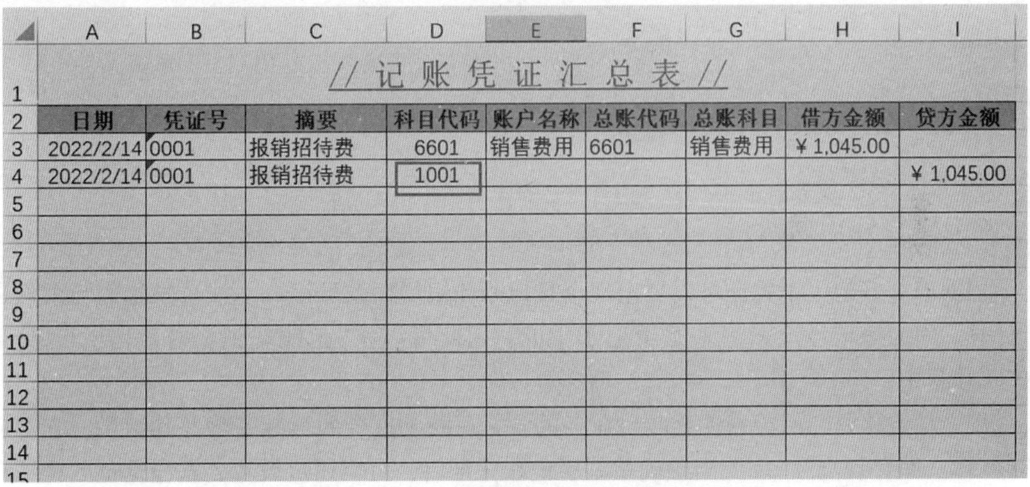

图 4-30 输入贷方科目与贷方金额

⑦选中 E3：G3 单元格区域，将光标指向此单元格区域右下角，向下拖曳填充柄即可向下复制公式，如图 4-31 所示。拖拽到的位置根据实际凭证的条数目决定，也可以随用随复制。

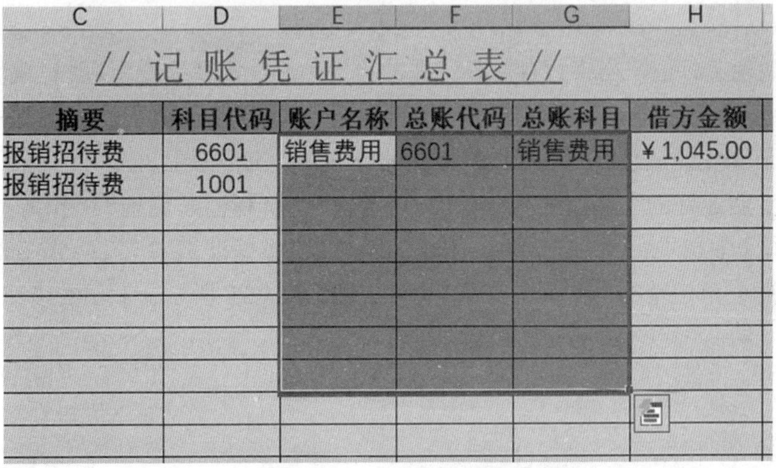

图 4-31 向下复制公式

⑧按相同方法可填充下一条记账凭证。图4-32显示的画框区域为手工填写,其他区域为公式返回结果。

	A	B	C	D	E	F	G	H	I
1					//记账凭证汇总表//				
2	日期	凭证号	摘要	科目代码	账户名称	总账代码	总账科目	借方金额	贷方金额
3	2022/2/14	0001	报销招待费	6601	销售费用	6601	销售费用	¥ 1,045.00	
4	2022/2/14	0001	报销招待费	1001	库存现金	1001	库存现金		¥ 1,045.00
5	2022/2/16	0002	提取备用金	1001	库存现金	1001	库存现金	¥ 65,000.00	
6	2022/2/16	0002	提取备用金	100201	银行存款-中国工商银行	1002	银行存款		¥ 65,000.00
7									
8									

图4-32　填充记账凭证

4.3　登记日记账

4.3.1　知识储备

根据填制好的记账凭证可以登记现金日记账和银行存款日记账,并对发生额与余额进行计算。因为登记日记账都来源于记账凭证,因此可以将"记账凭证汇总表"导入"日记账"工作簿中。

现金日记账是专门记录现金收付业务的,它反映了现金的增减变化及其结果。它对应的科目是"库存现金",因此当正确填制了记账凭证后,可以通过设置公式根据记账凭证自动登记本期的现金日记账,需要用IF、ROW、INDEX、SMALL等函数完成。

4.3.2　实例演示

【案例4-5】根据案例4-2中XWL公司记账凭证登记现金日记账。

1. 复制"记账凭证汇总表"到"日记账"工作簿中

要想实现现金日记账与银行存款日记账的自动填制,需要完全引用"记账凭证汇总表"中的数据。由于"记账凭证汇总表"创建在"填制记账凭证"工作簿中,因此首先要将"会计科目表"与"记账凭证汇总表"两张工作表移到"日记账"工作簿中。

①打开已创建好的"日记账"工作簿,同时打开"填制记账凭证"工作簿。在"填制记账凭证"工作簿中选中"XWL公司会计科目表"与"记账凭证汇总表"两张工作表,右击,在弹出的快捷菜单中选择"移动或复制"命令,如图4-33所示,打开"移动或复制工作表"对话框。

图 4-33 打开"移动或复制工作表"对话框

②在"工作簿"下拉列表中选择要复制的目标工作簿(即当前的"日记账"工作簿),并设置工作表的放置位置,勾选"建立副本"复选框,如图 4-34 所示。

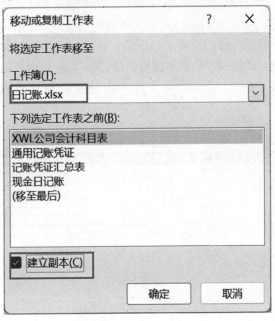

图 4-34 设置"建立副本"

③单击"确定"按钮,即可实现工作表的复制,如图 4-35 所示。

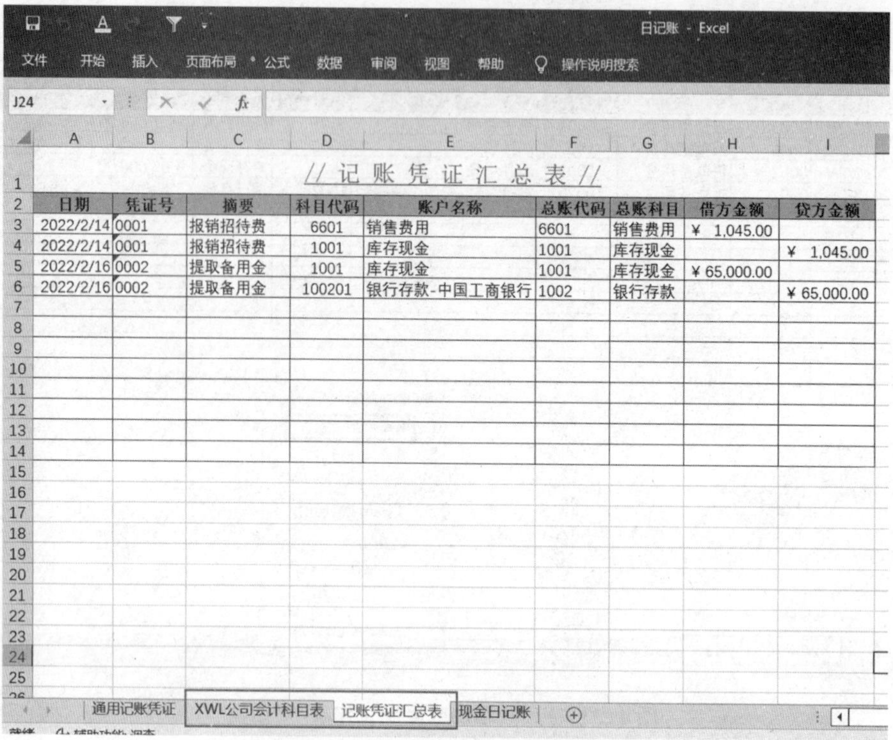

图 4-35　工作表复制完成效果

2. 建立公式确认"库存现金"与"银行存款"科目

在"记账凭证汇总表"中可以利用公式来判断哪些是"库存现金"与"银行存款"科目，并通过返回它们所在的行号进行标记。有了标记后，在登记现金日记账与银行存款日记账时，则可以再利用公式实现自动返回，从而实现现金日记账与银行存款日记账的自动填制。

①切换到"现金日记账"工作表，在工作表中输入期初日期和期初账面余额，如图 4-36 所示。

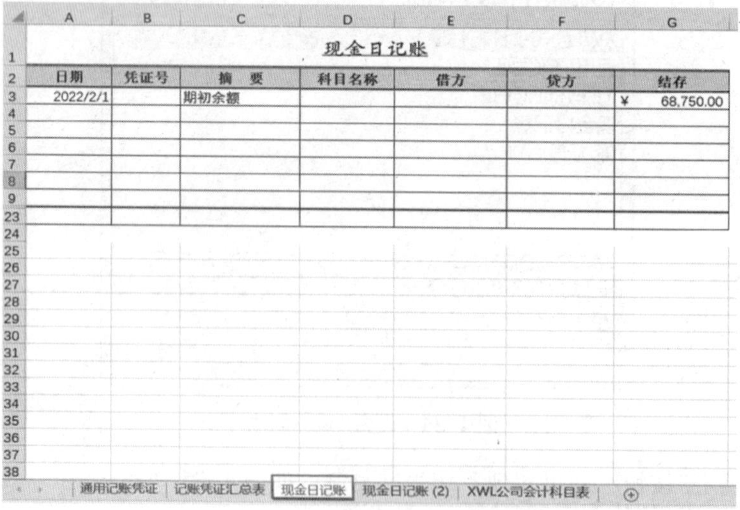

图 4-36　切换到"现金日记账"

②切换到"记账凭证汇总表"工作表,在J列建立"辅助"列,选中J3单元格,输入公式"=IF(E3="库存现金",ROW(),"")",按〈Enter〉键,判断E3单元格值是否为"现金",如果是,返回其行数;如果不是,返回空值,如图4-37所示。

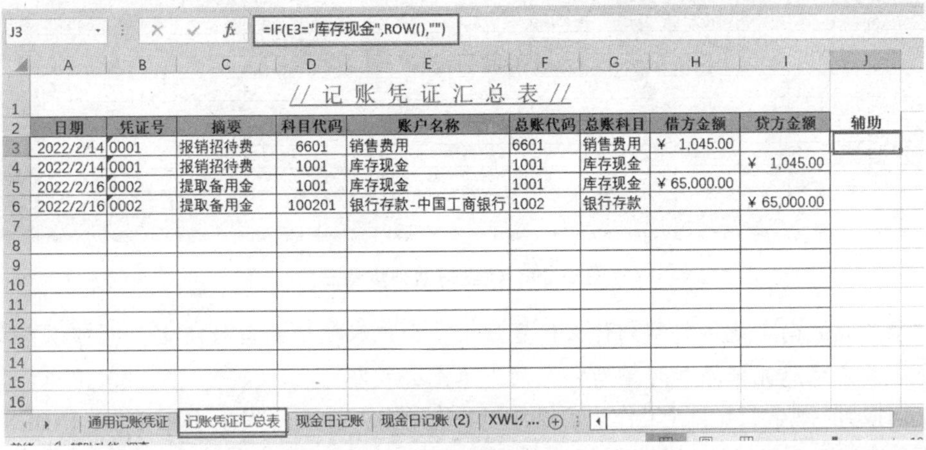

图4-37 建立"辅助"列步骤一

提示:ROW函数:函数用于返回引用的行号。ROW(reference)中的reference表示为需要得到其行号的单元格或单元格区域。如果省略,则假定是对函数ROW所在单元格的引用。

$$=IF(E3="库存现金",\underset{a}{\underbrace{ROW()}}^{b},"")$$

式中,a返回公式所在单元格的这一行的行号;b当E3单元格中的值是"库存现金"时,返回当前行的行号(即第a步返回值)。当公式向下复制时,ROW()的返回值会不断变化。

③选中J3单元格,将光标指向右下角填充柄,按住鼠标左键向下拖拽,如图4-38所示,释放鼠标后可以依次判断E列中的账户名称是否为"库存现金",如果是,返回其行数;如果不是,返回空值,如图4-39所示。

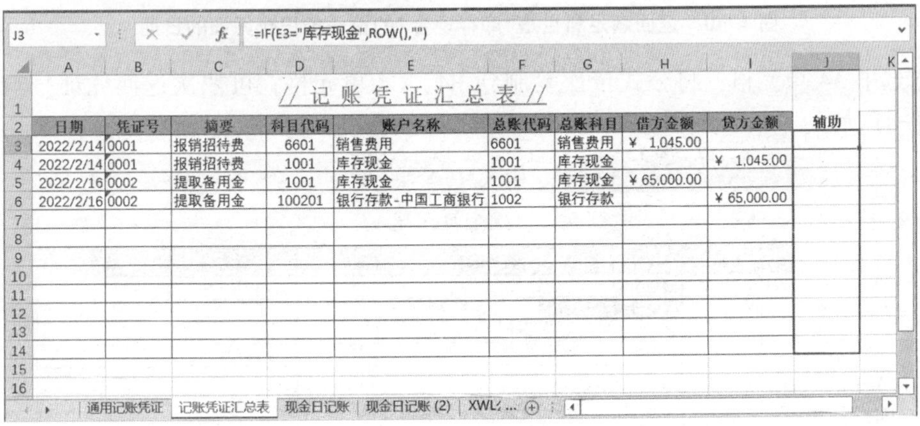

图4-38 建立"辅助"列步骤二

	A	B	C	D	E	F	G	H	I	J
1	//记账凭证汇总表//									
2	日期	凭证号	摘要	科目代码	账户名称	总账代码	总账科目	借方金额	贷方金额	辅助
3	2022/2/14	0001	报销招待费	6601	销售费用	6601	销售费用	¥ 1,045.00		
4	2022/2/14	0001	报销招待费	1001	库存现金	1001	库存现金		¥ 1,045.00	4
5	2022/2/16	0002	提取备用金	1001	库存现金	1001	库存现金	¥ 65,000.00		5
6	2022/2/16	0002	提取备用金	100201	银行存款-中国工商银行	1002	银行存款		¥ 65,000.00	

图4-39 建立辅助列步骤三

提示：公式向下拖拽复制到什么位置结束，由记账凭证的条数决定，也可以先向下复制，当有多条记账凭证添加时重新补充向下填充公式即可。

④切换到"现金日记账"工作表，选中A4单元格，输入公式"=IFERROR(INDEX(记账凭证汇总表!A:A,SMALL(记账凭证汇总表!$J:$J,ROW($A1))),"")"，按〈Enter〉键，返回满足科目是"库存现金"的第一条记账凭证的日期，如图4-40所示。

	A	B	C	D	E	F	G	H
1				现金日记账				
2	日期	凭证号	摘 要	科目名称	借方	贷方	结存	
3	2022/2/1		期初余额					
4	44606							

图4-40 返回满足科目是"库存现金"的第一条记账凭证的日期

⑤选中A4单元格，将公式依次复制到B4、C4单元格，可依次返回凭证号与摘要，如图4-41所示。

	A	B	C	D	E	F	G
1				现金日记账			
2	日期	凭证号	摘 要	科目名称	借方	贷方	结存
3	2022/2/1		期初余额				
4	44606	0001	报销招待费				

图4-41 返回凭证号与摘要

提示：因为"凭证号"与"摘要"在"记账凭证汇总表"中与"日期"列是连续显示的，所以可以通过复制公式返回。因为随着公式向右复制，公式中的 INDEX 的第一个参数会依次变为"记账凭证汇总表!B：B"与"记账凭证汇总表!C：C"，即依次返回 B 列上与 C 列上对应的数据。

⑥选中 D4 单元格，输入公式"=IFERROR(INDEX(记账凭证汇总表! E: E, SMALL(记账凭证汇总表!$J:$J, ROW($A1))),"")"。因为科目名称在"记账凭证汇总表"的 E 列，所以公式只修改 INDEX 函数的第一个参数，如图 4-42 所示。

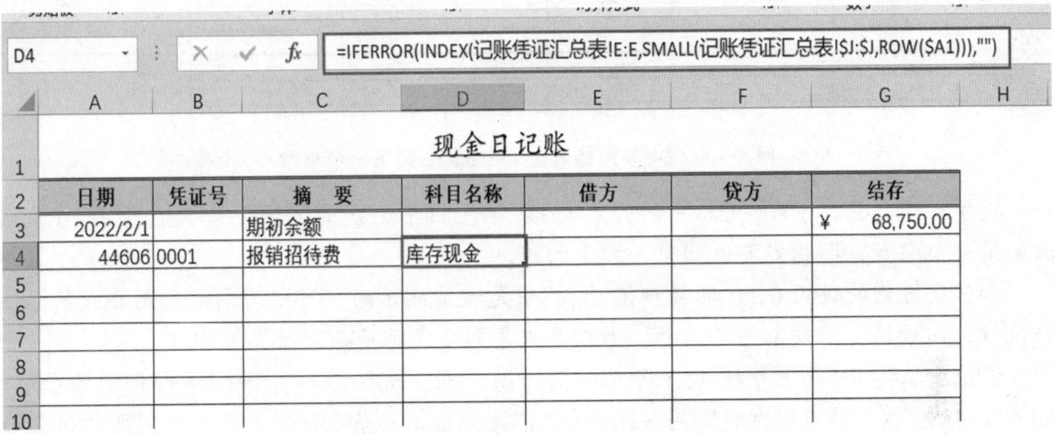

图 4-42　D4 单元格修改 INDEX 函数第一个参数

⑦选中 E4 单元格，输入公式"=IFERROR(INDEX(记账凭证汇总表! H: H, SMALL(记账凭证汇总表!$J:$J, ROW($A1))),"")"。因为借方金额在"记账凭证汇总表"的 H 列，所以公式只修改 INDEX 函数的第一个参数，如图 4-43 所示。

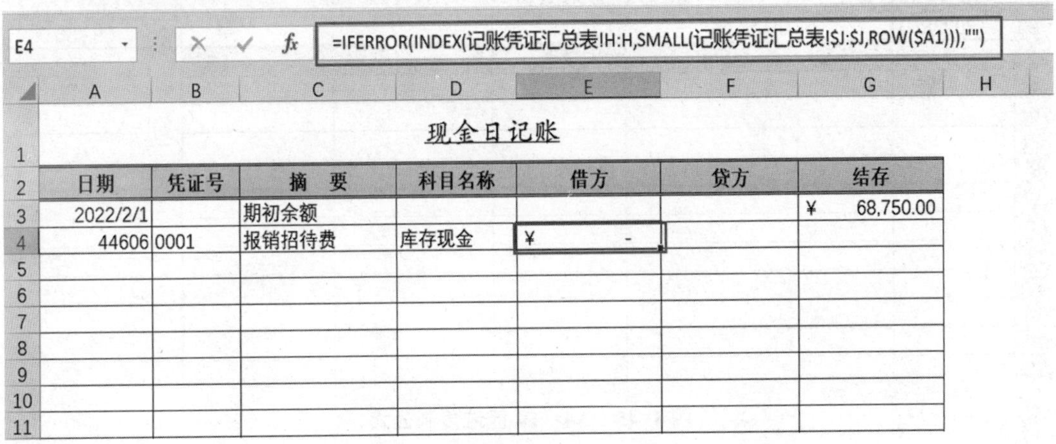

图 4-43　E4 单元格修改 INDEX 函数第一个参数

⑧选中 F4 单元格，输入公式"=IFERROR(INDEX(记账凭证汇总表! I: I, SMALL(记账凭证汇总表!$J:$J, ROW($A1))),"")"。因为借方在"记账凭证汇总表"的 I 列，所以公式只修改 INDEX 函数的第一个参数，如图 4-44 所示。

图 4-44　F4 单元格修改 INDEX 函数第一个参数

提示：D4、E4、F4 单元格中的公式与 C4 单元格中公式的不同之处只在于 INDEX 函数的第一个参数，即指定要返回哪一列上的值。

如果要返回的数据在"记账凭证汇总表"中是连续显示的，可以用向右复制公式的方法一次性返回数据，如果不是连续的，则需要先复制公式再局部修改参数即可。

⑨选中 A4：F4 单元格区域，将光标指向填充柄，按住鼠标左键向下拖拽复制公式，如图 4-45 所示。释放鼠标时即可一次性将"记账凭证汇总表"中关于现金的记账凭证统计到现金日记账中。

图 4-45　A4：F4 区域复制公式

⑩选中 A3 单元格，在"开始"选项卡"剪贴板"组中单击"格式刷"按钮，如图 4-46 所示。在返回的日期值上刷取格式，如图 4-47 所示，恢复日期的显示，如图 4-48 所示。

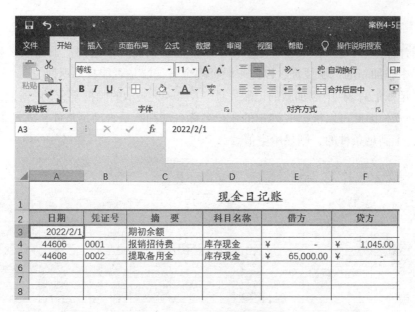

图 4-46 单击"格式刷"按钮

图 4-47 刷取格式

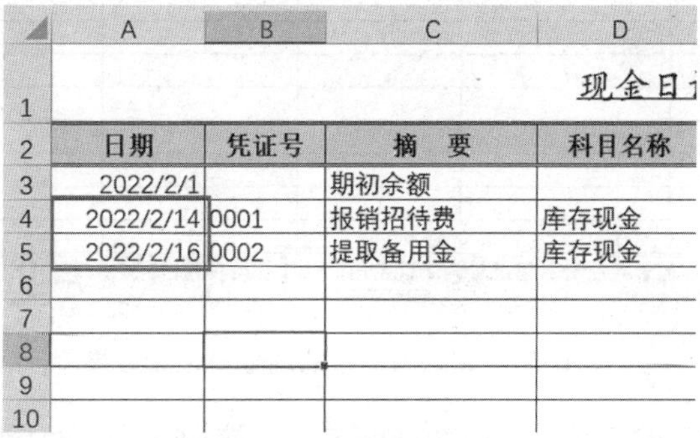

图 4-48 恢复日期显示

3. 新增记账凭证时现金日记账自动记录

通过前面公式的建立，现金日记账可以根据记账凭证自动返回。下面假设在"记账凭证汇总表"中添加新的记账凭证，以此来验证现金日记账是否能自动返回。

①在"记账汇总表"中添加新的记账凭证。图 4-49 显示的画框部分的"辅助"列中由于已建立了公式，因此可以根据 E 列中的账户名称自动判断是否满足条件，满足条件的，则返回行号；不满足条件的，则显示空值。

	A	B	C	D	E	F	G	H	I	J
1					记账凭证汇总表					
2	日期	凭证号	摘要	科目代码	账户名称	总账代码	总账科目	借方金额	贷方金额	辅助
3	2022/2/14	0001	报销招待费	6601	销售费用	6601	销售费用	¥ 1,045.00		
4	2022/2/14	0001	报销招待费	1001	库存现金	1001	库存现金		¥ 1,045.00	4
5	2022/2/16	0002	提取备用金	1001	库存现金	1001	库存现金	¥ 65,000.00		5
6	2022/2/16	0002	提取备用金	100201	银行存款-中国工商银行	1002	银行存款		¥ 65,000.00	
7	2022/2/16	0003	低值易耗品采买	6602	管理费用	6602	管理费用	¥ 1,265.00		
8	2022/2/16	0003	低值易耗品采买	1001	库存现金	1001	库存现金		¥ 1,265.00	⑧
9	2022/2/16	0004	收到欠款	100201	银行存款-中国工商银行	1002	银行存款	¥ 22,000.00		
10	2022/2/16	0004	收到欠款	1122	应收账款	1122	应收账款		¥ 22,000.00	

图 4-49　添加新的记账凭证

②切换到"现金日记账"工作表，可以看到自动添加了新的现金日记账，如图 4-50 所示。

	A	B	C	D	E	F	G
1				现金日记账			
2	日期	凭证号	摘要	科目名称	借方	贷方	结存
3	2022/2/1		期初余额				¥ 68,750.00
4	2022/2/14	0001	报销招待费	库存现金	¥ -	¥ 1,045.00	¥ 67,705.00
5	2022/2/16	0002	提取备用金	库存现金	¥ 65,000.00	¥ -	
6	2022/2/16	0003	低值易耗品采买	库存现金	¥ -	¥ 1,265.00	

图 4-50　完成添加新的现金日记账效果

③选中 G4 单元格，输入公式"=G3+E4-F4"，按〈Enter〉键计算出第一次现金收入或支出后的结存余额，如图 4-51 所示。向下填充复制公式可依次计算每次现金收入或支出

后的结存余额,如图 4-52 所示。

图 4-51 计算现金日记账中结存余额

图 4-52 完成现金日记账中结存余额计算

提示:复制公式中如出现"#VALUE"错误值,是因为暂时没有日记账数据,当有现金日记账数据返回时,则会自动返回计算结果。

4.4 登记银行存款日记账

银行存款日记账是用来记录银行存款收付业务的,它对应的科目是"银行存款",因此当正确填制记账凭证后,可以通过建立公式从"记账凭证汇总表"中自动返回"银行存款"科目的记账凭证,从而实现银行存款日记账的自动登记。通过 4.3.1 节中登记现金日记账的学习,根据记账凭证自动登记本期的银行存款日记账则不难,只要稍许修改公式即可。

①切换到"银行存款日记账"工作表,在工作表中输入期初日期和期初结存余额,如图 4-53 所示。

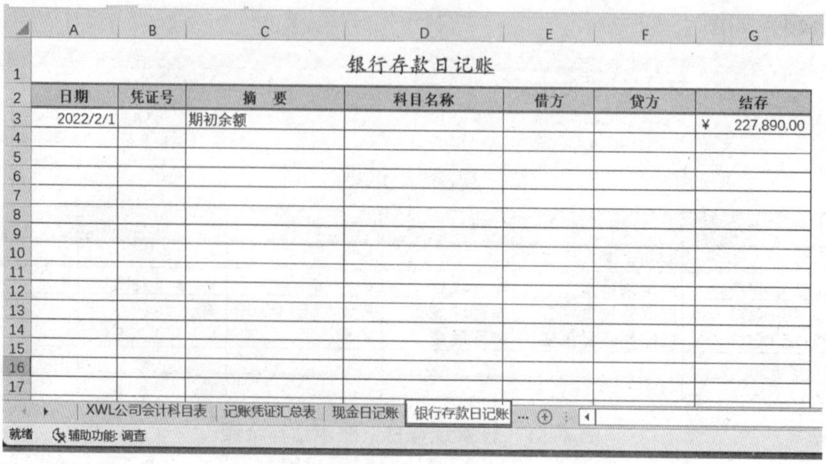

银行存款日记账

日期	凭证号	摘要	科目名称	借方	贷方	结存
2022/2/1		期初余额				¥ 227,890.00

图 4-53　输入期初日期和期初结存余额

②切换到"记账凭证汇总表"工作表，在 K 列建立"辅助"列，选中 K3 单元格，输入公式"=IF(LEFT(E3,4)="银行存款",ROW(),"")"，按〈Enter〉键，判断 E3 单元格值的前 4 个字是否是"银行存款"，如果是，返回其行号；如果不是，返回空值，如图 4-54 所示。

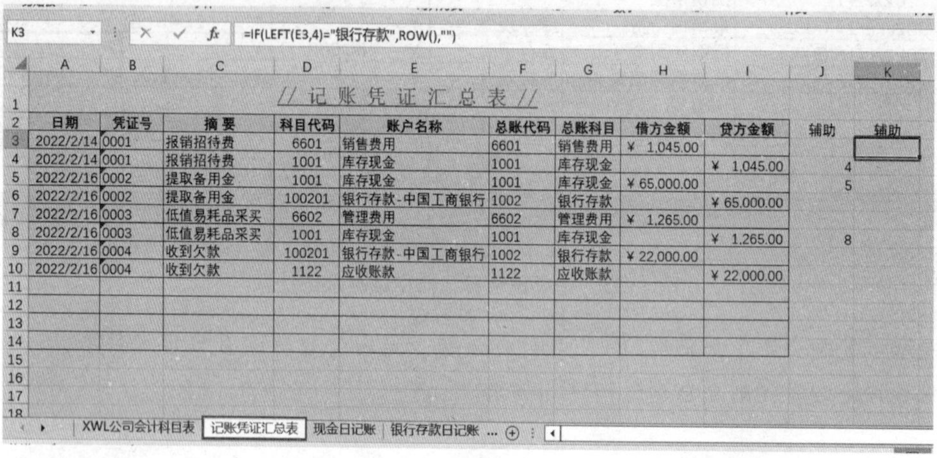

//记账凭证汇总表//

日期	凭证号	摘要	科目代码	账户名称	总账代码	总账科目	借方金额	贷方金额	辅助	辅助
2022/2/14	0001	报销招待费	6601	销售费用	6601	销售费用	¥ 1,045.00			
2022/2/14	0001	报销招待费	1001	库存现金	1001	库存现金		¥ 1,045.00	4	
2022/2/16	0002	提取备用金	1001	库存现金	1001	库存现金	¥ 65,000.00		5	
2022/2/16	0002	提取备用金	100201	银行存款-中国工商银行	1002	银行存款		¥ 65,000.00		
2022/2/16	0003	低值易耗品采买	6602	管理费用	6602	管理费用	¥ 1,265.00			
2022/2/16	0003	低值易耗品采买	1001	库存现金	1001	库存现金		¥ 1,265.00	8	
2022/2/16	0004	收到欠款	100201	银行存款-中国工商银行	1002	银行存款	¥ 22,000.00			
2022/2/16	0004	收到欠款	1122	应收账款	1122	应收账款		¥ 22,000.00		

图 4-54　辅助列设置返回"银行存款"公式

③选中 K3 单元格，将光标指向右下角填充柄，按住鼠标左键向下拖拽，释放鼠标后，可以依次判断 E 列中的账户名称前 4 个字是否为"银行存款"，如果是，返回其行号；如果不是，返回空值，如图 4-55 所示。

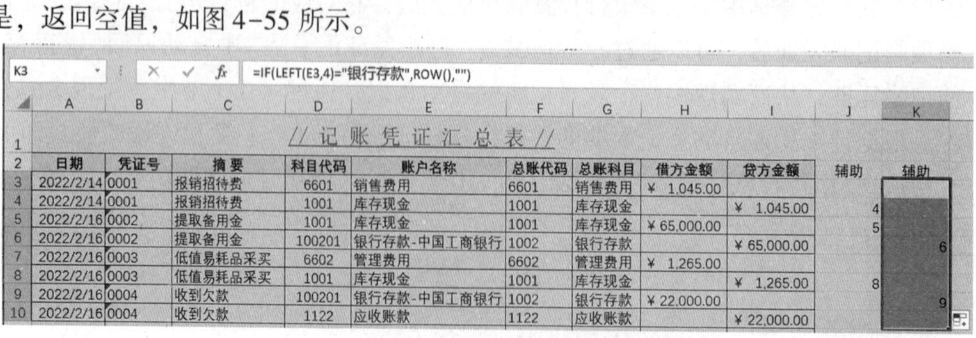

//记账凭证汇总表//

日期	凭证号	摘要	科目代码	账户名称	总账代码	总账科目	借方金额	贷方金额	辅助	辅助
2022/2/14	0001	报销招待费	6601	销售费用	6601	销售费用	¥ 1,045.00			
2022/2/14	0001	报销招待费	1001	库存现金	1001	库存现金		¥ 1,045.00	4	
2022/2/16	0002	提取备用金	1001	库存现金	1001	库存现金	¥ 65,000.00		5	
2022/2/16	0002	提取备用金	100201	银行存款-中国工商银行	1002	银行存款		¥ 65,000.00		6
2022/2/16	0003	低值易耗品采买	6602	管理费用	6602	管理费用	¥ 1,265.00			
2022/2/16	0003	低值易耗品采买	1001	库存现金	1001	库存现金		¥ 1,265.00	8	
2022/2/16	0004	收到欠款	100201	银行存款-中国工商银行	1002	银行存款	¥ 22,000.00			9
2022/2/16	0004	收到欠款	1122	应收账款	1122	应收账款		¥ 22,000.00		

图 4-55　辅助列填充返回"银行存款"公式

提示：因为"银行存款"科目涉及二级科目，因此使用 LEFT 函数实现对账户名称前 4 个字进行提取，从而判断其是否是"银行存款"。

④切换到"银行存款日记账"工作表，设置公式返回银行存款记录。公式的设置方法与"现金日记账"表格中公式的设置相似。只要将用于判断的单元格区域从 J 列更换为 K 列，因为在登记银行存款日记账时，"辅助"列是"记录凭证汇总表"中的 K 列。

例如 A4 单元格公式为"= IFERROR(INDEX(记账凭证汇总表! A: A, SMALL(记账凭证汇总表! $K: $K, ROW($A1))), "") "，如图 4-56 所示。

图 4-56　设置公式返回银行存款记录

例如 D4 单元格公式为"= IFERROR(INDEX(记账凭证汇总表! E: E, SMALL(记账凭证汇总表! $K: $K, ROW($A1))), "") "，如图 4-57 所示。

图 4-57　输入返回科目名称公式

⑤选中 A4：F4 单元格区域，鼠标指针指向填充柄，按住鼠标左键向下拖拽复制公式，如图 4-58 所示。释放鼠标时即可一次性将“记账凭证汇总表”中关于银行存款的记账凭证填入银行存款日记账中。

E4　=IFERROR(INDEX(记账凭证汇总表!H:H,SMALL(记账凭证汇总表!$K:$K,ROW($A1))),"")

银行存款日记账

日期	凭证号	摘　要	科目名称	借方	贷方	结存
2022/2/1		期初余额				¥ 227,890.00
2022/2/16	0002	提取备用金	银行存款-中国工商银行	¥ -	¥ 65,000.00	
2022/2/16	0004	收到欠款	银行存款-中国工商银行	¥ 22,000.00	¥ -	

图 4-58　填充公式填入银行存款日记账中

提示：只要单元格中有公式，在“记账汇总表”中填入银行存款的记账凭证即会自动填入“银行存款日记账”中。

⑥选中 G4 单元格，输入公式“=G3+E4-F4”，按〈Enter〉键，计算出第一次银行存款入账或出账后的结存余额。向下填充复制公式可依次计算每次银行存款入账或出账后的结存余额，如图 4-59 所示。

G4　=G3+E4-F4

银行存款日记账

日期	凭证号	摘　要	科目名称	借方	贷方	结存
2022/2/1		期初余额				¥ 227,890.00
2022/2/16	0002	提取备用金	银行存款-中国工商银行	¥ -	¥ 65,000.00	¥ 162,890.00
2022/2/16	0004	收到欠款	银行存款-中国工商银行	¥ 22,000.00	¥ -	¥ 184,890.00
						#VALUE!
						#VALUE!
						#VALUE!
						#VALUE!
						#VALUE!

图 4-59　计算银行存款日记账结存余额

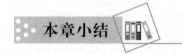

本章小结

本章首先介绍了制作和填制通用记账凭证表单的方法；其次介绍了制作记账凭证汇总表的方法，以及如何利用公式实现从“会计科目表”中返回基本信息的详细步骤；最后介绍了制作登记日记账的方法，重点介绍了登记现金日记账和登记银行存款日记账的方法和步骤。

实践演练

ABC公司2022年1月发生的经济业务如表4-1所示。

表4-1 ABC公司2022年1月经济业务

业务描述	日期	凭证号	摘要	借(贷)方科目
1. 提取现金9 000元	1.1	记1	提现	借：现金9 000 贷：银行存款-中国工商银行9 000
2. 管理干部出差报销2 000元	1.5	记2	出差报销	借：管理费用2 000 贷：其他应收款2 000
3. 新购入电脑10套，单价4 000元	1.10	记3	购物	借：库存商品-硬件40 000 应交税金-应交增值税-进项6 800 贷：银行存款-中国工商银行46 800
4. 收到某外商投资款，20 000美元，汇率6.3	1.15	记4	接受投资	借：银行存款-中国银行126 000 贷：实收资本126 000
5. 报销本月销售人员通信费	1.2	记5	报销通信费	借：销售费用500 贷：现金500
6. 销售给大同客户23 400元	1.25	记6	业务收入	借：应收账款-大同客户23 400 贷：主营业务收入20 000 应缴税金-应交增值税-销项3 400
7. 修理设备	1.26	记7	修理设备	借：制造费用4 000 贷：应付账款4 000
8. 结转销售成本	1.31	记8	结转销售	借：主营业务成本8 000 贷：库存商品8 000
9. 结转制造费用	1.31	记9	结转制造成本	借：生产成本4 000 贷：制造费用4 000
10. 结转汇兑损益	1.31	记10	结转汇兑	借：银行存款-中国银行2 050 贷：财务费用2 050
11. 结转本期损益	1.31	记11	结转损益	借：主营业务收入20 000 贷：本年利润20 000 借：本年利润8 450 贷：销售费用500 贷：管理费用2 000 贷：财务费用2 050 贷：主营业务成本8 000

按要求填制凭证，要求使用凭证模板，内容放在"凭证"表中，科目名称必须有函数取得，保证凭证实用。

第 5 章　Excel 在会计核算中的综合应用

学习目的

本章具有较强的综合性，要能举一反三。首先要熟悉表格的基本操作，其次要了解一些基本函数的特点。还要结合前几章的知识点灵活应用。在操作过程中逐步体会账证表的流程，并与手工账进行对比，充分发挥 Excel 的数据处理的功能。

5.1　会计科目表的建立

5.1.1　知识储备

会计科目表是指对会计对象的具体内容进行分类核算的标志或项目，它是会计分录的对象，也是处理账务所必须遵守的规则和依据，是一种基本的会计核算方法。会计分类一般分为一级科目、二级科目或三级科目。其中一级科目是由国家有关部门统一制定的会计科目，企业可根据自己的需要自行设计二级或三级科目。

5.1.2　实例演示

案例资料：XWL 有限公司为小规模纳税人（进项税额不能抵扣，增值税征收率为 3%），注册资本为 50 万元。所得税税率减按 20% 计算，城市维护建设税税率为 7%。教育附加费为 3%，年末利润分配时按净利润的 10% 提取法定盈余公积。该公司 2021 年 12 月期初余额如表 5-1 所示。

表 5-1　XWL 有限公司期初余额表　　　　　　　　　　　　　　　　单位：元

总账科目	明细科目	单位	数量	单价	期初余额			
					借方余额		贷方余额	
					总账余额	明细账余额	总账余额	明细账余额
库存现金					1 055.00	1 055.00		
银行存款					408 503.74	408 503.74		
应收账款					110 300.00			
应收账款	福达商贸					7 500.00		
应收账款	中江百货					34 800.00		
应收账款	宏达服装					68 000.00		
其他应收款								
其他应收款	陈东							
其他应收款	代垫职工款							
原材料					2 206.00			
原材料	全棉白纺布	米	200.00	9.5		1 900.00		
原材料	纽扣	粒	2 000.00	0.05		90.00		
原材料	拉链	条	400.00	0.54		216.00		
库存商品					117 416.00	117 416.00		
固定资产					152 800.00	152 800.00		
累计折旧							31 730.00	31 730.00
应付账款							23 000.00	
应付账款	精美布艺							8 000.00
应付账款	佳丽布料厂							15 000.00
应付账款	亮丽布料厂							
应付职工薪酬							27 233.20	27 233.20
应交税费							6 418.60	
应交税费	应交增值税							5 676.00
应交税费	城市维护建设税							397.32
应交税费	教育费附加							170.28
应交税费	应交个人所得税							175.00
应交税费	应交所得税							
实收资本							500 000.00	500 000.00
资本公积								
盈余公积							920.00	

续表

总账科目	明细科目	单位	数量	单价	期初余额			
					借方余额		贷方余额	
					总账余额	明细账余额	总账余额	明细账余额
盈余公积	法定盈余公积						920.00	
盈余公积	任意盈余公积							
本年利润							184 626.74	184 626.74
利润分配							18 352.20	
利润分配	未分配利润							18 352.20

2021年12月XWL有限公司发生的经济业务如表5-2所示。

表5-2 XWL有限公司2021年12月经济业务汇总表

日期	摘要	金额/元
1	提现	2 000.00
2	业务员陈东借支	2 000.00
5	向亮丽面料厂购买材料全棉白纺布，未付款	53 000.00
5	购买打印纸	120.00
5	销售服装并收款	36 040.00（开价税合计）
8	购买发票工本费	80.00
8	交上月税费	5 676.00（增值税）、397.32（城市维护建设税）、170.28（教育费附加）、175.00（个人所得）
8	交纳社保	5 970.00（单位）、2 189.00（代垫职工款）
10	报销陈东差旅费	1 970.00
10	购买材料并入库	2 550.00（纽扣）、612.00（拉链）
10	购买空调一部	2 100.00
15	发放工资	21 263.20
15	交电话费	380.00
15	支付欠精美布艺材料款	8 000.00
20	支付电费	2 324.47（车间）、829.13（管理部门）
21	支付银行手续费	96.86
21	支付厂房房租	2 000.00
21	计提本月折旧	1 195.42（车间）、126.67（管理部门）
21	结转本期领料全棉白纺布、纽扣、拉链成本	56 724.00
21	收到福达商贸货款	7 500.00

续表

日期	摘要	金额/元
23	支付亮丽面料厂材料款	53 000.00
25	支付招待费	132.00
30	分配职工薪酬	8 713.20（工人）、4 780.00（车间管理）、13 740.00（厂部管理）
30	结转制造费用	10 299.89
30	结转完工产品成本	75 737.09
30	销售服装并收款	144 200.00（价税合计）
30	结转已销商品成本	98 637.09
30	本月城市维护建设税，教育费附加	267.48（城市维护建设税）、157.49（教育费附加）
31	结转各项收益	174 990.29
31	结转各项费用	116 636.72
31	计提本月所得税	11 670.71
31	结转本月所得税	11 670.71
31	结转本年利润	231 309.60
31	提取10%法定盈余公积	231 309.96
31	结转利润分配	231 309.96

【案例5-1】根据相关资料制作XWL有限公司的会计科目表，如表5-3所示。

表5-3 XWL有限公司会计科目表

总账科目代码	科目代码	总账科目	明细科目
1001	1001	库存现金	
1002	1002	银行存款	
1012	1012	其他货币资金	
1101	1101	交易性金融资产	
1121	1121	应收票据	
1122	1122	应收账款	
1122	112201	应收账款	福达商贸
1122	112202	应收账款	中江百货
1122	112203	应收账款	宏达服装
1123	1123	预付账款	
1131	1131	应收股利	
1132	1132	应收利息	
1221	1221	其他应收款	

续表

总账科目代码	科目代码	总账科目	明细科目
1221	122101	其他应收款	陈东
1221	122102	其他应收款	代垫职工款
1231	1231	坏账准备	
1401	1401	材料采购	
1402	1402	在途物资	
1403	1403	原材料	
1403	140301	原材料	全棉白纺布
1403	140302	原材料	纽扣
1403	140303	原材料	拉链
1405	1405	库存商品	
1411	1411	周转材料	
1411	141101	周转材料	包装物
1411	141102	周转材料	低值易耗品
1601	1601	固定资产	
1602	1602	累计折旧	
1604	1604	在建工程	
1605	1605	工程物资	
1606	1606	固定资产清理	
1701	1701	无形资产	
1801	1801	长期待摊费用	
1901	1901	待处理财产损溢	
2001	2001	短期借款	
2201	2201	应付票据	
2202	2202	应付账款	
2202	220201	应付账款	精美布艺
2202	220202	应付账款	佳丽布料厂
2202	220203	应付账款	亮丽布料厂
2203	2203	预付账款	
2211	2211	应付职工薪酬	
2221	2221	应交税费	
2221	222101	应交税费	应交增值税
2221	222102	应交税费	城市维护建设税

续表

总账科目代码	科目代码	总账科目	明细科目
2221	222103	应交税费	教育费附加
2221	222104	应交税费	应交个人所得税
2221	222105	应交税费	应交所得税
2231	2231	应付利息	
2232	2232	应付股利	
2241	2241	其他应付款	
2601	2601	长期借款	
4001	4001	实收资本	
4101	4101	盈余公积	
4101	410101	盈余公积	法定盈余公积
4101	410102	盈余公积	任意盈余公积
4103	4103	本年利润	
4104	4104	利润分配	
4104	410401	利润分配	未分配利润
4104	410402	利润分配	提取法定盈余公积
4104	410403	利润分配	应付股利
5001	5001	生产成本	
5101	5101	制造费用	
6001	6001	主营业务收入	
6051	6051	其他业务收入	
6111	6111	投资收益	
6301	6301	营业外收入	
6401	6401	主营业务成本	
6402	6402	其他业务成本	
6403	6403	税金及附加	
6601	6601	销售费用	
6602	6602	管理费用	
6603	6603	财务费用	
6701	6701	资产减值损失	
6711	6711	营业外支出	
6801	6801	所得税费用	

下面介绍制作 XWL 有限公司会计科目表的步骤。

1. 新建并打开"XWL 有限公司"工作簿

启动 Excel 软件，将工作簿命名为"XWL 有限公司"，将工作表"Sheet1"重命名为"会计科目表"。

2. 设计会计科目表

①选中单元格 A1，输入"XWL 有限公司会计科目表"。

②选中单元格 A2、B2、C2、D2，分别输入"总账科目代码""科目代码""总账科目""明细科目"。

③鼠标指向各列交界处双击，调整各列宽度。

④选择 A1：D1 区域，合并居中，并调整其高度。

⑤从第三行开始，在 B 列单元格中输入科目代码、C 列单元格中输入总账科目名称，D 列单元格中输入明细科目名称，如图 5-1 所示。

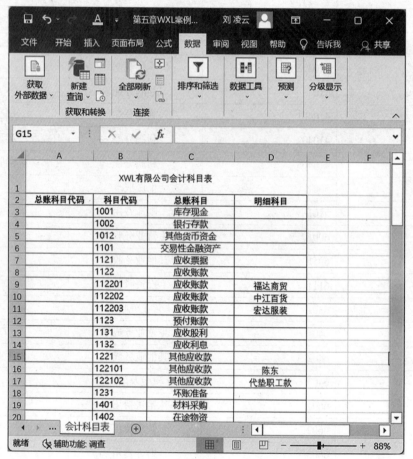

图 5-1 新建并设计会计科目表

⑥选中单元格 A3，输入公式"=LEFT(B3，4)"后按〈Enter〉键，如图 5-2 所示。

图 5-2 LEFT 函数的应用

⑦将光标指向单元格 A3 右下角，拖动填充柄复制公式，生成其他单元格总账科目代码，如图 5-3 所示。

图 5-3 填充复制公式

3. 修饰会计科目表

首先选择需要加边框的区域加内外边框，然后冻结窗格。选中单元格 A3，切换到"视图"选项卡，单击"拆分"按钮，然后单击"冻结窗格"按钮，在下拉菜单中选择"冻结拆分窗格"命令，最后去掉网格线。

5.2 会计凭证表的建立

5.2.1 知识储备

原始凭证和记账凭证之间存在着密切的关系。原始凭证是记账凭证的基础，是编制记账凭证的依据，是记账凭证的附件；记账凭证是对原始凭证的内容进行整理而编制的，是对原始凭证内容的概括和说明；当某些账户所属明细账户较多时，原始凭证是登记明细账户的依据。原始凭证和记账凭证关系密切、不可分割。

5.2.2 实例演示

【**案例 5-2**】XWL 有限公司 2021 年 12 月的会计凭证表资料，见本章末的附表 5-1。下面介绍制作 XWL 有限公司会凭证表的步骤。

1. 建立会计凭证表

单击"新工作表"按钮新建一张工作表，将其重命名为"会计凭证表"。

2. 制作会计凭证表

①设计会计凭证表。首先选中单元格 A1，输入"XWL 有限公司会计凭证表"；在单元格 A2 至 L2 中分别输入"年""月""日""序号""凭证编号""摘要""总账科目代码""科目代码""总账科目""明细科目""借方金额""贷方金额"，如图 5-4 所示。然后调整各单元格宽度，将 A1：L1 区域合并居中。再将 A 列至 D 列设置为"文本型"，K 列、L 列设置为"会计专用(不带货币符号)"格式。

	A	B	C	D	E	F	G	H	I	J	K	L
1	XWL有限公司会计凭证表											
2	年	月	日	序号	凭证编号	摘要	总账科目代码	科目代码	总账科目	明细科目	借方金额	贷方金额

图 5-4 输入"会计凭证表"表头内容

②录入会计凭证表所需的部分内容。根据 XWL 有限公司 2021 年 12 月发生的相关业务输入数据。输入分两部分，一部分是 1~28 笔结转损益前的数据，如图 5-5 所示；另一部分是结转损益涉及的汇总，制成汇总表(相当于 T 形账)得出后再输入。

	A	B	C	D	E	F	G	H	I	J	K	L
1						XWL有限公司会计凭证表						
2	年	月	日	序号	凭证编号	摘要	总账科目代码	科目代码	总账科目	明细科目	借方金额	贷方金额
3	2021	12	1	01		提现	1001	1001			2,000.00	
4							1002	1002				2,000.00
5		12	2	02		业务员借支	1221	122101			2,000.00	
6							1001	1001				2,000.00
7		12	5	03		购买材料款未付	1403	140301			53,000.00	
8							2202	220203				53,000.00
9		12	5	04		购买打印纸	6602	6602			120.00	

图 5-5 录入"会计凭证表"部分内容

3. 完善会计凭证表

完善会计凭证表，要求利用函数功能自动生成凭证编号、总账科目代码、总账科目及明细科目。

①自动生成凭证编号。Excel 可以利用 CONCATENATE 函数，以"年+月+日+序号"的形式自动生成"凭证编号"。具体操作步骤如下。

第一步，选中单元格 E3。切换到"公式"选项卡，单击"插入函数"按钮，打开"插入函数"对话框，在"函数类别"中选择"文本"函数，在"选择函数"列表框中选择"CONCATENATE"，并选择 A3、B3、C3、D3 作为参数，或直接在单元格 E3 中输入公式"=CONCATENATE(A3，B3，C3，D3)"。

第二步，选中单元格 E3，依次向下填充，将公式填充到下面的单元格中，以后只输入日期和序号，凭证号数均自动生成，如图 5-6 所示。

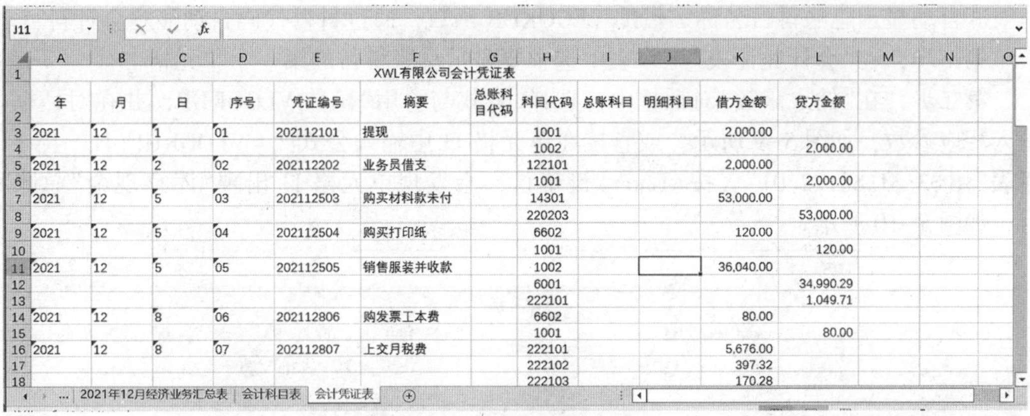

图 5-6 填充生成凭证编号

②自动生成总账科目代码。利用 LEFT 函数(本章第一节已用过)生成总账科目代码。

第一步,选中单元格 G3,输入公式"= LEFT(H3,4)"后按〈Enter〉键,如图 5-7 所示。

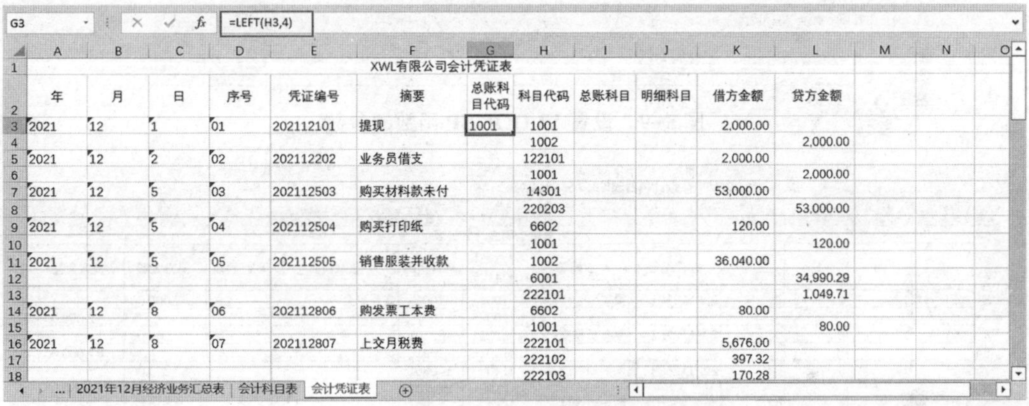

图 5-7 应用 LEFT 函数

第二步,选中单元格 G3,依次向下填充,将公式填充到下面的单元格中,如图 5-8 所示。

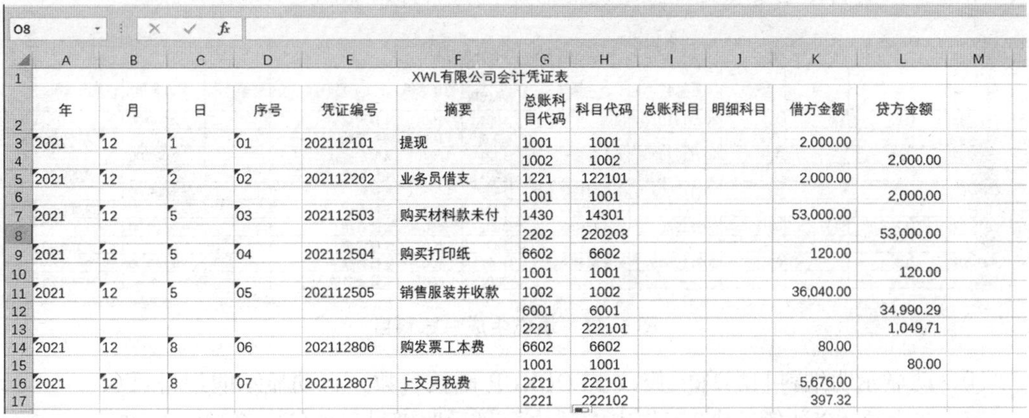

图 5-8 填充生成总账科目代码

③自动显示总账科目名称。借助 VLOOKUP 函数，通过科目代码自动显示会计科目。

第一步，在"会计凭证表"工作表中选中要显示总账科目的第一个单元格 I3。

第二步，在"插入函数"对话框中，选择"查找与引用"函数 VLOOKUP，并在对话框中填入相应参数，如图 5-9 所示。或直接在单元格 I3 中输入公式"=VLOOKUP(H3, 会计科目表! $B $3:$D $81,2,0)"，按〈Enter〉键确认，会发现单元格 I3 出现"库存现金"总账科目，如图 5-10 所示。

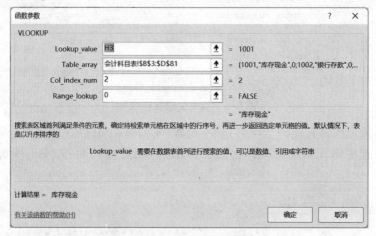

图 5-9　设置 VLOOKUP 函数的参数

图 5-10　VLOOKUP 函数的应用

提示：参数或公式中"会计科目表!"的区域可设置为"$B $3：$D $81"。

第三步，复制或拖动填充柄显示所有总账科目名称，如图 5-11 所示。

图 5-11　填充生成总账科目

④自动显示明细科目名称。修改 VLOOKUP 函数参数，自动显示明细科目。

第一步，在"会计凭证表"工作表中选中要显示明细科目的第一个单元格 J5。

第二步，插入或复制函数，或在直接编辑栏中输入公式"=VLOOKUP(H5,会计科目表!\$B\$3:\$D\$81,3,0)",按〈Enter〉键确认,如图5-12所示。

	A	B	C	D	E	F	G	H	I	J	K	L
1					XWL有限公司会计凭证表							
2	年	月	日	序号	凭证编号	摘要	总账科目代码	科目代码	总账科目	明细科目	借方金额	贷方金额
3	2021	12	1	01	202112101	提现	1001	1001	库存现金		2,000.00	
4							1002	1002	银行存款			2,000.00
5	2021	12	2	02	202112202	业务员借支	1221	122101	其他应收款	陈东	2,000.00	
6							1001	1001	库存现金			2,000.00
7	2021	12	5	03	202112503	购买材料款未付	1403	140301	原材料		53,000.00	
8							2202	220203	应付账款			53,000.00

图 5-12 复制公式

第三步,在其他要显示明细科目的单元格中复制以上公式(注意绝对引用),结果如图5-13所示。

	A	B	C	D	E	F	G	H	I	J	K	L
1					XWL有限公司会计凭证表							
2	年	月	日	序号	凭证编号	摘要	总账科目代码	科目代码	总账科目	明细科目	借方金额	贷方金额
3	2021	12	1	01	202112101	提现	1001	1001	库存现金		2,000.00	
4							1002	1002	银行存款			2,000.00
5	2021	12	2	02	202112202	业务员借支	1221	122101	其他应收款	陈东	2,000.00	
6							1001	1001	库存现金			2,000.00
7	2021	12	5	03	202112503	购买材料款未付	1403	140301	原材料	全棉白纺布	53,000.00	
8							2202	220203	应付账款	亮丽面料厂		53,000.00
9	2021	12	5	04	202112504	购买打印纸	6602	6602	管理费用		120.00	
10							1001	1001	库存现金			120.00
11	2021	12	5	05	202112505	销售服装并收款	1002	1002	银行存款		36,040.00	
12							6001	6001	主营业务收入			34,990.29
13							2221	222101	应交税费	应交增值税		1,049.71
14	2021	12	8	06	202112806	购发票工本费	6602	6602	管理费用		80.00	
15							1001	1001	库存现金			80.00
16	2021	12	8	07	202112807	上交月税款	2221	222101	应交税费	应交增值税	5,676.00	
17							2221	222102	应交税费	城市维护建设税	397.32	
18							2221	222103	应交税费	教育费附加	170.28	

图 5-13 生成明细科目

4. 生成汇总表

①利用"数据透视表"的功能对结转损益前的业务汇总。

第一步,打开"会计凭证表"工作表,单击"插入"选项卡中"数据透视表"按钮,选择"新工作表"并单击"确定"按钮,如图5-14所示。

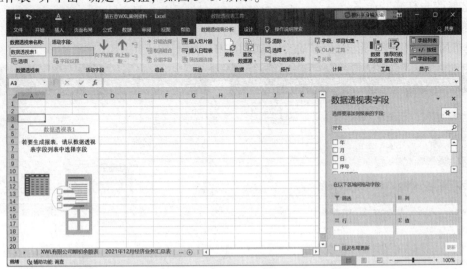

图 5-14 插入数据透视表

第二步，在"数据透视表字段"窗格框中将"总账科目代码""总账科目"拖动到"行"区域。

第三步，在"数据透视表字段"窗格框中将"借方金额""贷方金额"拖动到"值"区域。

第四步，单击"记数项：借方金额"，将值字段设置为"求和"。

第五步，单击"记数项：贷方金额"，将值字段设置为"求和"，如图5-15所示。

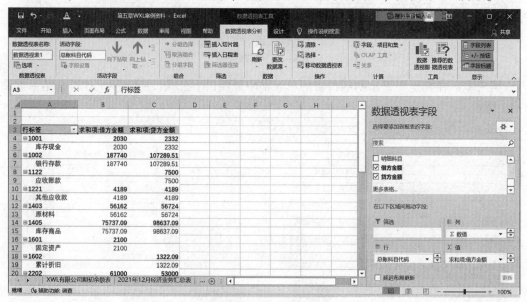

图5-15 设置数据透视表

第六步，选择B列并右击，在快捷菜单中选择"设置单元格格式"命令，将其设置为"会计专用(不带货币符号)"格式。

第七步，选择C列并右击，在快捷菜单中选择"设置单元格格式"命令，将其设置为"会计专用(不带货币符号)"格式。

②修改表样式并命名。

第一步，在数据透视表中单击任意单元格，选择最上方"据透视表工具"→"设计"→"报表布局"→"以表格形式显示"命令，如图5-16所示。

图5-16 修改表样式

第二步，隐藏或去掉汇总行。右击第一行的字段，选择"字段设置"命令，打开对话框，在"分类汇总和筛选"选项卡中选中"无"单选按钮。在"布局和打印"选项卡选中"以表格形式显示项目标签"单选按钮，如图5-17所示。

第三步，将A1：D2区域合并居中，输入"汇总表1"，如图5-18所示。

第四步，将此工作表重命名为"汇总表1"并移至"会计凭证表"后。

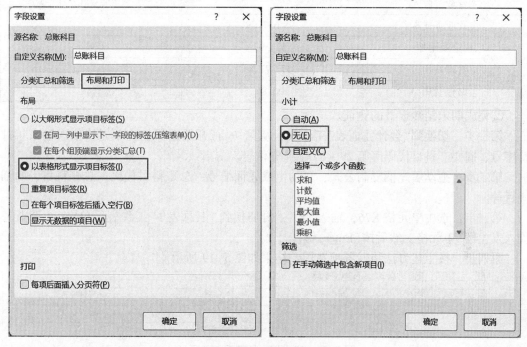

图 5-17　修改字段设置

	A	B	C	D
1				
2		汇总表1		
3	总账科目代码	总账科目	求和项:借方金额	求和项:贷方金额
4	⊟1001	库存现金	2,030.00	2,332.00
5	⊟1002	银行存款	187,740.00	107,289.51
6	⊟1122	应收账款		7,500.00
7	⊟1221	其他应收款	4,189.00	4,189.00
8	⊟1403	原材料	56,162.00	56,724.00
9	⊟1405	库存商品	75,737.09	98,637.09
10	⊟1601	固定资产	2,100.00	
11	⊟1602	累计折旧		1,322.09
12	⊟2202	应付账款	61,000.00	53,000.00
13	⊟2211	应付职工薪酬	27,233.20	27,233.20
14	⊟2221	应交税费	6,418.60	17,700.14
15	⊟4103	本年利润	359,617.03	174,990.29
16	⊟4104	利润分配	46,261.92	277,571.52
17	⊟5001	生产成本	75,737.09	75,737.09
18	⊟5101	制造费用	10,299.89	10,299.89
19	⊟6001	主营业务收入	174,990.29	174,990.29
20	⊟6401	主营业务成本	98,637.09	98,637.09
21	⊟6402	其他业务成本		17,377.80
22	⊟6403	税金及附加	524.97	621.83
23	⊟6602	管理费用	17,377.80	

图 5-18　标题行合并居中

5. 完成会计凭证表

①在"汇总表1"中找到损益类账户的发生额，损益类账户发生额如表5-4所示。

表5-4 损益类账户发生额　　　　　　　　　　　　　　　　　　　　　单位：元

总账科目	借方金额	贷方金额
主营业务收入		174 990.29
主营业务成本	98 637.09	
税金及附加	524.97	
管理费用	17 377.8	
财务费用	96.86	

②完成期末结转损益的凭证。

第一步，切换到"会计凭证表"工作表，从第76行开始选择相应单元格依次输入年月日序号、摘要、科目代码等第29~35笔业务信息。

第二步，拖动填充柄复制公式，自动生成凭证编号、总账科目代码、总账科目、明细科目等。

第三步，选中单元格K76，输入"="，再切换到"汇总表1"工作表，单击"主营业务收入发生额"单元格，然后按〈Enter〉键。

第四步，按上述方法结转各项费用，结果如图5-19所示。

76	2021	12	31	29	2021123129	结转各项收益	6001	6001	主营业务收入		174,990.29	
77							4103	4103	本年利润			174,990.29
78	2021	12	31	30	2021123130	结转各项费用	4103	4103	本年利润		116,636.72	
79							6401	6401	主营业务成本			98,637.00
80							6403	6403	税金及附加			524.97
81							6602	6602	管理费用			17,377.80
82							6603	6603	财务费用			96.86

图5-19 完成期末结转损益的凭证

③计提和结转所得税。

第一步，选中单元格J84，将单元格J75中的公式复制到此。

第二步，在单元格L84中输入公式"=（L77-K78）=20"（小微企业按20%计提），按〈Enter〉键，结果如图5-20所示。

76	2021	12	31	29	2021123129	结转各项收益	6001	6001	主营业务收入		174,990.29	
77							4103	4103	本年利润			174,990.29
78	2021	12	31	30	2021123130	结转各项费用	4103	4103	本年利润		116,636.72	
79							6401	6401	主营业务成本			98,637.09
80							6403	6403	税金及附加			524.97
81							6602	6602	管理费用			17,377.80
82							6603	6603	财务费用			96.86
83	2021	12	31	31	2021123131	计提本月所得税	6801	6801	所得税费用		11,670.71	
84							2221	222105	应交税费	应交所得税		11,670.71

图5-20 计提和结转所得税

第三步，将上一步金额使用选择性粘贴方式复制结转本月所得税，结果如图5-21所示。

83	2021	12	31	31	2021123131	计提本月所得税	6801	6801	所得税费用		11,670.71	
84							2221	222105	应交税费	应交所得税		11,670.71
85	2021	12	31	32	2021123132	结转本月所得税	4103	4103	本年利润		11,670.71	
86							6801	6801	所得税费用			11,670.71

图5-21 选择性粘贴的应用

④进行利润分配。

第一步，结转本年利润。选中单元格K87，输入公式"=184 626.74+L77-K78-K83"。

其中，184 626.74 为期初"本年利润"的贷方余额，即 1～11 月实现的利润，"L77-K78-K83"为本月即 12 月的税后净利润，结果为 231 309.60。

第二步，提取盈余公积。选中单元格 K89，按 10%计提盈余公积，输入公式"=L88*10%"，按〈Enter〉键。

第三步，结转利润分配到未分配利润，所有期末业务完成，结果如图 5-22 所示。

87	2021	12	31	33	2021123133	结转本年利润	4103	4103	本年利润		231,309.60	
88							4104	410401	利润分配	未分配利润		231,309.60
89	2021	12	31	34	2021123134	提取盈余公积	4104	410402	利润分配	提取法定盈余公积	23,130.96	
90							4104	410401	利润分配	未分配利润		23,130.96
91	2021	12	31	35	2021123135	结转利润分配	4104	410401	利润分配	未分配利润	23,130.96	
92							4104	410401	利润分配	未分配利润		23,130.96

图 5-22 进行利润分配

⑤试算平衡。

第一步，选中单元格 K93，输入公式"=SUM（K3：K92）"，按〈Enter〉键。

第二步，选中单元格 L93，输入公式"=SUM（L3：L92）"，按〈Enter〉键，显示借贷两边平衡，结果如图 5-23 所示。

第三步，加内外边框，去掉网格线。

85	2021	12	31	32	2021123132	结转本月所得税	4103	4103	本年利润		11,670.71	
86							6801	6801	所得税费用			11,670.71
87	2021	12	31	33	2021123133	结转本年利润	4103	4103	本年利润		231,309.60	
88							4104	410401	利润分配	未分配利润		231,309.60
89	2021	12	31	34	2021123134	提取盈余公积	4104	410402	利润分配	提取法定盈余公积	23,130.96	
90							4104	410401	利润分配	未分配利润		23,130.96
91	2021	12	31	35	2021123135	结转利润分配	4104	410401	利润分配	未分配利润	23,130.96	
92							4104	410401	利润分配	未分配利润		23,130.96
93											1,217,823.54	1,217,823.54

图 5-23 试算平衡

5.3 总分类账的生成

5.3.1 知识储备

总分类账也称总账，是按总分类账户（会计科目）进行分类登记的账簿。总分类账能全面、总括地反映和记录经济业务引起的资金运动和财务收支情况，并为编制会计报表提供数据。因此，每一单位都必须设置总分类账。

5.3.2 实例演示

【案例 5-3】XWL 有限公司 2021 年 12 月的总账表资料如表 5-5 所示。

表 5-5 XWL 有限公司总账表   单位：元

日期	摘要	总账科目代码	总账科目	借贷方向	期初余额	借方合计	贷方合计	期末余额
20211231	本月汇总	1001	库存现金	借	1 055.00	2 030.00	2 332.00	753.00
20211231	本月汇总	1002	银行存款	借	408 503.74	187 740.00	107 289.51	488 954.23
20211231	本月汇总	1122	应收账款	借	110 300.00	—	7 500.00	102 800.00

续表

日期	摘要	总账科目代码	总账科目	借贷方向	期初余额	借方合计	贷方合计	期末余额
20211231	本月汇总	1221	其他应收款	借		4 189.00	4 189.00	—
20211231	本月汇总	1403	原材料	借	2 206.00	56 162.00	56 724.00	1 644.00
20211231	本月汇总	1405	库存商品	借	117 416.00	75 737.09	98 637.09	94 516.00
20211231	本月汇总	1411	周转材料	借	—	—	—	
20211231	本月汇总	1601	固定资产	借	152 800.00	2 100.00	—	154 900.00
20211231	本月汇总	1602	累计折旧	贷	31 730.00	—	1 322.09	33 052.09
20211231	本月汇总	2001	短期借款	贷		—	—	
20211231	本月汇总	2201	应付票据	贷				
20211231	本月汇总	2202	应付账款	贷	23 000.00	61 000.00	53 000.00	15 000.00
20211231	本月汇总	2203	预付账款	贷				
20211231	本月汇总	2211	应付职工薪酬	贷	27 233.20	27 233.20	27 233.20	27 233.20
20211231	本月汇总	2221	应交税费	贷	6 418.60	6 418.60	17 700.14	17 700.14
20211231	本月汇总	4001	实收资本	贷	500 000.00	—	—	500 000.00
20211231	本月汇总	4002	资本公积	贷		—	—	
20211231	本月汇总	4101	盈余公积	贷	920.00	—	—	920.00
20211231	本月汇总	4103	本年利润	贷	184 626.74	359 617.03	174 990.29	—
20211231	本月汇总	4104	利润分配	贷	18 352.20	46 261.92	277 571.52	249 661.80
20211231	本月汇总	5001	生产成本			75 737.09	75 737.09	—
20211231	本月汇总	5101	制造费用			10 299.89	10 299.89	
20211231	本月汇总	6001	主营业务收入			174 990.29	174 990.29	
20211231	本月汇总	6051	其他业务收入					
20211231	本月汇总	6111	投资收益			—	—	
20211231	本月汇总	6301	营业外收入			—	—	
20211231	本月汇总	6401	主营业务成本			98 637.09	98 637.09	
20211231	本月汇总	6402	其他业务成本					
20211231	本月汇总	6403	税金及附加			524.97	524.97	
20211231	本月汇总	6601	销售费用					
20211231	本月汇总	6602	管理费用			17 377.80	17 377.80	—
20211231	本月汇总	6603	财务费用			96.86	96.86	—
20211231	本月汇总	6701	资产减值损失			—	—	
20211231	本月汇总	6711	营业外支出					
20211231	本月汇总	6801	所得税费用			11 670.71	11 670.71	—
						1 217 823.54	1 217 823.54	

1. 利用数据透视表功能自动生成简易总账表

①打开数据透视表。

首先,打开"XWL 有限公司"工作簿,并切换到"会计凭证表"工作表。然后切换至"插入"选项卡,单击"数据透视表"按钮,选择"新工作表"后单击"确定"按钮。

②在"数据透视表字段"窗格中操作。

第一步,将"总账科目代码""总账科目"拖动到"行"区域。

第二步,将"借方金额""贷方金额"拖动到"值"区域,如图 5-24 所示。

第三步,在数据透视表中单击"记数项:借方金额",将值字段设置为"求和",如图 5-25 所示。

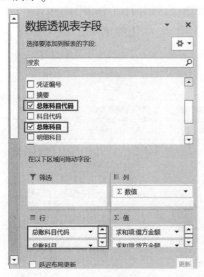 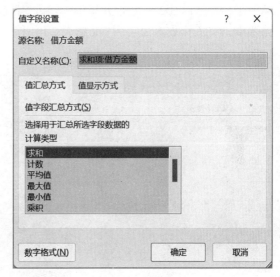

图 5-24　数据透视表字段的选择　　　　图 5-25　值字段设置

第四步,按上述操作方法单击"记数项:贷方金额",将值字段设置为"求和",得到各总账科目的发生额汇总结果,如图 5-26 所示。

	A	B	C	D
1				
2				
3	行标签	求和项:借方金额	求和项:贷方金额	
34	⊟6001	174990.29	174990.29	
35	主营业务收入	174990.29	174990.29	
36	⊟6401	98637.09	98637.09	
37	主营业务成本	98637.09	98637.09	
38	⊟6403	524.97	524.97	
39	税金及附加	524.97	524.97	
40	⊟6602	17377.8	17377.8	
41	管理费用	17377.8	17377.8	
42	⊟6603	96.86	96.86	
43	财务费用	96.86	96.86	
44	⊟6801	11670.714	11670.714	
45	所得税费用	11670.714	11670.714	
46	⊟(空白)	1217823.543	1217823.543	
47	(空白)	1217823.543	1217823.543	
48	总计	2435647.086	2435647.086	
49				
50				
51				

图 5-26　总账科目的发生额汇总

第五步，选择B列并右击，通过"设置单元格格式"命令将其设置为"会计专用（不带货币符号）"格式。

第六步，选择C列并右击，通过"设置单元格格式"命令将其设置为"会计专用（不带货币符号）"格式。

③修改表样式并命名。

第一步，在数据透视表中单击，选择最上方"数据透视表工具"→"设计"→"报表布局"→"以表格形式显示"命令。

第二步，隐藏或去掉汇总行。右击第一行的字段，选择"字段设置"命令，打开对话框，选中"无"单选按钮，如图5-27所示。

第三步，将A1：D2区域合并居中，输入"汇总表2-总账科目汇总表"。

第四步，将工作表重命名为"汇总表2"并移到"汇总表1"工作表后，结果如图5-28所示。

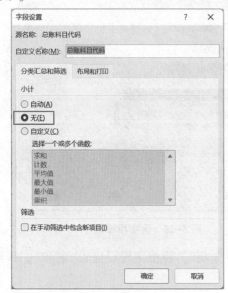

图5-27　字段设置　　　　　　图5-28　字段设置后效果

2. 制作期初余额表

①新建期初余额表并设计表头。首先，打开"XWL有限公司"工作簿，在工作表标签栏单击"新工作表"按钮新建一张工作表，并重命名为"期初余额表"。然后选中单元格A1，输入"期初余额表"。选中单元格G4、H4、I4、J4，分别输入"总账余额""明细账余额""总账余额""明细账余额"。最后，输入其他表头内容，合并单元格并调整行高。

②从会计科目表中引入。首先引入科目代码，切换到"会计科目表"工作表，将科目代码复制到"期初余额表"工作表中。然后引入总账科目，切换到"会计科目表"工作表，将总账科目复制到"期初余额表"工作表中。最后再引入明细科目，切换到"会计科目表"工作表，将明细科目复制到"期初余额表"工作表中。

提示：从会计科目表中引入数据除上述复制方法外，为保证数据格式一致，一般采用链接方法。以库存现金的科目代码1001为例，链接操作的具体方法有两种：一是在"期初余额表"工作表单元格 A5 中直接输入公式"=会计科目表!B3",按〈Enter〉键;二是在单元格 A5 中先输入"=",再切换到"会计科目表"工作表中单击对应单元格,按〈Enter〉键。

③录入期初余额并试算平衡。先对照本章"案例 5-1"中表 5-1 所给资料,录入期初余额,并将不需要的科目所在行删除。然后将借贷方汇总,试算平衡,修饰后结果如图 5-29 所示。

	A	B	C	D	E	F	G	H	I	J
1					期初余额表					
2									期初余额	
3	科目代码	总账科目	明细科目	单位	数量	单价	借方余额		贷方余额	
4							总账余额	明细账余额	总账余额	明细账余额
5	1001	库存现金					1055.00	1055.00		
6	1002	银行存款					408503.74	408503.74		
7	1122	应收账款					110300.00			
8	112201	应收账款	福达商贸					7500.00		
9	112202	应收账款	中江百货					34800.00		
10	112203	应收账款	宏达服装					68000.00		
11	1221	其他应收款								
12	122101	其他应收款	陈东							
13	122102	其他应收款	代垫职工款							
14	1403	原材料					2206.00			
15	140301	原材料	全棉白纺布	米	200.00	9.5		1900.00		
16	140302	原材料	纽扣	粒	2000.00	0.05		90.00		
17	140303	原材料	拉链	条	400.00	0.54		216.00		
18	1405	库存商品					117416.00	117416.00		
19	1601	固定资产					152800.00	152800.00		
20	1602	累计折旧							31730.00	31730.00
21	2202	应付账款							23000.00	
22	220201	应付账款	精美布艺							8000.00
23	220202	应付账款	佳丽布料厂							15000.00

图 5-29 录入期初余额并试算平衡

3. 制作总账表并利用函数计算各项金额

①新建并设计总账表。打开"XWL 有限公司"工作簿,在工作表标签栏单击"新工作表"按钮新建一张工作表,并重命名为"总账表"。然后选中单元格 A1,输入"总账表"。再选中单元格 A2,输入"日期"。按〈Tab〉键,依次在单元格 B2 至 I2 中输入"摘要""总账科目代码""总账科目""借贷方向""期初余额""借方合计""贷方合计""期末余额",并将"期初余额""借方合计""贷方合计""期末余额"所在列设为"会计专用(不带货币符号)"格式,如图 5-30 所示。最后调整各列宽度,并将 A1:I1 区域合并居中。

	A	B	C	D	E	F	G	H	I
1	总账表								
2	日期	摘要	总账科目代码	总账科目	借贷方向	期初余额	借方合计	贷方合计	期末余额

图 5-30 设计总账表

②引入总账科目代码。选择 C3:C81 区域,在"数据"选项卡的"数据工具"中单击"数据验证"按钮,在下拉菜单中选择"数据验证"命令。

在"数据验证"对话框中输入相关信息,如图 5-31 所示。单击"总账科目代码"各单元格,从下拉列表中选择所需总账科目代码,如图 5-32 所示。

图 5-31 数据验证　　　　　图 5-32 下拉选择总账科目代码

③引用科目名称。先选中单元格 D3，输入公式"= VLOOKUP(C3, 会计科目表!\$A\$3:\$D\$81,3,0)"，按〈Enter〉键。再拖动填充柄复制引用其他会计科目，如图 5-33 所示。

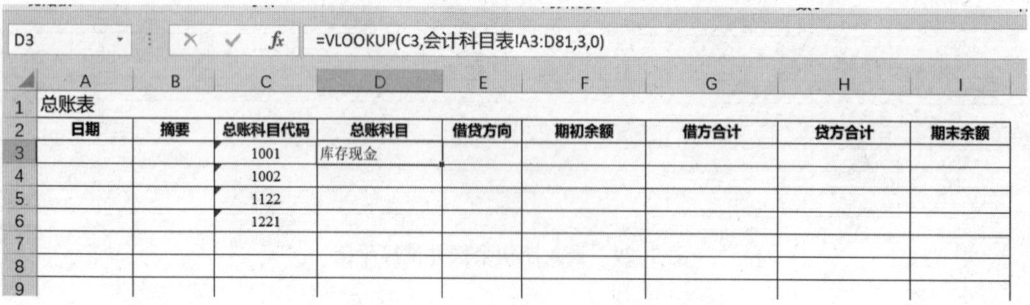

图 5-33 引用科目名称

④录入日期、摘要、借贷方向等字段值。先选中单元格 A3，输入"20211231"并向下填充。再选中单元格 B3，输入"本月汇总"并向下填充。接着选中单元格 E3，输入"借"并向下填充到单元格 E27。然后再将"累计折旧"中的"借"修改为"贷"，如图 5-34 所示。选中单元格 E28，输入"贷"并向下填充。

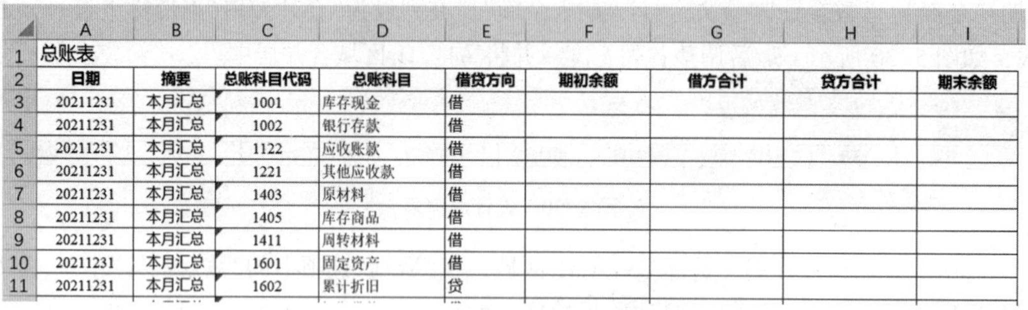

图 5-34 录入日期、摘要并修改特殊科目借贷方向

⑤录入期初余额。根据案例 5-1 所给的资料，将本月各总账期初余额依次录入或从"期初余额表"中引入然后隐藏不需要的科目行，结果如图 5-35 所示。

图 5-35 录入期初余额的结果

	A	B	C	D	E	F	G	H	I
1	总账表								
2	日期	摘要	总账科目代码	总账科目	借贷方向	期初余额	借方合计	贷方合计	期末余额
3	20211231	本月汇总	1001	库存现金	借	1,055.00			
4	20211231	本月汇总	1002	银行存款	借	408,503.74			
5	20211231	本月汇总	1122	应收账款	借	110,300.00			
6	20211231	本月汇总	1221	其他应收款	借				
7	20211231	本月汇总	1403	原材料	借	2,206.00			
8	20211231	本月汇总	1405	库存商品	借	117,416.00			
9	20211231	本月汇总	1411	周转材料	借				
10	20211231	本月汇总	1601	固定资产	借	152,800.00			
11	20211231	本月汇总	1602	累计折旧	贷	31,730.00			
12	20211231	本月汇总	2001	短期借款	贷				
13	20211231	本月汇总	2201	应付票据	贷				
14	20211231	本月汇总	2202	应付账款	贷	23,000.00			
15	20211231	本月汇总	2203	预付账款	贷				

⑥利用 SUMIF 函数计算借方合计。

第一步，选中单元格 G3，在单元格 G3 或编辑栏中输入公式"=SUMIF(会计凭证表!$I$3:$I$92,$D3,会计凭证表!$K$3:$K$92)"，按〈Enter〉键，结果如图 5-36 所示。

G3 fx =SUMIF(会计凭证表!$I$3:$I$92,$D3,会计凭证表!K$3:$K$92)

	A	B	C	D	E	F	G	H	I
1	总账表								
2	日期	摘要	总账科目代码	总账科目	借贷方向	期初余额	借方合计	贷方合计	期末余额
3	20211231	本月汇总	1001	库存现金	借	1,055.00	2,030.00		
4	20211231	本月汇总	1002	银行存款	借	408,503.74			
5	20211231	本月汇总	1122	应收账款	借	110,300.00			
6	20211231	本月汇总	1221	其他应收款	借				

图 5-36 利用 SUMIF 函数计算借方合计

第二步，向下拖动填充柄复制其他单元格的借方合计金额，结果如图 5-37 所示。

	A	B	C	D	E	F	G	H	I
1	总账表								
2	日期	摘要	总账科目代码	总账科目	借贷方向	期初余额	借方合计	贷方合计	期末余额
3	20211231	本月汇总	1001	库存现金	借	1,055.00	2,030.00		
4	20211231	本月汇总	1002	银行存款	借	408,503.74	187,740.00		
5	20211231	本月汇总	1122	应收账款	借	110,300.00	-		
6	20211231	本月汇总	1221	其他应收款	借		4,189.00		
7	20211231	本月汇总	1403	原材料	借	2,206.00	56,162.00		
8	20211231	本月汇总	1405	库存商品	借	117,416.00	75,737.09		
9	20211231	本月汇总	1411	周转材料	借		-		
10	20211231	本月汇总	1601	固定资产	借	152,800.00	2,100.00		
11	20211231	本月汇总	1602	累计折旧	贷	31,730.00	-		
12	20211231	本月汇总	2001	短期借款	贷		-		
13	20211231	本月汇总	2201	应付票据	贷		-		
14	20211231	本月汇总	2202	应付账款	贷	23,000.00	61,000.00		

图 5-37 填充复制借方合计金额

⑦利用 SUMIF 函数计算贷方合计。

第一步，选入单元格 H3，在单元格或编辑栏中输入公式"=SUMIF(会计凭证表!$I$3:$I$92,$D3,会计凭证表!$L$3:$L$92)"，按〈Enter〉键，结果如图 5-38 所示。

	A	B	C	D	E	F	G	H	I
1	总账表								
2	日期	摘要	总账科目代码	总账科目	借贷方向	期初余额	借方合计	贷方合计	期末余额
3	20211231	本月汇总	1001	库存现金	借	1,055.00	2,030.00	2,332.00	
4	20211231	本月汇总	1002	银行存款	借	408,503.74	187,740.00		
5	20211231	本月汇总	1122	应收账款	借	110,300.00	-		
6	20211231	本月汇总	1221	其他应收款	借		4,189.00		

图 5-38 利用 SUMIF 函数计算贷方合计

第二步,向下拖动填充柄复制其他单元格的贷方合计金额,结果如图 5-39 所示。

	A	B	C	D	E	F	G	H	I
1	总账表								
2	日期	摘要	总账科目代码	总账科目	借贷方向	期初余额	借方合计	贷方合计	期末余额
3	20211231	本月汇总	1001	库存现金	借	1,055.00	2,030.00	2,332.00	
4	20211231	本月汇总	1002	银行存款	借	408,503.74	187,740.00	107,289.51	
5	20211231	本月汇总	1122	应收账款	借	110,300.00	-	7,500.00	
6	20211231	本月汇总	1221	其他应收款	借		4,189.00	4,189.00	
7	20211231	本月汇总	1403	原材料	借	2,206.00	56,162.00	56,724.00	
8	20211231	本月汇总	1405	库存商品	借	117,416.00	75,737.09	98,637.09	
9	20211231	本月汇总	1411	周转材料	借			-	
10	20211231	本月汇总	1601	固定资产	借	152,800.00	2,100.00		
11	20211231	本月汇总	1602	累计折旧	贷	31,730.00	-	1,322.09	
12	20211231	本月汇总	2001	短期借款	贷			-	
13	20211231	本月汇总	2201	应付票据	贷			-	
14	20211231	本月汇总	2202	应付账款	贷	23,000.00	61,000.00	53,000.00	
15	20211231	本月汇总	2203	预付账款	贷			-	
16	20211231	本月汇总	2211	应付职工薪酬	贷	27,233.20	27,233.20	27,233.20	
17	20211231	本月汇总	2221	应交税费	贷	6,418.60	6,418.60	17,700.14	
18	20211231	本月汇总	4001	实收资本	贷	500,000.00	-	-	
19	20211231	本月汇总	4002	资本公积	贷		-	-	
20	20211231	本月汇总	4101	盈余公积	贷	920.00	-	-	
21	20211231	本月汇总	4103	本年利润	贷	184,626.74	359,617.03	174,990.29	
22	20211231	本月汇总	4104	利润分配	贷	18,352.20	46,261.92	277,571.52	

图 5-39 填充复制贷方合计金额

⑧试算平衡。首先选用单元格 G38,输入公式"SUM(G3:G37)",按〈Enter〉键。然后选中单元格 H38,输入公式"SUM(H3:H37)",按〈Enter〉键,发现借贷平衡,结果如图 5-40 所示。

	A	B	C	D	E	F	G	H	I
26	20211231	本月汇总	6051	其他业务收入			-	-	-
27	20211231	本月汇总	6111	投资收益			-	-	-
28	20211231	本月汇总	6301	营业外收入			-	-	-
29	20211231	本月汇总	6401	主营业务成本			98,637.09	98,637.09	-
30	20211231	本月汇总	6402	其他业务成本			-	-	-
31	20211231	本月汇总	6403	税金及附加			524.97	524.97	-
32	20211231	本月汇总	6601	销售费用			-	-	-
33	20211231	本月汇总	6602	管理费用			17,377.80	17,377.80	-
34	20211231	本月汇总	6603	财务费用			96.86	96.86	-
35	20211231	本月汇总	6701	资产减值损失			-	-	-
36	20211231	本月汇总	6711	营业外支出			-	-	-
37	20211231	本月汇总	6801	所得税费用			11,670.71	11,670.71	-
38							1,217,823.54	1,217,823.54	

图 5-40 试算平衡

⑨比较汇总表 2 与总账表。切换到"汇总表 2"工作表,通过"数据透视表"方法汇总本期发生额,结果如图 5-41 所示。

12	2202	应付账款	61,000.00	53,000.00
13	2211	应付职工薪酬	27,233.20	27,233.20
14	2221	应交税费	6,418.60	17,700.14
15	4103	本年利润	359,617.03	174,990.29
16	4104	利润分配	46,261.92	277,571.52
17	5001	生产成本	75,737.09	75,737.09
18	5101	制造费用	10,299.89	10,299.89
19	6001	主营业务收入	174,990.29	174,990.29
20	6401	主营业务成本	98,637.09	98,637.09
21	6402	其他业务成本		17,377.80
22	6403	税金及附加	524.97	621.83
23	6602	管理费用	17,377.80	
24	6603	财务费用	96.86	
25	6801	所得税费用	11,670.71	11,670.71
26	总计		1,217,823.54	1,217,823.54

图 5-41　数据透视表试算平衡

与上述利用"SUM 函数"方法汇总的本期发生额完全一致。

⑩利用 IF 函数计算期末余额。

第一步，切换到"总账表"工作表，选中"期末余额"列的单元格 I3。

第二步，在单元格 I3 或编辑栏中输入公式"=IF(E3="借",F3+G3-H3,F3+H3-G3)"，按〈Enter〉键，结果如图 5-42 所示。

	A	B	C	D	E	F	G	H	I
1	总账表								
2	日期	摘要	总账科目代码	总账科目	借贷方向	期初余额	借方合计	贷方合计	期末余额
3	20211231	本月汇总	1001	库存现金	借	1,055.00	2,030.00	2,332.00	753.00
4	20211231	本月汇总	1002	银行存款	借	408,503.74	187,740.00	107,289.51	
5	20211231	本月汇总	1122	应收账款	借	110,300.00		7,500.00	
6	20211231	本月汇总	1221	其他应收款	借		4,189.00	4,189.00	

图 5-42　计算期末余额

第三步，将光标指向单元格 I3 的右下角，当指针变为"✚"形状的填充柄时，按住左键向下拖动，复制其他科目的期末余额，结果如图 5-43 所示。

第四步，加内外边框，去掉网格线。

	A	B	C	D	E	F	G	H	I
1	总账表								
2	日期	摘要	总账科目代码	总账科目	借贷方向	期初余额	借方合计	贷方合计	期末余额
3	20211231	本月汇总	1001	库存现金	借	1,055.00	2,030.00	2,332.00	753.00
4	20211231	本月汇总	1002	银行存款	借	408,503.74	187,740.00	107,289.51	488,954.23
5	20211231	本月汇总	1122	应收账款	借	110,300.00	-	7,500.00	102,800.00
6	20211231	本月汇总	1221	其他应收款	借		4,189.00	4,189.00	-
7	20211231	本月汇总	1403	原材料	借	2,206.00	56,162.00	56,724.00	1,644.00
8	20211231	本月汇总	1405	库存商品	借	117,416.00	75,737.09	98,637.09	94,516.00
9	20211231	本月汇总	1411	周转材料	借				
10	20211231	本月汇总	1601	固定资产	借	152,800.00	2,100.00		154,900.00
11	20211231	本月汇总	1602	累计折旧	贷	31,730.00	-	1,322.09	33,052.09
12	20211231	本月汇总	2001	短期借款	贷			-	-
13	20211231	本月汇总	2201	应付票据	贷			-	-
14	20211231	本月汇总	2202	应付账款	贷	23,000.00	61,000.00	53,000.00	15,000.00
15	20211231	本月汇总	2203	预付账款	贷				
16	20211231	本月汇总	2211	应付职工薪酬	贷	27,233.20	27,233.20	27,233.20	27,233.20
17	20211231	本月汇总	2221	应交税费	贷	6,418.60	6,418.60	17,700.14	17,700.14
18	20211231	本月汇总	4001	实收资本	贷	500,000.00	-	-	500,000.00
19	20211231	本月汇总	4002	资本公积	贷				
20	20211231	本月汇总	4101	盈余公积	贷	920.00			920.00
21	20211231	本月汇总	4103	本年利润	贷	184,626.74	359,617.03	174,990.29	

图 5-43　填充复制期末余额

5.4 科目余额表的建立

5.4.1 知识储备

科目余额汇总表亦称总账余额汇总表,它是按照总账科目余额编制的。科目余额表是基本会计做账表格,显示各个科目的余额,一般包括上期余额、本期发生额、期末余额。制作科目余额表主要是为了方便做财务报表。

科目余额表在资产负债表里反映的是月末各资产负债的金额。在各明细分类账中反映的是各明细账户的最新金额。我们所申报的资产负债表是根据总分类账各科目余额的最新数据申报的。

5.4.2 实例演示

【案例5-4】XWL有限公司2021年12月的科目余额表资料如图5-44所示。

	A	B	C	D	E	F	G	H
1			科目余额表					
2			期初余额		本期发生额		期末余额	
3	科目代码	会计科目	借方	贷方	借方	贷方	借方	贷方
4	1001	库存现金	1,055.00		2,030.00	2,332.00	753.00	
5	1002	银行存款	408503.74		187,740.00	107,289.51	488,954.23	
6	1012	其他货币资金			-	-		
7	1101	交易性金融资产			-	-		
8	1121	应收票据			-	-		
9	1122	应收账款	110,300.00		-	7,500.00	102,800.00	
13	1221	其他应收款			4,189.00	4,189.00		
17	1403	原材料	2206.00		56,162.00	56,724.00	1,644.00	
18	1405	库存商品	117416.00		75,737.09	98,637.09	94,516.00	
19	1411	周转材料						
20	1601	固定资产	152800.00		2,100.00		154,900.00	
21	1602	累计折旧		31730.00		1,322.09		33,052.09
30	2202	应付账款		23000.00	61,000.00	53,000.00		15,000.00
32	2211	应付职工薪酬		27233.20	27,233.20	27,233.20		27,233.20
33	2221	应交税费		6418.60	6,418.60	17,700.14		17,700.14
40	4001	实收资本		500000.00	-	-		500,000.00
42	4101	盈余公积		920.00	-	-		920.00
43	4103	本年利润		184626.74	359,617.03	174,990.29		-
44	4104	利润分配		18352.20	46,261.92	277,571.52		249,661.80
45	5001	生产成本			75,737.09	75,737.09		
46	5101	制造费用			10,299.89	10,299.89		-
47	6001	主营业务收入			174,990.29	174,990.29		
51	6401	主营业务成本			98,637.09	98,637.09		
53	6403	税金及附加			524.97	524.97		
55	6602	管理费用			17,377.80	17,377.80		
56	6603	财务费用			96.86	96.86		
59	6801	所得税费用			11,670.71	11,670.71		
60		合计	792,280.74	792,280.74	1,217,823.54	1,217,823.54	843,567.23	843,567.23

图5-44 XWL有限公司科目余额表

1. 新建并设计科目余额表

①新建科目余额表。打开"XWL有限公司"工作簿,在工作表标签栏单击"新工作表"按钮,新建一张工作表并重命名为"科目余额表"。

②设计科目余额表。首先选中单元格 A1，输入"科目余额表"，并参照图 5-44 输入表头部分文字。将单元格合 A1：H1 合并居中。再设置"期初余额""本期发生额""期末余额"列为"会计专用(不带货币符号)"格式。

2. 编制科目余额表

①复制"科目代码"和"科目名称"。首先切换至"会计科目表"工作表。复制"会计科目表"工作表中的"科目代码"列和"总账科目"列。然后再切换至"科目余额表"工作表。接着粘贴至"科目代码"和"会计科目"两列中，结果如图 5-45 所示。最后删除所有明细科目所在的行(科目代码为 6 位的行)，只保留总账科目所在行，如图 5-46 所示。

图 5-45 复制科目代码和科目名称

图 5-46 删除所有明细科目所在的行

②链接调用期初余额。

第一步，在"科目余额表"工作表中选中单元格 C4 并输入"＝"。

第二步，切换到"期初余额表"工作表，找到库存现金期初余额所在的单元格 G5。

第三步，单击单元格 G5，按〈Enter〉键。

第四步，自动跳转到"科目余额表"工作表并显示库存现金期初余额，如图 5-47 所示。

第五步，参照上述步骤完成其他科目期初余额的链接调用。

图 5-47　链接调用期初余额

③链接调用本期发生额。

第一步，选择"科目余额表"工作表中的单元格 E4 并输入"="。

第二步，切换到"汇总表 2"工作表，单击"汇总表 2"工作表中单元格 C4，按〈Enter〉键。即可将库存现金的本期发生额链接过来，如图 5-48 所示。

图 5-48　链接调用本期发生额

第三步，利用同样的方法，可输入不同科目的借方发生额合计和贷方发生额合计，如图 5-49 所示。

图 5-49　输入其他科目的发生额

提示：上述链接调用步骤较多，如果发生额涉及科目较多，也可利用 VLOOKUP 函数快速引入。

④利用 VLOOKUP 函数快速引入借方发生额。

第一步，在"科目余额表"工作表中选中单元格 E4，在编辑栏中输入公式"= IF(ISNA(VLOOKUP(B4, 汇总表 2!$B $4:$D $25, 2, 0)) , 0, VLOOKUP(B4, 汇总表 2!$B $4:$D $25, 2, 0)) "。

第二步，按〈Enter〉键，结果如图 5-50 所示。

E4			fx	=IF(ISNA(VLOOKUP(B4,汇总表2!$B$4:$D$25,2,0)),0,VLOOKUP(B4,汇总表2!$B$4:$D$25,2,0))				
	A	B	C	D	E	F	G	H
1	科目余额表							
2			期初余额		本期发生额		期末余额	
3	科目代码	会计科目	借方	贷方	借方	贷方	借方	贷方
4	1001	库存现金	1,055.00		2,030.00			

图 5-50 利用 VLOOKUP 函数快速引入借方发生额

第三步，复制公式。将光标指向单元格 E4 右下角，向下拖动填充柄，引入所有借方发生额，结果如图 5-51 所示。

	A	B	C	D	E
1					科目余额表
2			期初余额		本期
3	科目代码	会计科目	借方	贷方	借方
4	1001	库存现金	1,055.00		2,030.00
5	1002	银行存款	408503.74		187,740.00
6	1012	其他货币资金			-
7	1101	交易性金融资产			-
8	1121	应收票据			-
9	1122	应收账款	110,300.00		-
10	1123	预付账款			-
11	1131	应收股利			-
12	1132	应收利息			-
13	1221	其他应收款			4,189.00
14	1231	坏账准备			-
15	1401	材料采购			-
16	1402	在途物资			-
17	1403	原材料	2206.00		56,162.00

图 5-51 向下填充复制借方发生额

⑤利用 VLOOKUP 函数快速引入贷方发生额。

第一步，在"科目余额表"工作表中选中单元格 F4，在编辑栏中输入公式"= IF(ISNA(VLOOKUP(B4, 汇总表 2!$B $4:$D $25, 3, 0)) , 0, VLOOKUP(B4, 汇总表 2!$B $4:$D $25, 3, 0)) "。

第二步，按〈Enter〉键，结果如图 5-52 所示。

F4				fx	=IF(ISNA(VLOOKUP(B4,汇总表2!$B$4:$D$25,3,0)),0,VLOOKUP(B4,汇总表2!$B$4:$D$25,3,0))				
	A	B	C	D	E	F	G	H	I
1	科目余额表								
2			期初余额		本期发生额		期末余额		
3	科目代码	会计科目	借方	贷方	借方	贷方	借方	贷方
4	1001	库存现金	1,055.00		2,030.00	2,332.00		

图 5-52　利用 VLOOKUP 函数快速引入贷方发生额

第三步，复制公式。将光标指向单元格 F4 右下角，向下拖动填充柄，引入所有贷方发生额。

⑥计算期末余额。根据不同科目的性质，资产（成本费用）类期末余额的计算可根据"期末余额＝期初余额+本期借方-本期贷方"，权益（收入）类期末余额的计算可以根据"期末余额＝期初余额+本期贷方-本期借方"等公式来进行，分别输入公式再复制。

第一步，选中单元格 G4，输入公式"＝C4+E4-F4"，按〈Enter〉键，结果如图 5-53 所示。

G4				fx	=C4+E4-F4				
	A	B	C	D	E	F	G	H
1	科目余额表							
2			期初余额		本期发生额		期末余额	
3	科目代码	会计科目	借方	贷方	借方	贷方	借方	贷方
4	1001	库存现金	1,055.00		2,030.00	2,332.00	753.00	
5	1002	银行存款	408503.74		187,740.00	107,289.51		

图 5-53　计算期末余额

第二步，向下复制公式到"固定资产"科目。

第三步，选中单元格 H21，输入公式"＝D21+F21-E21"，按〈Enter〉键，结果如图 5-54 所示。

第四步，选择应付账款所在单元格 H30，输入公式"＝D30+F30-E30"后再向下拖动填充柄，结果如图 5-55 所示。

G5				fx	=C5+E5-F5				
	A	B	C	D	E	F	G	H
1	科目余额表							
2			期初余额		本期发生额		期末余额	
3	科目代码	会计科目	借方	贷方	借方	贷方	借方	贷方
4	1001	库存现金	1,055.00		2,030.00	2,332.00	753.00	
5	1002	银行存款	408503.74		187,740.00	107,289.51	488,954.23	
9	1122	应收账款	110,300.00		-	7,500.00	102,800.00	
13	1221	其他应收款			4,189.00	4,189.00	-	
17	1403	原材料	2206.00		56,162.00	56,724.00	1,644.00	
18	1405	库存商品	117416.00		75,737.09	98,637.09	94,516.00	
20	1601	固定资产	152800.00		2,100.00	-	154,900.00	
21	1602	累计折旧		31730.00	-	1,322.09		33,052.09

图 5-54　求累计折旧期末余额

	A	B	C	D	E	F	G	H
29	2201	应付票据			-	-		-
30	2202	应付账款		23000.00	61,000.00	53,000.00		15,000.00
31	2203	预付账款						-
32	2211	应付职工薪酬		27233.20	27,233.20	27,233.20		27,233.20
33	2221	应交税费		6418.60	6,418.60	17,700.14		17,700.14
34	2231	应付利息						
35	2232	应付股利						
36	2241	其他应付款						
37	2501	长期借款						
38	2501	应付债券						
39	2701	长期应付款						
40	4001	实收资本		500000.00				500,000.00
41	4002	资本公积						
42	4101	盈余公积		920.00				920.00
43	4103	本年利润		184626.74	359,617.03	174,990.29		-
44	4104	利润分配		18352.20	46,261.92	277,571.52		249,661.80
45	5001	生产成本			75,737.09	75,737.09		
46	5101	制造费用			10,299.89	10,299.89		
47	6001	主营业务收入			174,990.29	174,990.29		
48	6051	其他业务收入						

图 5-55　向下填充复制应付账款公式

3. 试算平衡并修饰表格

①试算平衡。先选择 A60：B60 区域，合并居中，输入"合计"。再选择 C4：H60 区域求和，结果如图 5-56 所示。

	A	B	C	D	E	F	G	H
43	4103	本年利润		184626.74	359,617.03	174,990.29		-
44	4104	利润分配		18352.20	46,261.92	277,571.52		249,661.80
45	5001	生产成本			75,737.09	75,737.09		-
46	5101	制造费用			10,299.89	10,299.89		-
47	6001	主营业务收入			174,990.29	174,990.29		-
48	6051	其他业务收入			-	-		-
49	6111	投资收益			-	-		-
50	6301	营业外收入			-	-		-
51	6401	主营业务成本			98,637.09	98,637.09		-
52	6402	其他业务成本			-	-		-
53	6403	税金及附加			524.97	524.97		-
54	6601	销售费用			-	-		-
55	6602	管理费用			17,377.80	17,377.80		-
56	6603	财务费用			96.86	96.86		-
57	6701	资产减值损失			-	-		-
58	6711	营业外支出			-	-		-
59	6801	所得税费用			11,670.71	11,670.71		-
60	合计		792,280.74	792,280.74		1,217,823.54	843,567.23	843,567.23

图 5-56　求期初余额、本期发生额、期末余额合计

②修饰表格。隐藏没有余额的发生额所在行，调整行高和列宽，对表格加边框，在合计行，对期初余额、本期发生额、期末余额标注不同背景颜色，如图 5-57 所示。最后去掉网格线。

	A	B	C	D	E	F	G	H
1	科目余额表							
2			期初余额		本期发生额		期末余额	
3	科目代码	会计科目	借方	贷方	借方	贷方	借方	贷方
4	1001	库存现金	1,055.00		2,030.00	2,332.00	753.00	
5	1002	银行存款	408503.74		187,740.00	107,289.51	488,954.23	
32	2211	应付职工薪酬		27233.20	27,233.20	27,233.20		27,233.20
33	2221	应交税费		6418.60	6,418.60	17,700.14		17,700.14
34	2231	应付利息			-	-		-
35	2232	应付股利			-	-		-
54	6601	销售费用			-	-		-
55	6602	管理费用			17,377.80	17,377.80		
56	6603	财务费用			96.86	96.86		
57	6701	资产减值损失			-	-		-
58	6711	营业外支出			-	-		-
59	6801	所得税费用			11,670.71	11,670.71		-
60		合计	792,280.74	792,280.74	1,217,823.54	1,217,823.54	843,567.23	843,567.23

图 5-57 修饰后的效果

5.5 报表的编制

5.5.1 知识储备

财务报表是综合反映企业的某个特定日期内的财务状况和某一会计期间的经营成果、现金流量的总结性书面文件，它是企业向外传递会计信息的主要手段。

5.5.2 实例演示

【案例 5-5】XWL 有限公司 2021 年 12 月 31 日的资产负债表资料见本章末的附表 5-2，2021 年 12 月的利润表资料如图 5-58 所示。

1. 编制资产负债表

①新建资产负债表。先打开"XWL 有限公司"工作簿，在工作表标签栏单击"新工作表"按钮新建一张工作表，并重命名为"资产负债表"。再输入各标题和相关项目，具体信息参见本章末的附表 5-2。

②设置单元格格式。先选择相应单元格，右击，在弹出的快捷菜单中选择"设置单元格格式"命令，标题合并居中。然后设置金额列为"会计专用（不带货币符号）"格式。最后加上表格边框。结果如图 5-59 所示。

Excel 在会计核算中的综合应用 | 第 5 章

	A	B	C	D	E
1		利 润 表			
2	编制单位：XWL有限责任公司		2021年度	12月份 单位：元	
3	项　　目	行次	本期金额	上期金额	
4	一、营业收入	1	174,990.29		
5	减：营业成本	2	98,637.09		
6	税金及附加	3	524.97		
7	销售费用	4			
8	管理费用	5	17,377.80		
9	财务费用	6	96.86		
10	资产减值损失	7			
11	加：公允价值变动收益（损失以"-"号填列）	8			
12	投资收益（损失以"-"号填列）	9			
13	其中：对联营企业和合营企业的投资收益	10			
14	二、营业利润（亏损以"-"号填列）	11	58,353.57		
15	加：营业外收入	12			
16	减：营业外支出	13			
17	其中：非流动资产处置损失	14			
18	三、利润总额（亏损总额以"-"号填列）	15	58,353.57		
19	减：所得税费用	16	11,670.71		
20	四、净利润（净亏损以"-"号填列）	17	46,682.86		
21					

图 5-58　利润表

	A	B	C	D	E	F	G	H
1			资　产　负　债　表					
2	编制单位：XWL有限责任公司		2021年	12月	31日			单位：元
3	资产	行次	期末余额	期初余额	负债及所有者权益	行次	期末余额	期初余额
4	流动资产：				流动负债：			
5	货币资金	1	489,707.23		短期借款	32		
6	交易性金融资产	2			交易性金融负债	33		
7	应收票据	3			应付票据	34		
8	应收账款	4	102,800.00		应付账款	35	15,000.00	
9	预付款项	5			预收款项	36		
10	应收利息	6			应付职工薪酬	37	27,233.20	
11	应收股利	7			应交税费	38	17,700.14	
12	其他应收款	8			应付利息	39		
13	存货	9	96,160.00		应付股利	40		
14	一年内到期的非流动资产	10			其他应付款	41		
15	其他流动资产	11			一年到期的非流动负债	42		
16	流动资产合计	12	688,667.23		其他流动负债	43		
17	非流动资产：				流动负债合计	44	59,933.34	
18	可供出售金融资产	13			非流动负债：			
19	持有至到期投资	14			长期借款	45		
20	长期应收款	15			应付债券	46		
21	长期股权投资	16			长期应付款	47		
22	投资性房地产	17			专项应付款	48		
23	固定资产	18	121,847.91		预计负债	49		
24	在建工程	19			递延所得税负债	50		

图 5-59　设计资产负债表的相关单元格

③链接调用科目余额表中的余额。先选中"资产负债表"工作表中的单元格 C5，输入"="。然后单击"科目余额表"工作表，将界面切换至"科目余额表"工作表，单击"科目余额表"工作表中的单元格 C4，输入"+"，再单击"科目余额表"工作表中的单元格 G5。按〈Enter〉键，界面自动切换到"资产负债表"工作表，并在单元格 C5 显示计算结果"489 707.23"，如图 5-60 所示。参照以上步骤将除合计数之外的项目填制完成。

④利用 SUM 函数求资产合计。

第一步，选中"资产负债表"工作表中的单元格 C16，单击"插入函数"按钮。

第二步，在函数分类中选择常用函数中的 SUM 函数进行设置，或在单元格 C16 中输入公式"=SUM(C5：C15)"，按〈Enter〉键，结果如图5-61所示。

图5-60 链接调用"科目余额表"中的余额

图5-61 利用SUM函数求和

第三步，参照以上步骤，将非流动资产合计数求出。

第四步，求资产合计。选中单元格C36，输入公式"=C16+C35"，按〈Enter〉键。

第五步，求负债和所有者权益期末余额。参照上述操作方法调用和计算资产负债表及所有者权益期末余额。

第六步，检查平衡。使用鼠标滚轮滚动到资产负债表的最后一行，查看两边合计数是否相等，添加背景色，结果如图5-62所示。最后去掉网格线。

图5-62 试算平衡

2. 编制利润表

①新建利润表。先打开"XWL有限公司"工作簿，在工作表标签栏单击"新工作表"按钮新建一张工作表，并重命名为"利润表"。再输入各标题和相关项目，具体信息参见图5-58。

②设置单元格格式。先选择相应单元格，右击，在弹出的快捷菜单中选择"设置单元格格式"命令，标题合并居中。然后设置金额列为"会计专用（不带货币符号）"格式。最后加上表格边框。结果如图5-63所示。

	A	B	C	D
1		利 润 表		
2	编制单位：XWL有限责任公司	2021年度	12月份 单位：元	
3	项　　　目	行次	本期金额	上期金额
4	一、营业收入	1		
5	减：营业成本	2		
6	税金及附加	3		
7	销售费用	4		
8	管理费用	5		
9	财务费用	6		
10	资产减值损失	7		
11	加：公允价值变动收益（损失以"-"号填列）	8		
12	投资收益（损失以"-"号填列）	9		
13	其中：对联营企业和合营企业的投资收益	10		
14	二、营业利润（亏损以"-"号填列）	11		
15	加：营业外收入	12		
16	减：营业外支出	13		
17	其中：非流动资产处置损失	14		
18	三、利润总额（亏损总额以"-"号填列）	15		
19	减：所得税费用	16		
20	四、净利润（净亏损以"-"号填列）	17		
21				

图5-63　设计利润表相关单元格

③计算营业收入。第一步，在"利润表"工作表中选中单元格C4，并在单元格C4中输入"="。

第二步，单击"科目余额表"工作表，将界面切换至"科目余额表"工作表。

第三步，单击"科目余额表"工作表中的单元格F47。

第四步，按〈Enter〉键，界面自动切换到"利润表"工作表，并在单元格C4显示结果。

第五步，参照以上方法计算出其他项目。

④计算营业利润。

选中单元格C14，输入公式"=C4-C5-C5-C7-C8-C9-C10+C11+C12"后按〈Enter〉键。

⑤计算利润总额。

选中单元格C20，输入公式"=C18-C19"，按〈Enter〉键，结果如图5-64所示。最后去掉网格线。

	A	B	C	D	E
1		利 润 表			
2	编制单位：XWL有限责任公司	2021年度	12月份 单位：元		
3	项　　　目	行次	本期金额	上期金额	
4	一、营业收入	1	174,990.29		
5	减：营业成本	2	98,637.09		
6	税金及附加	3	524.97		
7	销售费用	4			
8	管理费用	5	17,377.80		
9	财务费用	6	96.86		
10	资产减值损失	7			
11	加：公允价值变动收益（损失以"-"号填列）	8			
12	投资收益（损失以"-"号填列）	9			
13	其中：对联营企业和合营企业的投资收益	10			
14	二、营业利润（亏损以"-"号填列）	11	58,353.57		
15	加：营业外收入	12			
16	减：营业外支出	13			
17	其中：非流动资产处置损失	14			
18	三、利润总额（亏损总额以"-"号填列）	15	58,353.57		
19	减：所得税费用	16	11,670.71		
20	四、净利润（净亏损以"-"号填列）	17	46,682.86		
21					

图 5-64　计算净利润

本章小结

结合前面学习的内容，通过会计凭证的操作，明确会计凭证是最重要的第一环节，一定要保证录入的信息正确完整。熟练掌握文本函数 LEFT 和 CONCATENATE 的使用，能够借助 VLOOKUP 函数通过科目代码自动显示会计科目。通过账簿的操作，学会使用 SUMIF 函数，熟悉数据透视表的功能，能够借助期初余额表和汇总表引入相关数据，进一步掌握 IF 函数和 VLOOKUP 函数的使用，要通过报表的操作，熟练掌握 SUM 函数和 IF 函数，学会表格的设计和编辑。

使用 Excel 进行会计核算时，登账环节完全可以省略，只要会计凭证表无误即能正确生成报表。但是，为了体现整个账套的完整，在编制报表之前，要通过 Excel 提供的数据处理方法和函数功能，生成各类账簿。由于日记账及各种明细账在前面几章中已涉及，本章只学习总账生成的方法，并注意 SUMIF 函数与数据透视表进行汇总的比较。

科目余额表是编制报表的基础，分为期初余额、本期发生额和期末余额三栏。期初余额可直接链接引用期初余额表中的数据；本期发生额既可链接引用汇总表2中的数据，也可利用 IF 函数和 VLOOKUP 函数一次性求出，这两种方法在本章中都进行了介绍，建议采用函数方法，进一步复习巩固常用函数；期末余额要用公式求出，但要分清借贷方向。

资产负债表是一种静态报表，要根据余额填列；而利润表是一种动态报表，要根据发生额填列。资产负债表中某些项目和科目余额表的科目并不一一对应，有的需要计算分析填列，特别是货币资金、存货、固定资产、未分配利润等项目，要注意正确使用公式。

实践演练

ABC 公司属于制造业工业企业,是增值税一般纳税人,该公司设有铸造、加工和装配三个基本生产车间,主要生产产品有温控器 A、温控器 B,设有财务科、厂部、供应科、销售科、总务科等部门。该公司的会计制度要求如下。

1. 流动资产核算

①坏账准备的提取采用"年末应收账款余额百分比法",提取比例为 1%。

②原材料核算按照实际成本核算,发出时的计价采用月末一次加权平均法。

③企业的周转材料——低值易耗品,包括刃具、量具、工作服和其他物品。领用时采用一次摊销法。

④企业库存商品按实际成本核算。本月完工产品入库于月终根据"完工产品成本汇总表"一次结转;本月发出库存商品的实际成本按月末一次加权平均法计算,根据"产品销售成本计算表"一次结转。

2. 固定资产核算

固定资产的折旧采用平均年限法。房屋建筑物的使用年限为 20 年,家具等设备的使用年限为 5 年,电子设备等的使用年限为 3 年,产值率为 10%。

3. 费用及产品成本核算

(1)产品成本核算采用品种法,以温控器 A、温控器 B 为成本计算对象,按月进行成本计算。

(2)期末制造费用总额按照生产工人工资总额标准在温控器 A、温控器 B 之间分配。

4. 税费核算

增值税税率为 13%,城市维护建设税税率为 7%,教育费附加费率为 3%,企业所得税税率为 25%,企业所得税按月计提。按季预交,全年汇算清缴。个人所得税按照超额累进税率计算代扣代缴。

5. 利润及利润分配核算

(1)年末按照净利润的 10% 提取法定盈余公积。

(2)应付给投资者的利润按可供投资者分配利润的 30% 计算,按各方出资比例进行分配。

已知该公司 2021 年 11 月 30 日的总账账户余额如表 5-6 所示,各明细账账户余额如表 5-7、表 5-8 和表 5-9 所示;2021 年 12 月发生的经济业务如表 5-10 所示。

表 5-6　2021 年 11 月 30 日总账账户余额　　　　　　　　　　　　单位:元

总账科目	账户余额	总账科目	账户余额
库存现金	4 000	短期借款	36 000
银行存款	545 670	应付票据	55 000
交易性金融资产	6 000	应付账款	40 000
应收票据	30 000	预收账款	51 200

续表

总账科目	账户余额	总账科目	账户余额
应收账款	135 000	其他应付款	20 042
预付账款	171 000	累计折旧	488 501
其他应收款	6 000	应付职工薪酬	64 000
原材料	235 000	应交税费	83 200
周转材料	11 855	应付利息	10 000
生产成本	69 051	长期借款	1 250 000
库存商品	95 852	应付债券	100 000
长期股权投资	100 000	实收资本	5 300 000
固定资产	6 584 235	资本公积	201 266
在建工程	128 000	盈余公积	150 000
无形资产	75 700	本年利润	224 064
		利润分配	124 090
合计	8 197 363	合计	8 197 363

表 5-7　资产类账户明细账余额　　　　　　　　　　单位：元

总账	明细账	数量	金额	借方金额
交易性金融资产	股票投资			6 000
应收账款	111 厂			55 000
	东方设备厂			20 000
	南都机械厂			50 000
	北成机械厂			10 000
应收票据	777 厂（商业承兑汇票）			30 000
其他应收款	远大公司			2 100
	张文			850
	刘为			3 050
预付账款	从威合金厂			171 000
长期股权投资	其他投资（东峰公司）			100 000
固定资产	房屋及建筑物			3 500 000
	机器设备			2 780 000
	交通运输工具			304 235
库存商品	温控器 A	400 个	89.63	35 852
	温控器 B	600 个	100	60 000
周转材料	包装物/木箱	100 个	62	6 200

续表

总账	明细账	数量	金额	借方金额
周转材料	低值易耗品/刃具	60 件	40	2 400
	低值易耗品/量具	50 件	31.7	1 585
	低值易耗品/工作服	10 套	150	1 500
	低值易耗品/文件夹	20 个	8.5	170
原材料	壳体	2 000 个	2.5	5 000
	齿轴	8 000 个	10	80 000
	支承盖	3 000 个	5	15 000
	活塞	20 000 个	2	40 000
	液压油	1 000 千克	95	95 000
基本生产成本	温控器 A			34 000
	温控器 B			35 051

表 5-8　负债及所有者权益类明细账余额　　　　　　　　　　　　　单位：元

总账	明细账	贷方余额
应付账款	330 厂	17 000
	大力工具厂	23 000
应付票据	330 厂（商业承兑汇票）	55 000
短期借款	工行	36 000
长期借款	建行	1 250 000
预收账款	湖广机床厂	51 200
应交税费	应交增值税	28 000
	应交企业所得税	52 400
	应交城建税	1 960
	应交教育费附加	840
应付利息	应付工行利息	2 700
	应付建行利息	7 300
其他应付款	刘一飞	15 042
	黄世伟	5 000
实收资本	国家资本金	3 300 000
	法人资本金	2 000 000
利润分配	未分配利润	124 090

表5-9　生产成本明细账余额　　　　　　　　　　　　　　　　　单位：元

产品名称	直接材料	直接人工	制造费用	合计
温控器A	12 000	4 000	18 000	34 000
温控器B	13 051	4 500	17 500	35 051
合计	25 051	8 500	35 500	69 051

表5-10　2021年12月发生的经济业务　　　　　　　　　　　　　单位：元

序号	日期及业务
1	12月1日，收到正大公司投入资金1 000 000元，已办妥进账手续
2	12月1日，财务科王红借支差旅费1 000元，现金支付
3	12月1日，接到银行通知，收到东方设备厂欠款20 000元
4	12月1日，生产车间领用齿轴2 000个，其中生产温控器A用800个，生产温控器B用1 200个(月底做账)
5	12月1日，开出现金支票支付龙泉机械厂修理费1 800元
6	12月1日，收到出售给长江公司的废料款4 099元及税款696.83元，款存入银行
7	12月1日，向421厂销售温控器A 5个，单价150元，增值税税率17%。现金垫付运杂费75元，已办妥托收手续
8	12月1日，采购员张宁去上海参加商品交易会，预借差旅费5 000元，以现金支付
9	12月1日，从市建设银行借入两年期借款200 000元，存入银行，借款利率6%
10	12月2日，7776厂购买温控器A 100个，单价150元，增值税税率17%，收到对方开出的3个月到期、金额为17 550元的商业承兑汇票一张
11	12月2日，用现金支票支付厂办公室招待费1 028.5元
12	12月2日，张文报销差旅费，其中车费400元，住宿费200元，退回余款250元
13	12月2日，从从威合金厂购买齿轴12 000个，单价12元，款已预付，材料已验收入库。同时退回余款，款已收到并存入银行
14	12月3日，销售温控器B给111厂150个，单价200元，税率17%，已办妥托收手续
15	12月5日，销售温控器A给384厂，数量6个，单价150元，税率17%，款已收并存入银行
16	12月5日，签发转账支票归还市工行借款36 000元
17	12月5日，接银行通知，收到南都机械厂所欠货款金额35 100元
18	12月5日，销售科业务员持发票报销业务招待费2 823.6元，现金支付
19	12月6日，向121厂购壳体3 000个，单价3元，增值税税率17%，料已入库，货款未付
20	12月6日，生产车间因生产领用壳体4 000个，其中生产B2领用2 000个，生产B3领用2 000个(月底做账)
21	12月6日，签发转账支票支付11月份应交增值税28 000元，应交城市维护建设税1 960元，应交企业所得税52 400元，应交教育费附加840元

续表

序号	日期及业务
22	12月7日,厂部用现金400元订阅明年全年报刊
23	12月7日,用现金支付职工生活困难补助200元
24	12月8日,收到北成机械厂所欠货款10 000元,已存入银行
25	12月9日,以每股16.8元的价格购入股票——金龙啤酒,价款和押金等相关费用共计169 354元,款从银行支付
26	12月10日,接到商业承兑汇票付款通知,本企业向330厂签发的商业承兑汇票到期,已兑付
27	12月10日,签发转账支票支付公司水费3 500元,其中生产车间2 000元,各个行政部门1 000元,销售部门500元
28	12月11日,签发转账支票支付上月职工工资64 000元。并代税务部门扣交职工个人所得税4 000元
29	12月12日,756厂9月12日签发的商业承兑汇票到期,对方已兑付,款已存入银行
30	12月12日,刘为交来现金,归还借款2 200元
31	12月14日,用转账支票支付产品展览费10 700元
32	12月15日,结转本月工资,生产车间工人工资30 000元(其中,生产B2型工人工资20 000元,生产B3型工人工资10 000元),车间管理人员工资14 000元,管理部门人员工资10 000元,销售部门人员工资10 000元
33	12月15日,现金支付车间购买办公用品费450元
34	12月15日,现金支付行政科购买办公用品费380元
35	12月15日,销售科技术员张大为出差借支差旅费500元,现金支付
36	12月15日,由于排污接受罚款3 000元,用现金支票支付
37	12月16日,开出转账支票支付市社会保险局养老金10 000元
38	12月17日,生产车间领用量具12件,领用包装物10个
39	12月19日,本月在建工程完工(房屋),已经办理竣工验收手续并交付使用
40	12月20日,财务科王红出差回来报账,车费600元,住宿费200元,其他100元,补助100元
41	12月20日,收到远大公司现金还款2 100元
42	12月20日,签发转账支票支付12月6日购买330厂壳体货款
43	12月21日,开出转账支票234 000元购入运输卡车,增值税税率17%,已交付使用(增值税应计入成本)
44	12月21日,从银行提取现金1 000元,以备零星使用

续表

序号	日期及业务
45	12月21日，开出转账支票1 500元支付公司电话费，其中生产车间用500元，行政部门用750元，销售部门用250元
46	12月22日，银行结算本季度银行借款利息共计10 000元。其中工行借款利息2 700元，建行借款利息7 300元。签发转账支票付讫
47	12月23日，开出转账支票支付广告费1 900元
48	12月23日，开出转账支票支付大力工具厂欠款10 000元
49	12月24日，预付西北液压油厂购料款3 094元，开出转账支票支付
50	12月26日，采购员张宁出差回厂报销差旅费，退现金1 500元
51	12月26日，职工刘为交来现金850元偿还借款
52	12月27日，将现金2 300元存入银行存款户
53	12月27日，签发转账支票向希望工程基金会捐款10 000元
54	12月28日，通过银行偿还上月330厂购料款17 000元
55	12月28日，销售给金川厂温控器B 100个，单价200元，税率17%，款已经存入银行
56	12月28日，办公室秘书凭收据报销支付给万阳印务有限公司资料印刷费458元，现金支付
57	12月29日，现金支付总务科垃圾清运费100元
58	12月29日，销售给湖广机床厂温控器B 200个，单价230元，税率17%，部分款已于上月收到，其余款项尚未收到
59	12月29日，用现金购买生产车间用办公用品300元
60	12月30日，厂部办公室领用文件夹2个。生产车间领用文件夹4个，销售部门领用文件夹5个
61	12月31日，计算本月应交城市维护建设税和应交教育费附加
62	12月31日，汇总结转本月领用材料成本（采用月末一次加权平均法）
63	12月31日，提取本月各部门固定资产折旧费。铸造：9 124元；加工：18 149元；装配：8 890元；处室：10 834元；销售：15 565元
64	12月31日，计提本月应付建行借款利息
65	12月31日，年终盘点库存存货：其中盘盈支承盖200个，估价1 000元，盘亏工作服2套，共计300元，发现短缺液压油50千克，估价4 750元。后来查明原因，盘盈盘亏的原材料属于平时发料计量差错，盘亏的物资属保管员私自送人造成的，根据结果按规定处理
66	12月31日，分配结转本月制造费用（按生产工人工资标准）
67	12月31日，930个温控器A、645个温控器B全部完工入库，计算并结转完工产品成本
68	12月31日，计算并结转本月商品销售成本（采用月末一次加权平均法）
69	12月31日，出售购入的金龙啤酒的股票10 000股，每股售价30元，已交割完毕，款存入银行

续表

序号	日期及业务
70	12月31日，结转有关损益类账户余额，计算本月利润
71	12月31日，按25%计算并结转本月应交所得税
72	12月31日，按全年税后净利润的10%计提法定盈余公积，按剩余利润的30%计算应付投资者的利润
73	12月31日，结转本年利润。并结转"利润分配"所属明细账

要求：根据所给资料分别设计会计科目表：会计凭证表、总账表、期初余额表、科目余额表、资产负债表、利润表，并完成表中数据的引用和计算。

本章：附表 5-1

XWL 有限责任公司会计凭证表　　　　　　　　　　　　　单位：元

年	月	日	序号	凭证编号	摘要	总账科目代码	科目代码	总账科目	明细科目	借方金额	贷方金额
2021	12	1	01	202112101	提现	1001	1001	库存现金		2 000.00	
						1002	1002	银行存款			2 000.00
2021	12	2	02	202112202	业务员借支	1221	122101	其他应收款	陈东	2 000.00	
						1001	1001	库存现金			2 000.00
2021	12	5	03	202112503	购买材料款未付	1403	140301	原材料	全棉白纺布	53 000.00	
						2202	220203	应付账款	亮丽面料厂		53 000.00
2021	12	5	04	202112504	购买打印纸	6602	6602	管理费用		120.00	
						1001	1001	库存现金			120.00
2021	12	5	05	202112505	销售服装并收款	1002	1002	银行存款		36 040.00	
						6001	6001	主营业务收入			34 990.29
						2221	222101	应交税费	应交增值税		1 049.71
2021	12	8	06	202112806	购发票工本费	6602	6602	管理费用		80.00	
						1001	1001	库存现金			80.00
2021	12	8	07	202112807	上缴月税费	2221	222101	应交税费	应交增值税	5 676.00	

续表

年	月	日	序号	凭证编号	摘要	总账科目代码	科目代码	总账科目	明细科目	借方金额	贷方金额
						2221	222102	应交税费	城市维护建设税	397.32	
						2221	222103	应交税费	教育费附加	170.28	
						2221	222104	应交税费	应交个人所得税	175.00	
						1002	1002	银行存款			6 418.60
2021	12	8	08	202112808	交纳社保	2211	2211	应付职工薪酬		5 970.00	
						1221	122102	其他应收款	代垫职工款	2 189.00	
						1002	1002	银行存款			8 159.00
2021	12	10	09	2021121009	报销差旅费	6602	6602	管理费用		1 970.00	
						1001	1001	库存现金		30.00	
						1221	122101	其他应收款	陈东		2 000.00
2021	12	10	10	2021121010	购买材料并入库	1403	140302	原材料	纽扣	2 550.00	
						1403	140303	原材料	拉链	612.00	
						1002	1002	银行存款			3 162.00
2021	12	10	11	2021121011	购买空调一部	1601	1601	固定资产		2 100.00	
						1002	1002	银行存款			2 100.00
2021	12	15	12	2021121512	发放工资	2211	2211	应付职工薪酬		21 263.20	
						2221	222104	应交税费	应交个人所得税		254.75
						1221	122102	其他应收款	代垫职工款		2 189.00
						1002	1002	银行存款			18 819.45
2021	12	15	13	2021121513	交电话费	6602	6602	管理费用		380.00	
						1002	1002	银行存款			380.00
2021	12	15	14	2021121514	支付欠材料款	2202	220201	应付账款	精美布艺	8 000.00	
						1002	1002	银行存款			8 000.00

续表

年	月	日	序号	凭证编号	摘要	总账科目代码	科目代码	总账科目	明细科目	借方金额	贷方金额
2021	12	20	15	2021122015	支付电费	5101	5101	制造费用		2 324.47	
						6602	6602	管理费用		829.13	
						1002	1002	银行存款			3 153.60
2021	12	21	16	2021122116	支付银行手续费	6603	6603	财务费用		96.86	
						1002	1002	银行存款			96.86
2021	12	21	17	2021122117	支付厂房房租	5101	5101	制造费用		2 000.00	
						1002	1002	银行存款			2 000.00
2021	12	21	18	2021122118	计提本月折旧	5101	5101	制造费用		1 195.42	
						6602	6602	管理费用		126.67	
						1602	1602	累计折旧			1 322.09
2021	12	21	19	2021122119	结转本期材料成本	5001	5001	生产成本		56 724.00	
						1403	140301	原材料	全棉白纺布		53 920.00
						1403	140302	原材料	纽扣		2 080.00
						1403	140303	原材料	拉链		724.00
2021	12	21	20	2021122120	收到货款	1002	1002	银行存款	0	7 500.00	
						1122	112201	应收账款	福达商贸		7 500.00
2021	12	23	21	2021122321	支付材料款	2202	220203	应付账款	亮丽面料厂	53 000.00	
						1002	1002	银行存款	0		53 000.00
2021	12	25	22	2021122522	支付招待费	6602	6602	管理费用	0	132.00	
						1001	1001	库存现金	0		132.00
2021	12	30	23	2021123023	分配职工薪酬	5001	5001	生产成本	0	8 713.20	
						5101	5101	制造费用	0	4 780.00	
						6602	6602	管理费用	0	13 740.00	
						2211	2211	应付职工薪酬	0		27 233.20

续表

年	月	日	序号	凭证编号	摘要	总账科目代码	科目代码	总账科目	明细科目	借方金额	贷方金额
2021	12	30	24	2021123024	结转制造费用	5001	5001	生产成本	0	10 299.89	
						5101	5101	制造费用	0		10 299.89
2021	12	30	25	2021123025	结转完工产品成本	1405	1405	库存商品	0	75 737.09	
						5001	5001	生产成本	0		75 737.09
2021	12	30	26	2021123026	销售服装并收款	1002	1002	银行存款	0	144 200.00	
						6001	6001	主营业务收入	0		140 000.00
						2221	222101	应交税费	应交增值税		4 200.00
2021	12	30	27	2021123027	结转已销商品成本	6401	6401	主营业务成本	0	98 637.09	
						1405	1405	库存商品	0		98 637.09
2021	12	30	28	2021123028	计提本月税费	6403	6403	税金及附加	0	524.97	
						2221	222102	应交税费	城市维护建设税		367.48
						2221	222103	应交税费	教育费附加		157.49
2021	12	31	29	2021123129	结转各项收益	6001	6001	主营业务收入		174 990.29	
						4103	4103	本年利润			174 990.29
2021	12	31	30	2021123130	结转各项费用	4103	4103	本年利润		116 636.72	
						6401	6401	主营业务成本			98 637.09
						6403	6403	税金及附加			524.97
						6602	6602	管理费用			17 377.80
						6603	6603	财务费用			96.86
2021	12	31	31	2021123131	计提本月所得税	6801	6801	所得税费用		11 670.71	

续表

年	月	日	序号	凭证编号	摘要	总账科目代码	科目代码	总账科目	明细科目	借方金额	贷方金额
						2221	222105	应交税费	应交所得税		11 670.71
2021	12	31	32	2021123132	结转本月所得税	4103	4103	本年利润		11 670.71	
						6801	6801	所得税费用			11 670.71
2021	12	31	33	2021123133	结转本年利润	4103	4103	本年利润		231 309.60	
						4104	410401	利润分配	未分配利润		231 309.60
2021	12	31	34	2021123134	提取盈余公积	4104	410402	利润分配	提取法定盈余公积	23 130.96	
						4104	410401	利润分配	未分配利润		23 130.96
2021	12	31	35	2021123135	结转利润分配	4104	410401	利润分配	未分配利润	23 130.96	
						4104	410401	利润分配	未分配利润		23 130.96
										1 217 823.54	1 217 823.54

附表 5-2

XWL 有限责任公司资产负债表

编制单位：XWL 有限责任公司　　　2021 年 12 月 31 日

资产	行次	期末余额	期初余额	负债及所有者权益	行次	期末余额	期初余额
流动资产：				流动负债：			
货币资金	1	489 707.23		短期借款	10		
交易性金融资产	2			交易性金融负债	11		
应收票据	3			应付票据	12		
应收账款	4	102 800.00		应付账款	13	15 000.00	
预付款项	5			预收款项	14		
应收利息	6			应付职工薪酬	15	27 233.20	
应收股利	7			应交税费	16	17 700.14	
其他应收款	8			应付利息	17		
存货	9	96 160.00		应付股利	18		

续表

资产	行次	期末余额	期初余额	负债及所有者权益	行次	期末余额	期初余额
一年内到期的非流动资产:	19			其他应付款	41		
其他流动资产	20			一年到期的非流动负债	42		
流动资产合计	21	688 667.23		其他流动负债	43		
非流动资产:				流动负债合计	44	59 933.34	
可供出售金融资产	22			非流动负债:			
持有至到期投资	23			长期借款	45		
长期应收款	24			应付债券	46		
长期股权投资	25			长期应付款	47		
投资性房地产	26			专项应付款	48		
固定资产	27	121 847.91		预计负债	49		
在建工程	28			递延所得税负债	50		
工程物资	29			其他非流动负债	51		
固定资产清理	30			非流动负债合计	52		
生产性生物资产	31			负债合计	53	59 933.34	
油气资产	32			所有者权益(股东权益):			
无形资产	33			实收资本(股本)	54	500 000.00	
开发支出	34			资本公积	55		
商誉	35			减: 库存股	56		
长期待摊费用	36			盈余公积	57	920.00	
递延所得税资产	37			未分配利润	58	249 661.80	
其他非流动资产	38			所有者权益(股东权益)合计	59	750 581.80	
非流动资产合计	39	121 847.91					
资产总计	40	810 515.14		负债和所有者权益总计	60	810 515.14	

第 6 章　财务预算

学习目的

掌握销售收入预算、生产预算、直接材料预算、产品成本预算、现金预算、财务报表预算等各种预算的编制方法，在深入理解预算编制过程的基础上能熟练运用 Excel 编制企业一整套的财务预算。

6.1　销售收入预算

6.1.1　知识储备

1. 预算的含义及分类

预算是企业在预测、决策的基础上，以数量和金额的形式反映企业未来一定时期内经营、投资、财务等活动的具体计划，是为实现企业目标而对各种资源和企业活动进行的详细安排。

根据内容的不同，企业预算可分为业务预算、专门决策预算和财务预算。

业务预算是指与企业日常经营活动直接相关的经营业务的各种预算。它主要包括销售预算、生产预算、直接材料预算、直接人工预算、制造费用预算、产品成本预算、销售费用预算和管理费用预算等。

专门决策预算主要是长期投资预算（又称资本支出预算），通常是指与项目投资决策相关的专门预算，它往往涉及长期建设项目的资金投放与筹集，并经常跨越多个年度。

财务预算是指企业在计划期内反映有关预计现金收支、财务状况和经营成果的预算，它是全面预算体系的最后环节，主要包括现金预算和预计财务报表。

2. 销售收入预算

销售收入预算是在销售预测的基础上编制的，用于规划预算期销售活动的一种业务预算。销售收入预算是整个预算编制的起点,其他预算的编制都以销售预算作为基础。

销售收入预算中通常还会包括现金收入的计算,为后期编制现金预算提供资料。

6.1.2 实例演示

【案例6-1】 XWL公司预计明年某种产品各季度的销售量分别为400件、350件、500件、350件,产品售价稳定在600元/件。依照公司当前的销售政策,每季度销售收入中70%的货款能在当季度收回,剩余30%的货款在下一季度收回。本年末应收账款余额为57 000元。要求编制销售收入预算和现金收入预算。具体操作步骤如下。

(1) 创建工作簿

建立一个新的工作簿,并命名为"财务预算",将"Sheet1"工作表重命名为"销售收入预算",并在该表中按照案例资料绘制表格并输入基础数据。结果如图6-1所示。

	A	B	C	D	E	F
1	销售收入预算					
2	季度	一	二	三	四	全年合计
3	预计销售量(件)	400	350	500	350	
4	预计销售单价(元/件)	600	600	600	600	
5	销售收入(元)					
6	现金收入预算				单位:元	
7	上年应收账款余额	57,000				
8	第一季度					
9	第二季度					
10	第三季度					
11	第四季度					
12	现金收入合计					

图6-1 创建工作簿

(2) 计算销售收入

在单元格F3中输入公式"=SUM(B3:E3)",可得到全年销售量的合计数。在单元格F4中输入"600"。

在单元格B5中输入公式"=B3*B4",拖动填充柄复制公式到单元格F5,可得每季度的销售收入,以及全年销售收入合计。结果如图6-2所示。

	A	B	C	D	E	F
1	销售收入预算					
2	季度	一	二	三	四	全年合计
3	预计销售量(件)	400	350	500	350	1,600
4	预计销售单价(元/件)	600	600	600	600	600
5	销售收入(元)	240,000	210,000	300,000	210,000	960,000
6	现金收入预算				单位:元	
7	上年应收账款余额	57,000				
8	第一季度					
9	第二季度					
10	第三季度					
11	第四季度					
12	现金收入合计					

图6-2 计算销售收入

(3) 计算现金收入

在单元格 B8 中输入公式"=B5*70%",在单元格 C8 中输入公式"=B5*30%",在单元格 F8 中输入公式"=SUM(B8:E8)",可得到第一季度销售款回款的情况。

依据上述方法,可分别计算出第二季度到第四季度销售款的回款情况。结果如图 6-3 所示。

在单元格 B12 中输入公式"=SUM(B7:B11)",拖动填充柄复制公式到单元格 F12,可得到每季度和全年的现金预计收入。结果如图 6-4 所示。

图 6-3 计算现金收入(1)

图 6-4 计算现金收入(2)

6.2 生产预算

6.2.1 知识储备

生产预算是为规划预算期生产规模而编制的一种业务预算,它以销售预算的数据为基础来编制,且可以作为编制直接材料预算和产品成本预算的依据。其主要内容有销售量、期初和期末产成品存货、生产量。在生产预算中，只涉及实物量指标，不涉及价值量指标。生产预算涉及的公式：

预计生产量=（预计销售量+预计期末产成品存货）－预计期初产成品存货

6.2.2 实例演示

【案例 6-2】 公司明年年初存货余额 25 件，各季度末存货按下一季度销售量的 10% 储备，预计明年年末存货需储备 30 件。请编制生产预算。具体操作步骤如下。

(1) 新建工作表

在已有"财务预算"工作簿中，将"Sheet2"工作表重命名为"生产预算"，并在该表中按照案例资料绘制表格并输入基础数据。结果如图 6-5 所示。

	A	B	C	D	E	F
1	生产预算					
2	季度	一	二	三	四	全年合计
3	预计销售量	400	350	500	350	1,600
4	加：预计期末存货					
5	减：预计期初存货					
6	预计生产量					
7						

图 6-5 新建工作表

(2) 计算预计期末存货

在单元格 B4 中输入公式"=C3*10%"，拖动填充柄复制公式到单元格 D4，可得到前三季度期末的存货量。在单元格 E4 和 F4 中各输入"30"。结果如图 6-6 所示。

	A	B	C	D	E	F
1	生产预算					
2	季度	一	二	三	四	全年合计
3	预计销售量	400	350	500	350	1,600
4	加：预计期末存货	35	50	35	30	30
5	减：预计期初存货					
6	预计生产量					
7						

图 6-6 计算预计期末存货

(3) 计算预计期初存货

在单元格 B5 和 F5 中各输入"25"，在单元格 C5 中输入公式"=B4"，拖动填充柄复制公式到单元格 E5，可得到每个季度的期初存货。结果如图 6-7 所示。

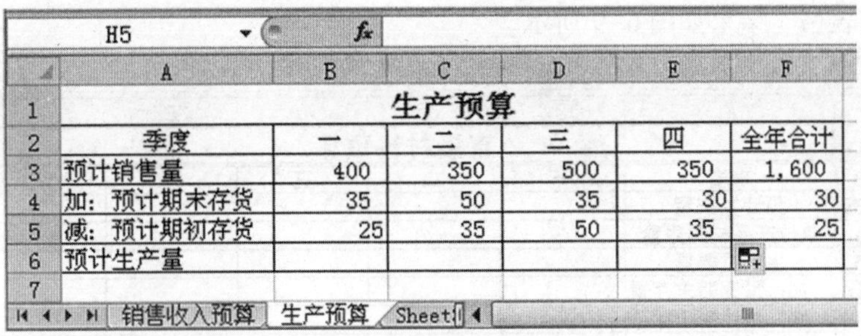

图 6-7 计算预计期初存货

(4) 计算预计生产量

在单元格 B6 中输入公式"=B3+B4-B5",拖动填充柄复制公式到单元格 F6,可得到每个季度和全年的预计生产量。结果如图 6-8 所示。

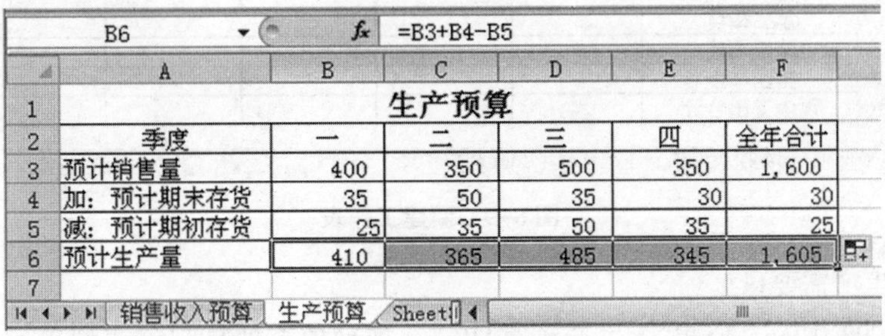

图 6-8 计算预计生产量

6.3 直接材料预算

6.3.1 知识储备

直接材料预算是为了规划预算期直接材料采购金额的一种业务预算,它以生产预算为基础编制,同时要考虑原材料存货水平。直接材料预算包括预计的材料耗用量、预计材料采购量,以及预计的采购现金支出。直接材料预算涉及的公式:

预计采购量=(生产需用量 + 预计期末存量)− 预计期初存量

6.3.2 实例演示

【案例 6-3】公司生产一单位产品需要的材料为 10 斤,材料采购价格 30 元/斤。明年年初和年末材料的存量分别为 650 斤和 600 斤。各季度末材料存量按照下一季度生产需要量的 20% 留存。按照供应商的销售政策,材料采购货款有 80% 在本季度付清,剩余 20% 在下季度付清。上年应付账款余额 20 000 元。请编制直接材料预算和采购现金支出预算。具体操作步骤如下。

(1) 新建工作表

在"财务预算"工作簿中,将"Sheet3"工作表重命名为"直接材料预算",并在该表中按照案例资料绘制表格。结果如图6-9所示。

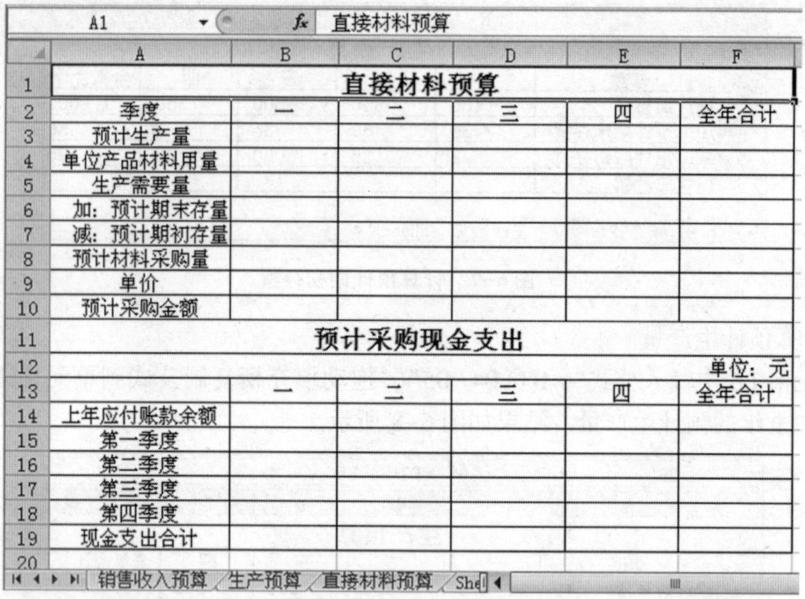

图6-9 新建工作表

(2) 计算生产需要量

在单元格B3中输入公式"=生产预算!B6",拖动填充柄复制公式到单元格F3。在第4行各单元格中输入"10"。

在单元格B5中输入公式"=B3*B4",拖动填充柄复制公式到单元格F5,可得到各季度及全年的原材料生产需要量。结果如图6-10所示。

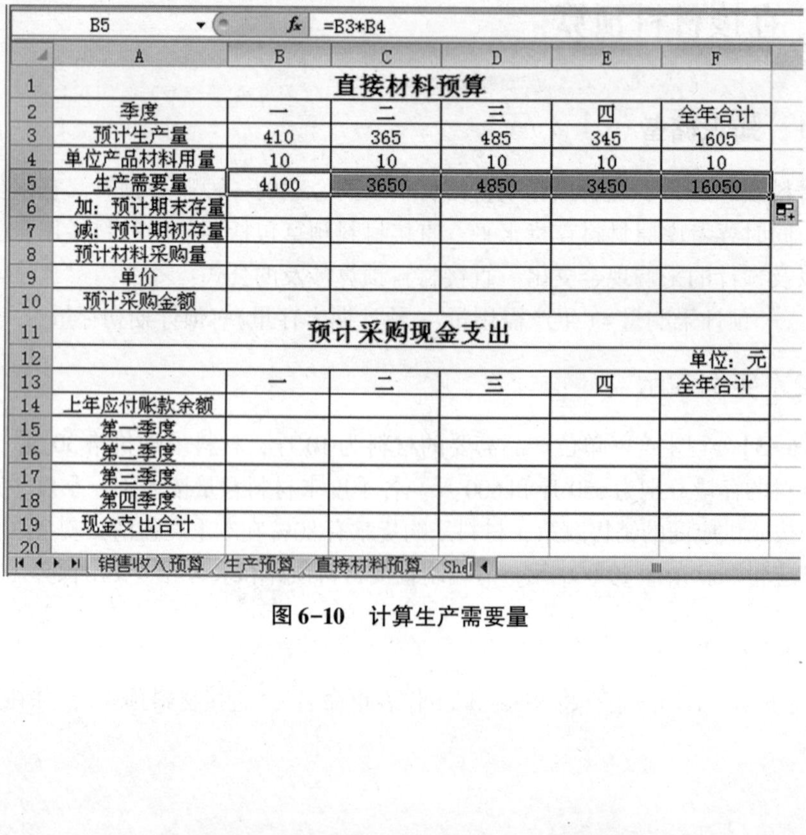

图6-10 计算生产需要量

(3) 计算预计期末存量

在单元格 B6 中输入公式"=C5*20%",拖动填充柄复制公式到单元格 D6。

在单元格 E6 和 F6 中输入"600",可得到各季度末和年末的预计原材料存量。结果如图 6-11 所示。

图 6-11　计算预计期末存量

	A	B	C	D	E	F
1			直接材料预算			
2	季度	一	二	三	四	全年合计
3	预计生产量	410	365	485	345	1605
4	单位产品材料用量	10	10	10	10	10
5	生产需要量	4100	3650	4850	3450	16050
6	加:预计期末存量	730	970	690	600	600
7	减:预计期初存量					
8	预计材料采购量					
9	单价					
10	预计采购金额					
11			预计采购现金支出			
12						单位:元
13		一	二	三	四	全年合计
14	上年应付账款余额					
15	第一季度					
16	第二季度					
17	第三季度					
18	第四季度					
19	现金支出合计					

(4) 计算预计期初存量

在单元格 B7 和 F7 中分别输入"650",在单元格 C7 中输入公式"=B6",拖动填充柄复制公式到单元格 E7,可得到各季度初和年初的预计原材料存量。结果如图 6-12 所示。

图 6-12　计算预计期初存量

	A	B	C	D	E	F
1			直接材料预算			
2	季度	一	二	三	四	全年合计
3	预计生产量	410	365	485	345	1605
4	单位产品材料用量	10	10	10	10	10
5	生产需要量	4100	3650	4850	3450	16050
6	加:预计期末存量	730	970	690	600	600
7	减:预计期初存量	650	730	970	690	650
8	预计材料采购量					
9	单价					
10	预计采购金额					
11			预计采购现金支出			
12						单位:元
13		一	二	三	四	全年合计
14	上年应付账款余额					
15	第一季度					
16	第二季度					
17	第三季度					
18	第四季度					
19	现金支出合计					

(5)计算预计材料采购量

在单元格 B8 中输入公式"=B5+B6−B7",拖动填充柄复制公式到单元格 F8,可得到各季度及全年的预计原材料采购量。结果如图 6-13 所示。

	A	B	C	D	E	F
1	直接材料预算					
2	季度	一	二	三	四	全年合计
3	预计生产量	410	365	485	345	1605
4	单位产品材料用量	10	10	10	10	10
5	生产需要量	4100	3650	4850	3450	16050
6	加:预计期末存量	730	970	690	600	600
7	减:预计期初存量	650	730	970	690	650
8	预计材料采购量	4180	3890	4570	3360	16000
9	单价					
10	预计采购金额					
11	预计采购现金支出					
12						单位:元
13		一	二	三	四	全年合计
14	上年应付账款余额					
15	第一季度					
16	第二季度					
17	第三季度					
18	第四季度					
19	现金支出合计					

图 6-13 计算预计材料采购量

(6)计算预计采购金额

在第 9 行各单元格中输入"30",在单元格 B10 中输入公式"=B8*B9",拖动填充柄复制公式到单元格 F10,可得到各季度及全年的预计材料采购金额。结果如图 6-14 所示。

	A	B	C	D	E	F
1	直接材料预算					
2	季度	一	二	三	四	全年合计
3	预计生产量	410	365	485	345	1605
4	单位产品材料用量	10	10	10	10	10
5	生产需要量	4100	3650	4850	3450	16050
6	加:预计期末存量	730	970	690	600	600
7	减:预计期初存量	650	730	970	690	650
8	预计材料采购量	4180	3890	4570	3360	16000
9	单价	30	30	30	30	30
10	预计采购金额	125,400	116,700	137,100	100,800	480,000
11	预计采购现金支出					
12						单位:元
13		一	二	三	四	全年合计
14	上年应付账款余额					
15	第一季度					
16	第二季度					
17	第三季度					
18	第四季度					
19	现金支出合计					

图 6-14 计算预计采购金额

(7)计算采购现金支出

在单元格 B14 和 F14 中均输入"20 000"。

在单元格 B15 中输入公式"=B10*80%",在单元格 C15 中输入公式"=B10*20%",在单元格 F15 中输入公式"=SUM(B15:E15)",可得到第一季度采购货款的支付情况。

依据上述方法,可分别计算出第二季度到第四季度采购货款的支付情况。结果如图 6-15 所示。

在单元格 B19 中输入公式"=SUM(B14:B18)",拖动填充柄复制公式到单元格 F19,可得到每季度和全年的采购现金支出。结果如图 6-16 所示。

图 6-15 计算采购现金支出(1)

图 6-16 计算采购现金支出(2)

6.4 产品成本预算

6.4.1 知识储备

1. 产品成本预算

产品成本预算是销售预算、生产预算、直接材料预算、直接人工预算和制造费用预算的汇总。产品成本预算主要内容是单位产品成本和产品总成本。单位产品成本来自上述的直接材料预算、直接人工预算和制造费用预算，产品生产量、期末存货量来自生产预算，销售量来自销售预算。

2. 直接人工预算

直接人工预算是一种既反映预算期内人工工时消耗水平，又规划人工成本开支的业务预算。直接人工预算是以生产预算为基础编制的，其主要内容有预计产量、单位产品工时、人工总工时、每小时人工成本和人工总成本。"预计产量"数据来自生产预算，单位产品人工工时和每小时人工成本数据来自标准成本资料，人工总工时和人工总成本是在直接人工预算中计算出来的。直接人工预算的公式：

$$人工总工时 = 预计生产量 \times 单位产品人工工时$$
$$人工总成本 = 人工总工时 \times 每小时人工成本$$

3. 制造费用预算

制造费用预算通常包括变动制造费用预算和固定制造费用预算。

变动制造费用以生产预算为基础来编制。如果有标准成本资料，用单位产品的标准成本乘以生产量即可得到。若没有标准成本资料，则需要逐项预计所需的各项变动制造费用。

固定制造费用通常与本期产量无关，需要逐项预计金额。

6.4.2 实例演示

【案例6-4】 公司明年的直接人工预算、制造费用预算已编制完成，结果如图6-17、图6-18所示。对于人工工资，公司都会在当季用现金直接支付。制造费用预算中除了折旧外都会用现金支付。请按已有资料编制产品成本预算。

	A	B	C	D	E	F
1	直接人工预算					
2	季度	一	二	三	四	全年合计
3	预计生产量（件）	410	365	485	345	1,605
4	单位产品工时（小时/件）	5	5	5	5	5
5	预计人工总工时（小时）	2,050	1,825	2,425	1,725	8,025
6	每小时人工成本（元/小时）	4	4	4	4	4
7	预计人工总成本（元）	8,200	7,300	9,700	6,900	32,100

图6-17 直接人工预算

	A	B	C	D	E	F
1	制造费用预算					
2	季度	一	二	三	四	全年合计
3	变动制造费用					
4	间接人工（3元/件）	1,230	1,095	1,455	1,035	4,815
5	间接材料（2元/件）	820	730	970	690	3,210
6	维修费（1.5元/件）	615	548	728	518	2,408
7	水电费（1元/件）	410	365	485	345	1,605
8	小计	3,075	2,738	3,638	2,588	12,038
9	固定制造费用					
10	管理人员工资	3,000	3,000	3,000	3,000	12,000
11	保险费	150	150	150	150	600
12	租赁费	3,500	3,500	3,500	3,500	14,000
13	办公费	800	800	800	800	3,200
14	折旧	3,000	3,000	3,000	3,000	12,000
15	小计	10,450	10,450	10,450	10,450	41,800
16	制造费用总计	13,525	13,188	14,088	13,038	53,838
17	现金支出的费用	10,525	10,188	11,088	10,038	41,838

图 6-18　制造费用预算

具体操作步骤如下。

(1) 新建工作表

在"财务预算"工作簿中，插入一张新工作表重命名为"产品成本预算"，并在该表中按照案例资料绘制表格，其中生产量、期末存货量和销售数量取自"生产预算"工作表。结果如图 6-19 所示。

	A	B	C	D	E	F	G
1	产品成本预算						
2	成本项目	单位用量（斤、小时）	单价（元）	单位成本	生产成本（1605件）	期末存货（30件）	销售成本（1600件）
3	直接材料						
4	直接人工						
5	变动制造费用						
6	固定制造费用						
7	合计						

图 6-19　新建工作表

(2) 计算直接材料成本

在单元格 B3 中输入公式"=直接材料预算!B4"；在单元格 C3 中输入公式"=直接材料预算!B9"；在单元格 D3 中输入公式"=B3*C3"，可得到单件产品所包含的直接材料成本；在单元格 E3 中输入公式"=D3*1605"，可得全年生产成本中包含的全部直接材料成本。依同种方法可算出单元格 F3 和 G3 的数据。结果如图 6-20 所示。

	G3	▼	fx	=D3*1600		
	A	B	C	D	E	F	G

			产品成本预算			
成本项目	单位用量（斤、小时）	单价（元）	单位成本	生产成本（1605件）	期末存货（30件）	销售成本（1600件）
直接材料	10	30	300	481,500	9,000	480,000
直接人工						
变动制造费用						
固定制造费用						
合计						

图 6-20　计算直接材料成本

(3) 计算直接人工成本

在单元格 B4 中输入公式 "=直接人工预算!B4"；在单元格 C4 中输入公式 "=直接人工预算!B6"。选中 D3：G3 区域，拖动填充柄复制公式到 D4：G4 区域，可得单位产品、生产量、期末存货和销售量中包含的直接人工成本。结果如图 6-21 所示。

	D3	▼	fx	=B3*C3		

成本项目	单位用量（斤、小时）	单价（元）	单位成本	生产成本（1605件）	期末存货（30件）	销售成本（1600件）
直接材料	10	30	300	481,500	9,000	480,000
直接人工	5	4	20	32,100	600	32,000
变动制造费用						
固定制造费用						
合计						

图 6-21　计算直接人工成本

(4) 计算制造费用

在单元格 B5、B6 中输入公式："=B4"，制造费用的小时费用率=全年制造费用合计/全年生产工时；在单元格 C5 中输入公式 "=制造费用预算!F8/直接人工预算!F5"，得到每一小时花费变动制造费用 2 元；在单元格 C6 中输入公式 "=制造费用预算!F15/直接人工预算!F5"，得到每一小时花费固定制造费用 5 元。

选中 D4：G4 区域，拖动填充柄复制公式到 D6：G6 区域，可得单位产品、生产量、期末存货和销售量中包含的变动制造费用金额和固定制造费用金额。结果如图 6-22 所示。

	D4	▼	fx	=B4*C4		

成本项目	单位用量（斤、小时）	单价（元）	单位成本	生产成本（1605件）	期末存货（30件）	销售成本（1600件）
直接材料	10	30	300	481,500	9,000	480,000
直接人工	5	4	20	32,100	600	32,000
变动制造费用	5	2	8	12,038	225	12,000
固定制造费用	5	5	26	41,800	781	41,670
合计						

图 6-22　计算制造费用

(5) 计算产品成本

在单元格 D7 中输入公式 "=SUM(D3:D6)"，拖动填充柄复制公式到单元格 G7，可得到单位成本、全年的生产成本、期末存货成本，以及全年的销售成本。结果如图 6-23 所示。

成本项目	单位用量（斤、小时）	单价（元）	单位成本	生产成本（1605件）	期末存货成本（30件）	销售成本（1600件）
直接材料	10	30	300	481,500	9,000	480,000
直接人工	5	4	20	32,100	600	32,000
变动制造费用	5	2	8	12,038	225	12,000
固定制造费用	5	5	26	41,800	781	41,670
合计			354	567,438	10,606	565,670

图 6-23 计算产品成本

6.5 现金预算

6.5.1 知识储备

现金预算是以日常业务预算和专门决策预算为依据编制的，专门反映预算期内预计现金收入与现金支出，以及为满足理想现金余额而进行筹资或还款等的预算。

现金预算包括可供使用现金、现金支出、现金余缺、现金筹措与运用四个部分。

"可供使用现金"是预算期初现金余额加上预算期销售收入带来的现金收入。"现金收入"数据取自销售预算。

"现金支出"包括预算期内直接材料、直接人工、制造、销售与管理、购买设备的现金支出，数据取自相应的预算。

"现金余缺"是预算期"可供使用现金"减去"现金支出合计"后的差额。差额为正数说明预算期现金有溢余，差额为负数说明预算期现金短缺，需要筹措资金。

"现金筹措与运用"是对预算期现金余缺情况进行规划。现金出现溢余时，可用于还款付息或短期投资；现金出现短缺时，则需要向银行借款。

6.5.2 实例演示

【案例6-5】公司明年的销售及管理费用预算、专门决策预算已编制完成，结果如图6-24、图6-25 所示。公司明年年初现金余额为50 000 元，明年第一季度支付现金股利30 000 元，每季度预交所得税2 000 元。公司最低现金余额60 000 元，最高现金余额为100 000 元，当现金不足时向银行借款，现金多余时用于归还银行借款。假设借款发生在季度的期初，并且借款金额须是10 000 元的整数倍，借款年利率10%。还款发生在季度的期末，还款的同时一并支付所还款项的全部利息。

	A	B	C	D	E	F
1	销售费用和管理费用预算					
2						单位：元
3	季度	一	二	三	四	全年合计
4	销售费用					
5	销售人员工资	3,500	4,000	3,800	3,200	14,500
6	差旅费	600	800	800	600	2,800
7	广告费	1,200	1,000	800	1,000	4,000
8	包装运输费	800	500	600	600	2,500
9	保险费	150	150	150	150	600
10	管理费用					
11	管理人员工资	4,000	3,800	4,200	4,500	16,500
12	福利费	200	200	200	200	800
13	办公费	600	500	400	500	2,000
14	修理费	350	600	700	600	2,250
15	合计	11,400	11,550	11,650	11,350	45,950

图 6-24　销售及管理费用预算

	A	B	C	D	E	F
1	专门决策预算					
2						单位：元
3	季度＼项目	一	二	三	四	全年合计
4	购买设备	—	200,000	—	—	200,000

图 6-25　专门决策预算

具体操作步骤如下。

（1）新建工作表

在"财务预算"工作簿中，插入一张新工作表重命名为"现金预算"，并在该表中按照案例资料绘制表格。结果如图 6-26 所示。

（2）设置工作表公式

在单元格 B5 中输入"50 000"；

在单元格 B6 中输入公式"=销售收入预算!B12"；

在单元格 B7 中输入公式"=B5+B6"，可得到第一季度的可供使用现金；

在单元格 B9 中输入公式"=直接材料预算!B19"；

在单元格 B10 中输入公式"=直接人工预算!B7"；

在单元格 B11 中输入公式"=制造费用预算!B17"；

在单元格 B12 中输入公式"=销售及管理费用预算!B15"；

在单元格 B16 中输入公式"=SUM(B9：B15)"；

在单元格 B17 中输入公式"=B7-B16"；

在单元格 B22 中输入公式"=B17+B19-B20-B21"。

在单元格 C5 中输入公式"=B22"，拖动填充柄复制公式到单元格 E5；

选中 B6：B22 区域，拖动填充柄复制公式到第 E 列。结果如图 6-27 所示。

A1　　f_x　现金预算

现金预算					
					单位：元
季度 项目	一	二	三	四	全年合计
现金收入：					
期初现金余额					
加：现金收入					
可供使用现金					
减：现金支出：					
直接材料					
直接人工					
制造费用					
销售及管理费用					
所得税					
购买设备					
股利					
现金支出合计					
现金余缺					
资金筹措与运营					
向银行借款					
归还银行借款					
借款利息					
期末现金余额					

销售及管理费用预算　专门决策预算　现金预算　Sh

图 6-26　新建工作表

E22　　f_x　=E17+E19-E20-E21

现金预算					
					单位：元
季度 项目	一	二	三	四	全年合计
现金收入：					
期初现金余额	50,000	124,555	196,078	303,620	
加：现金收入	225,000	219,000	273,000	237,000	
可供使用现金	275,000	343,555	469,078	540,620	
减：现金支出：					
直接材料	120,320	118,440	133,020	108,060	
直接人工	8,200	7,300	9,700	6,900	
制造费用	10,525	10,188	11,088	10,038	
销售及管理费用	11,400	11,550	11,650	11,350	
所得税					
购买设备					
股利					
现金支出合计	150,445	147,478	165,458	136,348	
现金余缺	124,555	196,078	303,620	404,273	
资金筹措与运营					
向银行借款					
归还银行借款					
借款利息					
期末现金余额	124,555	196,078	303,620	404,273	

销售及管理费用预算　专门决策预算　现金预算　Sh

图 6-27　设置工作表公式

(3) 计算期末现金余额

在单元格 B13 到 E13 中输入"2000";

在单元格 C14 中输入公式"=专门决策预算!C4";

在单元格 B15 中输入"30000";

依据上述计算,可得第一季度现金余缺为 92 555 元,超过最低现金余额,故第一季度无须向银行借款或还款。

第二季度现金出现不足,需最低向银行借款 100 000 元,在单元格 C19 输入"100000"。

第三季度现金余缺为 167 620,超过最高现金余额,可还清银行借款及全部利息。在单元格 D20 输入"100000",在单元格 D21 输入"5000"。

第四季度现金有富余,但无须偿还借款。

补充全年合计数,即可完成现金预算的编制。最终结果如图 6-28 所示。

项目\季度	一	二	三	四	全年合计
现金收入:					
期初现金余额	50,000	92,555	62,078	62,620	50,000
加: 现金收入	225,000	219,000	273,000	237,000	954,000
可供使用现金	275,000	311,555	335,078	299,620	1,004,000
减: 现金支出:					
直接材料	120,320	118,440	133,020	108,060	479,840
直接人工	8,200	7,300	9,700	6,900	32,100
制造费用	10,525	10,188	11,088	10,038	41,838
销售及管理费用	11,400	11,550	11,650	11,350	45,950
所得税	2,000	2,000	2,000	2,000	8,000
购买设备		200,000			200,000
股利	30,000				30,000
现金支出合计	182,445	349,478	167,458	138,348	837,728
现金余缺	92,555	-37,923	167,620	161,273	166,273
资金筹措与运营					
向银行借款		100,000			100,000
归还银行借款			100,000		100,000
借款利息			5,000		5,000
期末现金余额	92,555	62,078	62,620	161,273	161,273

图 6-28 计算期末现金余额

6.6 财务报表预算

6.6.1 知识储备

财务报表预算包括资产负债表预算、利润表预算、现金流量表预算。财务报表预算编制的数据来源于前述所有已完成的预算。

6.6.2 实例演示

【案例 6-6】依据前述已有预算，编制公司的资产负债表预算、利润表预算和现金流量表预算。具体操作步骤如下。

(1)编制利润表预算

在“财务预算”工作簿中，插入一张新工作表重命名为“利润表预算”，并在该表中按照案例资料绘制表格。

在单元格 B4 中输入公式“=销售收入预算!F5”；

在单元格 B5 中输入公式“=产品成本预算!G7”；

在单元格 B6 中输入公式“=B4-B5”；

在单元格 B7 中输入公式“=销售及管理费用预算!F15”；

在单元格 B8 中输入公式“=现金预算!F21”；

在单元格 B9 中输入公式“=B6-B7-B8”；

在单元格 B10 中输入公式“=现金预算!F13”；

在单元格 B11 中输入公式“=B9-B10”。最终结果如图 6-29 所示。

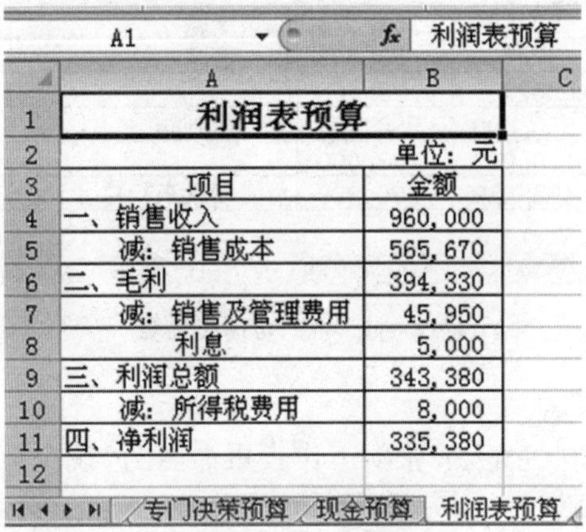

	A	B
1	利润表预算	
2		单位：元
3	项目	金额
4	一、销售收入	960,000
5	减：销售成本	565,670
6	二、毛利	394,330
7	减：销售及管理费用	45,950
8	利息	5,000
9	三、利润总额	343,380
10	减：所得税费用	8,000
11	四、净利润	335,380
12		

图 6-29 利润表预算

(2)编制资产负债表预算

在“财务预算”工作簿中，插入一张新工作表重命名为“资产负债表预算”，并在该表中按照案例资料绘制表格。

①计算资产的期初期末余额。

在单元格 B4 中输入公式“=现金预算!F5”；

在单元格 C4 中输入公式“=现金预算!F22”；

在单元格 B5 中输入公式“=销售收入预算!F7”；

在单元格 C5 中输入公式“=销售收入预算!E5＊30%”；

在单元格 B6 中输入公式“=生产预算!F5＊产品成本预算!D7+直接材料预算!F7＊直接材料预算!F9”；

在单元格 C6 中输入公式“=直接材料预算!F6＊直接材料预算!F9+产品成本预算!F7”；

在单元格 C7 中输入公式“=B7+专门决策预算!F4”；

在单元格 C8 中输入公式"=B8+制造费用预算!F14";

在单元格 B9 中输入公式"=SUM(B4：B7)-B8",并拖动填充柄复制公式到单元格 C9。固定资产和累计折旧期初值已知,来源于上年末资产负债表。

②计算负债和股东权益的期初期末余额。

在单元格 E4 中输入公式"=直接材料预算!F14";

在单元格 F4 中输入公式"=直接材料预算!E10*20%";

在单元格 E9 中输入公式"=SUM(E4：E7)",并拖动填充柄复制公式到单元格 F9。

银行借款期初无余额,本期末亦无余额;股本期初数已知,本期未发生变动;

未分配利润期初数已知,本期末余额计算公式为"=E7+利润表预算!B11-现金预算!F15"。

最终结果如图 6-30 所示。

资产	年初余额	年末余额	负债和股东权益	年初余额	年末余额
货币资金	50,000	161,273	应付账款	20,000	20,160
应收账款	57,000	63,000	银行借款	-	-
存货	28,339	28,606	股本	300,000	300,000
固定资产	350,000	550,000	未分配利润	55,339	360,719
累计折旧	110,000	122,000			
资产合计	375,339	680,879	负债和股东权益合计	375,339	680,879

图 6-30 资产负债表预算

(3)编制现金流量表预算

在"财务预算"工作簿中,插入一张新工作表重命名为"现金流量表预算",并在该表中按照案例资料绘制表格。

在单元格 B4 中输入公式"=现金预算!F6";

在单元格 B5 中输入公式"=现金预算!F16-现金预算!F15-现金预算!F14";

在单元格 B6 中输入公式"=B4-B5";

在单元格 B7 中输入"0";

在单元格 B8 中输入公式"=现金预算!F14";

在单元格 B9 中输入公式"=B7-B8";

在单元格 B10 中输入公式"=现金预算!C19";

在单元格 B11 中输入公式"=现金预算!D20+现金预算!D21+现金预算!F15";

在单元格 B12 中输入公式"=B10-B11";

在单元格 B13 中输入公式"=现金预算!F5";

在单元格 B14 中输入公式"=B13+B6+B9+B12"。

最终结果如图 6-31 所示。

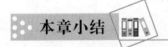

图 6-31　现金流量表预算

本章小结

本章在介绍了全面预算的基本知识以及编制过程的基础上，运用 Excel 详细展示了销售收入预算、生产预算、直接材料预算、产品成本预算、现金预算、财务报表预算等各种预算的编制方法，为财务人员运用 Excel 做好全面预算打下基础。

实践演练

ABC 公司预计明年甲产品各季度的销售量分别为 500 件、300 件、600 件、500 件，每件售价 160 元。每季度销售收入中 60% 的货款能在当季度收回，剩余 40% 的货款在下一季度收回。本年末应收账款余额为 17 万元，本年末应付账款余额 20 万元。公司明年年初存货余额 100 件，各季度末存货按下一季度销售量的 15% 储备，预计明年年末存货需储备 150 件。

公司生产一单位甲产品需要的原材料为 6 斤，原材料采购价格为 50 元/斤。明年年初和年末原材料的存量分别为 700 斤和 600 斤。各季度末原材料存量按照下一季度生产需要量的 20% 留存。按照供应商的销售政策，原材料采购货款有 80% 在本季度付清，剩余 20% 在下季度付清。

公司单位产品工时为 6 小时/件，每小时人工成本 3 元。制造费用每季度 30 000 元，其中 20 000 元为折旧。公司明年的销售及管理费用每季度合计 13 000 元，均为现金支付。每季度预交所得税 1 500 元。

公司明年年初现金余额为 150 000 元，明年第一季度支付现金股利 10 000 元。公司最低现金余额 20 000 元，最高现金余额为 200 000 元，当现金不足时向银行借款，现金多余时用于归还银行借款。假设借款发生在季度的期初，并且借款金额须是 10 000 元的整数倍，借款年利率 10%。还款发生在季度的期末，还款的同时一并支付所还款项的全部利息。

要求：请按上述资料编制销售收入预算和现金收入预算、生产预算、直接材料预算和采购现金支出预算、直接人工预算、产品成本预算、现金预算、利润表预算。

第7章 投资分析与决策

🔔 学习目的

掌握 Excel 中各种投资决策指标函数和固定资产折旧相关函数的运用,能熟练使用各项财务函数对投资项目进行计算和分析,进而进行科学的投资决策。

7.1 投资决策指标的运用

7.1.1 知识储备

投资决策,是对各个可行方案进行分析和评价,并从中选择最优方案的过程。投资项目决策的分析评价,需要采用一些专门的经济评价指标和方法。常用的经济评价指标,按是否考虑货币时间价值,分为两大类:一是静态评价指标,主要包括投资回收期、会计收益率等;另一类是动态评价指标,主要包括净现值、现值指数和内含报酬率等。

1. 投资回收期

投资回收期是指投资项目的未来现金净流量与原始投资额相等时所经历的时间,原始投资额通过未来现金流量回收所需要的时间。用回收期评价方案时,回收期越短越好。

(1) 当每年现金净流量相等时,有

$$投资回收期 = \frac{原始投资额}{年现金净流量}$$

(2) 当每年现金净流量不相等时,有

$$投资回收期 = (收回全部投资的整年数 - 1) + \frac{年初未收回的成本}{相应年度的现金流量}$$

2. 会计收益率

会计收益率是项目寿命周期内的年平均利润与原始投资额之比。会计收益率越高,项目

越好。其计算公式为

$$会计收益率 = \frac{年平均利润}{原始投资额}$$

3. 净现值

净现值(Net Present Value，NPV)指标是指某一方案未来现金流入的现值与未来现金流出现值之间的差额。计算公式为

$$净现值 = 未来现金净流量现值 - 原始投资额现值$$

计算净现值时，要按预定的贴现率对投资项目的未来现金流量和原始投资额进行贴现。预定贴现率是投资者所期望的最低投资报酬率。所以，当净现值≥0时，表明方案的实际报酬率≥投资者所要求的最低投资报酬率，投资方案可行。其他条件相同时，净现值越大，方案越好。

在 Excel 中使用 NPV 函数来计算该指标。

NPV 函数：通过使用贴现率以及一系列未来支出(负值)和收入(正值)，返回一项投资的净现值。

语法：NPV(rate, value1, [value2], …)。

• rate：必须填写，表示某一期间的贴现率。

• value：代表支出及收入的参数，函数中最少需要有 1 个 value 参数，最多不超过 254 个参数。value1，value2，…在时间上必须具有相等间隔，并且都发生在期末。

4. 现值指数

现值指数(Present Value Index，缩写为 PI 或 PVI，本书中采用 PI)是指投资方案中未来现金流入的现值与现金流出的现值之比。计算公式为

$$PI = \frac{现金流入量的现值}{现金流出量的现值}$$

从计算公式可见，当 PI≥1 时，表明方案实施后的投资报酬率≥投资者预期报酬率，方案可行。现值指数越大，方案越好。

现值指数法是净现值法的辅助方法，由于现值指数是一个相对数指标，反映了投资效率，因此可用于比较独立投资方案的优劣。

5. 内含报酬率

内含报酬率(Internal Rate of Return，IRR)是指一个投资项目在寿命周期内按现值计算的实际报酬率。用投资项目的内含报酬率对项目资金流进行贴现，会使 NPV 为 0。在 Excel 中使用 IRR 函数来计算该指标。

IRR 函数：返回由数值代表的一组现金流的内部收益率。

语法：IRR(values, [guess])。

• values：数组或单元格的引用，这些单元格包含用来计算内部收益率的数字。values 必须包含至少一个正值和一个负值，以计算返回的内部收益率。

• guess：对函数 IRR 计算结果的估计值。在大多数情况下，并不需要为函数 IRR 的计算提供 guess 值。如果省略 guess，假设它为 0.1 (10%)。如果函数 IRR 返回错误值 #NUM!，或结果没有靠近期望值，可用另一个 guess 值再试一次。

6. 其他投资计算函数

(1) 终值函数

终值函数：基于固定利率及等额分期付款方式，返回某项投资的未来值。

语法：FV(rate, nper, pmt, [pv], [type])。

- rate：必需参数，表示各期利率。
- nper：必需参数，表示年金的付款总期数。
- pmt：必需参数，表示各期所应支付的金额，其数值在整个年金期间保持不变。通常 pmt 包括本金和利息，但不包括其他费用或税款。如果省略 pmt，则必须包括 pv 参数。
- pv：可选参数，表示现值，或一系列未来付款的当前值的累积和。如果省略 pv，则假设其值为 0(零)，并且必须包括 pmt 参数。
- type：可选参数，表示数字 0 或 1，用以指定各期的付款时间是在期初还是期末。如果省略 type，则假设其值为 0。

(2) 现值函数

现值函数：返回投资的现值。现值为一系列未来付款的当前值的累积和。

语法：PV(rate, nper, pmt, [fv], [type])。

- fv：未来值，或在最后一次支付后希望得到的现金余额，如果省略 fv，则假设其值为 0。如果省略 fv，则必须包含 pmt 参数。
- 其他参数含义同终值函数。

7.1.2 实例演示

【案例7-1】XWL 公司有 A、B 两个投资方案，A 方案：期初投资 2 万元，估计往后三年的现金流分别为 1.18 万元、1.3 万元、1.24 万元，估计三年的净收益分别为 0.18 万元、0.32 万元、0.2 万元；B 方案：期初投资 1.2 万元，估计往后三年的现金流均为 0.46 万元，三年的净收益均为 0.06 万元。要求用静态评价指标比较两方案，从中选出最佳投资方案。具体操作步骤如下。

(1) 创建工作簿

建立一个新的工作簿，并命名为"投资方案评价"，将"Sheet1"工作表重命名为"投资方案静态指标评价"，并在该表中按照案例资料绘制表格并输入数据。结果如图 7-1 所示。

	A	B	C	D	E
1		投资方案静态指标评价			
2	期间	A方案		B方案	
3		现金流	净收益	现金流	净收益
4	0	-20,000.00		-12,000.00	
5	1	11,800.00	1,800.00	4,600.00	600.00
6	2	13,000.00	3,200.00	4,600.00	600.00
7	3	12,400.00	2,000.00	4,600.00	600.00
8	回收期				
9	会计收益率				

图 7-1　创建工作簿

(2)计算两方案的投资回收期

A方案每年的现金流都不相等，属于计算投资回收期的第二种情况，可采用IF函数来计算。在单元格B8中输入公式"=IF(B4+B5>0,-B4/B5,IF(B4+B5+B6>0,1+(-B4-B5)/B6,IF(B4+B5+B6+B7>0,2+(-B4-B5-B6)/B7)))"，拖动填充柄可自动复制公式到单元格D8，得到B方案的回收期。当然，B方案每年现金流量均相等，也可直接用公式：初始投资额/每年现金流量=12 000/4 600=2.61来求得，如图7-2所示。

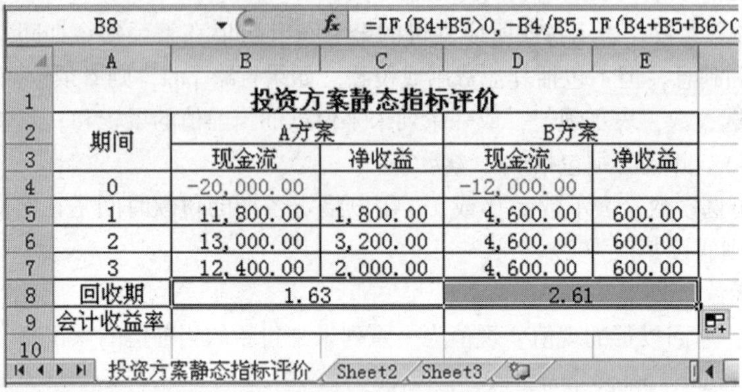

图7-2 计算回收期

(3)计算两方案的会计收益率

计算会计收益率，应用净收益数据来求得。在单元格B9输入公式"=AVERAGE(C5:C7)/-B4"，求出结果后，拖动填充柄复制公式到单元格D9，得到B方案的会计收益率，如图7-3所示。

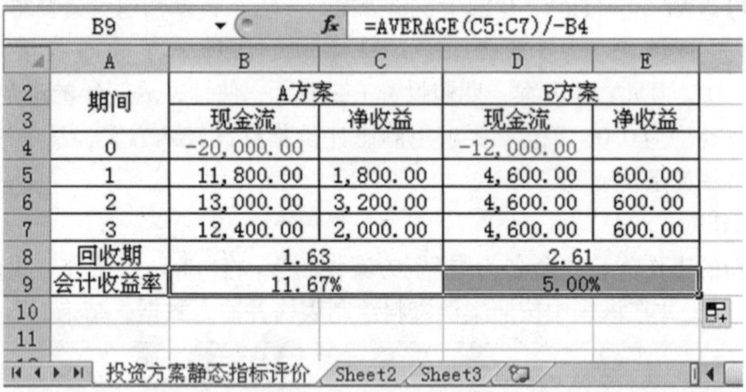

图7-3 计算会计收益率

(4)选取最佳投资方案

通过比较两方案的静态指标，可知A方案不仅投资回收期短，而且会计收益率也远高于方案B，因此最佳投资方案为A方案。

【案例7-2】XWL公司有两项投资方案，甲方案：初始投资额30万元，未来5年年末现金净流量分别为10万元、25万元、26万元、23万元、20万元；乙方案：初始投资额25万元，未来5年年末现金净流量分别为8万元、12万元、15万元、20万元、25万元。资金成本率为10%，要求用动态评价指标比较两方案，并选择其中的最佳方案。具体操作步骤如下。

(1)新建工作表

在已有“投资方案评价”工作簿中插入一张新工作表，命名为“投资方案动态指标评价”。在新表中按照案例资料绘制表格并输入数据。结果如图 7-4 所示。

(2)计算两方案的净现值

在单元格 B10 中输入公式“=NPV($D $3, B5: B9) +B4”，得到甲方案的净现值。拖动填充柄复制公式到单元格 C10，可得到乙方案的净现值，如图 7-5 所示。

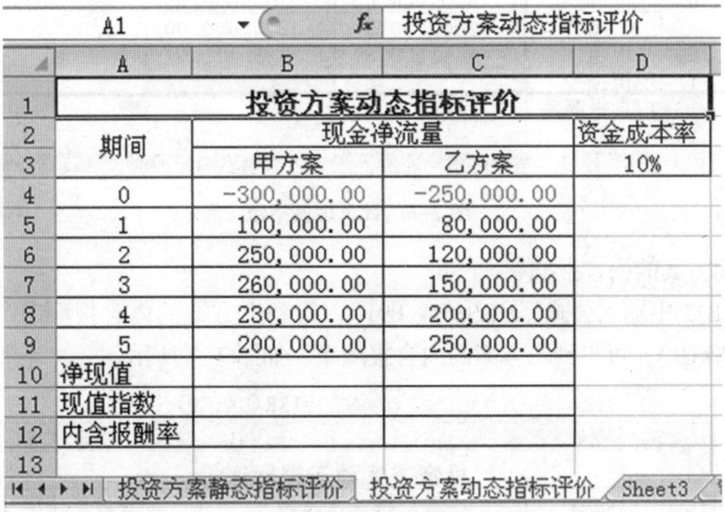

A1　投资方案动态指标评价

	A	B	C	D
1	投资方案动态指标评价			
2	期间	现金净流量		资金成本率
3		甲方案	乙方案	10%
4	0	-300,000.00	-250,000.00	
5	1	100,000.00	80,000.00	
6	2	250,000.00	120,000.00	
7	3	260,000.00	150,000.00	
8	4	230,000.00	200,000.00	
9	5	200,000.00	250,000.00	
10	净现值			
11	现值指数			
12	内含报酬率			
13				

投资方案静态指标评价　投资方案动态指标评价　Sheet3

图 7-4　新建工作表

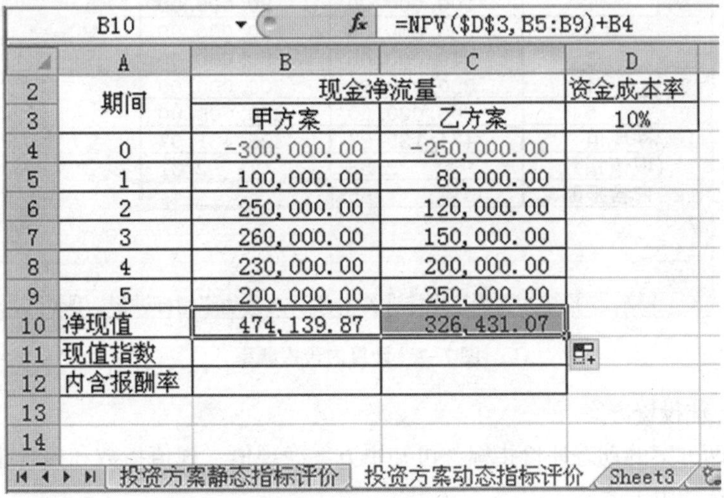

B10　=NPV($D$3,B5:B9)+B4

	A	B	C	D
2	期间	现金净流量		资金成本率
3		甲方案	乙方案	10%
4	0	-300,000.00	-250,000.00	
5	1	100,000.00	80,000.00	
6	2	250,000.00	120,000.00	
7	3	260,000.00	150,000.00	
8	4	230,000.00	200,000.00	
9	5	200,000.00	250,000.00	
10	净现值	474,139.87	326,431.07	
11	现值指数			
12	内含报酬率			
13				
14				

投资方案静态指标评价　投资方案动态指标评价　Sheet3

图 7-5　计算净现值

(3)计算两方案的现值指数

在单元格 B11 中输入公式“=NPV($D $3, B5: B9)/(-B4)”，得到甲方案的现值指数。拖动填充柄复制公式到单元格 C11，可得到乙方案的现值指数，如图 7-6 所示。

B11　=NPV($D$3,B5:B9)/(-B4)

	A	B	C	D
2	期间	现金净流量		资金成本率
3		甲方案	乙方案	10%
4	0	-300,000.00	-250,000.00	
5	1	100,000.00	80,000.00	
6	2	250,000.00	120,000.00	
7	3	260,000.00	150,000.00	
8	4	230,000.00	200,000.00	
9	5	200,000.00	250,000.00	
10	净现值	474,139.87	326,431.07	
11	现值指数	2.58	2.31	
12	内含报酬率			
13				

投资方案静态指标评价　投资方案动态指标评价　Sheet3

图 7-6　计算现值指数

(4)计算两方案的内含报酬率

在单元格 B12 中输入公式“=IRR(B4:B9)”，得到甲方案的内含报酬率。拖动填充柄复制公式到单元格 C12，可得到乙方案的内含报酬率，如图 7-7 所示。

C12　=IRR(C4:C9)

	A	B	C	D
1	投资方案动态指标评价			
2	期间	现金净流量		资金成本率
3		甲方案	乙方案	10%
4	0	-300,000.00	-250,000.00	
5	1	100,000.00	80,000.00	
6	2	250,000.00	120,000.00	
7	3	260,000.00	150,000.00	
8	4	230,000.00	200,000.00	
9	5	200,000.00	250,000.00	
10	净现值	474,139.87	326,431.07	
11	现值指数	2.58	2.31	
12	内含报酬率	55%	44%	
13				
14				
15				

投资方案静态指标评价　投资方案动态指标评价

图 7-7　计算内含报酬率

(5)选取最佳投资方案

通过比较两方案的动态评价指标，可知甲方案净现值、现值指数和内含报酬率均高于乙方案，因此应选择甲方案。

7.2　固定资产折旧分析

7.2.1　知识储备

固定资产在生产和经营过程中，会发生有形和无形的损耗。我们在会计中通过定期计提折旧金额来反映这一损耗，同时也便于计算固定资产当前账面价值。由于企业所得税的存在，固定资产的折旧计提会影响企业当期的现金流量，因此在固定资产投资决策中，有必要考虑固定资产折旧因素的影响。

计提固定资产折旧的方法包括：直线折旧法、双倍余额递减法、年数总和法等。

1. 直线折旧法

直线折旧法是将固定资产原始价值减去预计净残值后的金额，在预计尚可使用年限内平均分摊的一种折旧计提方法。在 Excel 中我们使用 SLN 函数来计算。

SLN 函数：返回某项资产在一个期间中的线性折旧值。

语法：SLN(cost，salvage，life)。

- cost：资产原值。
- salvage：资产在折旧期末的价值(有时也称为资产残值)。
- life：资产的折旧期数(有时也称作资产的使用寿命)。

2. 双倍余额递减法

双倍余额递减法是一种加速折旧法，它以双倍的直线折旧率乘以一个逐渐递减的固定资产账面值，来得到每期的折旧额。值得注意的是，在折旧期的最后两年，需改为直线折旧法来计算，即将固定资产净值减去预计净残值后的余额进行平摊。在 Excel 中我们使用 DDB 函数来计算。

DDB 函数：使用双倍余额递减法或其他指定方法，计算一项资产在给定期间内的折旧值。

语法：DDB(cost，salvage，life，period，[factor])。

- cost：资产原值。
- salvage：资产在折旧期末的价值(有时也称为资产残值)。
- life：资产的折旧期数(有时也称作资产的使用寿命)。
- period：需要计算折旧值的期间。period 必须使用与 life 相同的单位。
- factor：余额递减速率。如果 factor 被省略，则假设为 2(双倍余额递减法)。

3. 年数总和法

年数总和法也是一种加速折旧法，它将固定资产原始价值减去预计净残值后的余额，乘以一个逐年递减的折旧率，来计算每期的折旧额。在 Excel 中我们使用 SYD 函数来计算。

SYD 函数：返回某项资产按年数总和折旧法计算的指定期间的折旧值。

语法：SYD(cost，salvage，life，period)。

参数含义同 DDB 函数。

7.2.2 实例演示

【案例 7-3】XWL 公司有一台设备，原值 12 万元，预计净残值 2 万元，预计使用年限 5 年。请分别采用直线折旧法、双倍余额递减法、年数总和法对该设备计提折旧。具体操作步骤如下。

(1) 新建工作表

建立一个新的工作簿，在其中新建一个工作表，并重命名为"固定资产折旧分析"，按照案例资料绘制表格并输入数据。结果如图 7-8 所示。

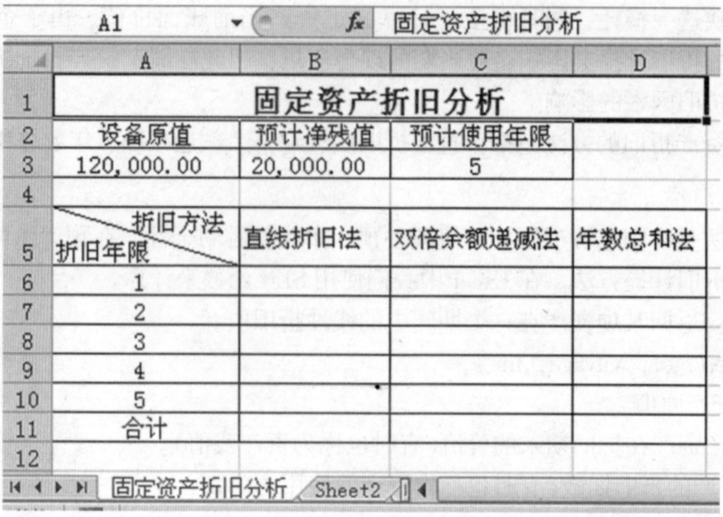

图 7-8 新建工作表

(2) 计算折旧额

在单元格 B6 中输入公式"=SLN($A$3,$B$3,$C$3)",拖动填充柄复制公式至单元格 B10,可得到设备在 5 年内各年的折旧额,如图 7-9 所示。

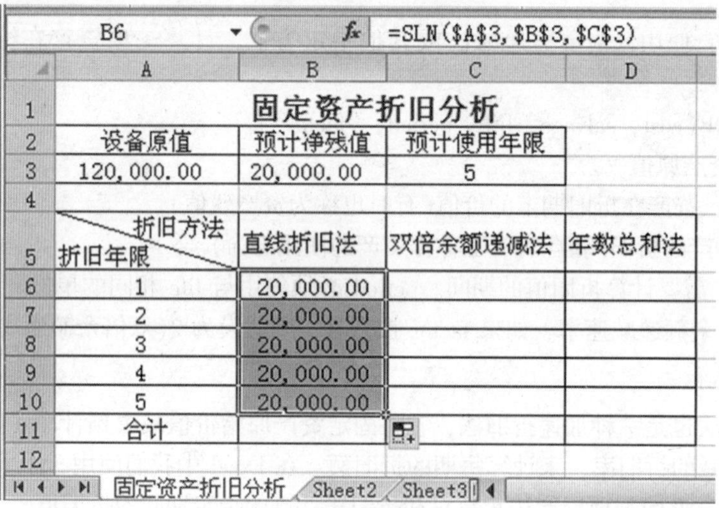

图 7-9 计算折旧额 1

在单元格 C6 中输入公式"=DDB($A$3,$B$3,$C$3,A6)",拖动填充柄复制公式至单元格 C8,可得到设备前 3 年每年的折旧额,如图 7-10 所示。

在单元格 C9 中输入公式"=($A$3-$B$3-SUM($C$6:$C$8))/2",拖动填充柄复制公式至单元格 C10,可得到设备后 2 年每年的折旧额,如图 7-11 所示。

在单元格 D6 中输入公式"=SYD($A$3,$B$3,$C$3,A6)",拖动填充柄复制公式至单元格 D10,可得到设备在 5 年内各年的折旧额,如图 7-12 所示。

(3) 计算合计折旧值

在单元格 B11 中输入公式"=SUM(B6:B10)",拖动填充柄复制公式至单元格 D11,可得到三种折旧方法下 5 年的折旧额合计,如图 7-13 所示。

图 7-10 计算折旧额 2

图 7-11 计算折旧额 3

图 7-12 计算折旧额 4

	A	B	C	D
1	固定资产折旧分析			
2	设备原值	预计净残值	预计使用年限	
3	120,000.00	20,000.00	5	
4				
5	折旧方法＼折旧年限	直线折旧法	双倍余额递减法	年数总和法
6	1	20,000.00	48,000.00	33,333.33
7	2	20,000.00	28,800.00	26,666.67
8	3	20,000.00	17,280.00	20,000.00
9	4	20,000.00	2,960.00	13,333.33
10	5	20,000.00	2,960.00	6,666.67
11	合计	100,000.00	100,000.00	100,000.00

图7-13　计算合计折旧额

由此可知，无论采用何种折旧方法，固定资产计提的折旧总额都是一样的，等于固定资产原值减去预计净残值的余额。此外，我们还可以通过绘制折线图的方式，更加直观、清晰地显示三种折旧方法下计提折旧额的差异。具体操作方法如下。

①选中数据区域B6：D10，在"插入"菜单栏的"图表"区域，选择折线图中的"带数据标记的折线图"类型。

②在"设计"菜单栏的快速布局中，选择"布局1"样式。

③在"图表标题"文本框中输入"固定资产折旧方法比较图"，在"坐标轴标题"文本框中输入"年折旧额(元)"。

④光标移至坐标轴标题，右击，选择"设置坐标轴标题格式"命令，在"对齐方式"中，将文字方向设为"竖排"，最后单击"关闭"按钮。结果如图7-14所示。

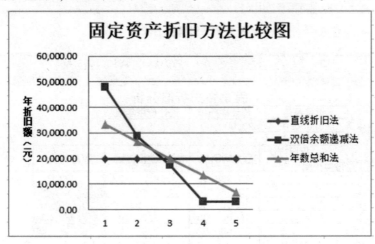

图7-14　固定资产折旧方法比较图

7.3 固定资产更新决策

7.3.1 知识储备

固定资产更新决策是企业投资决策的重要组成部分,其决策性质属于互斥投资方案决策,因此该决策所采用的决策方法是净现值法和年金净流量法,一般不采用内含报酬率法。

固定资产更新决策的决策内容包括是否更新,以及选择什么样的资产进行更新两个方面。在决策时,会遇到新固定资产与旧固定资产的剩余使用寿命相等和不相等两种情况。

①剩余使用寿命相等时,可比较两方案的净现值,从而决定是否更新。

②剩余使用寿命不相等时,用净现值指标可能无法得出正确的结果,应采用年金净流量法进行决策,即将项目期间内现金净流量的总现值除以年金现值系数,即可得到项目的年金净流量。选择年金净流量较大的方案。

投资项目从整个经济寿命周期来看,大致可分为三个时点阶段:投资期、营业期、终结期。

(1) 投资期

投资期的现金流量主要是现金流出量,即在该投资项目上的原始投资,包括在长期资产上的投资和营运资金的垫支。长期资产投资包括在固定资产、无形资产、递延资产等长期资产上的购入、建造、运输、安装、试运行等方面所需的现金支出。营运资金垫支是指投资项目形成了生产能力,需要在流动资产上追加的投资。

(2) 营业期

营业期是投资项目的主要阶段,该阶段既有现金流入量,也有现金流出量。现金流入量主要是营运各年的营运收入,现金流出量主要是营运各年的付现营运成本。营业阶段各年营业现金净流量的计算公式为

$$税前利润 = 销售收入 - 付现成本 - 折旧$$

$$所得税 = 税前利润 \times 所得税税率$$

$$税后利润 = 税前利润 - 所得税$$

$$营业现金净流量 = 税后利润 + 折旧$$

$$= 销售收入 - 付现成本 - 所得税$$

$$= 销售收入 \times (1 - 所得税税率) - 付现成本 \times (1 - 所得税税率) + 非付现成本 \times 所得税税率$$

(3) 终结期

终结期的现金流量主要是终结期回收的固定资产变价净收入和垫支营运资金的收回。固定资产变价净收入是指投资项目在终结期,原有固定资产将退出生产经营,企业将固定资产出售或报废时的出售价款或残值收入扣除清理费用后的净额。垫支营运资金的收回是

指随着投资项目的经济寿命结束，企业在项目开始时垫支的营运资金在项目结束时得到的回收。终结期现金净流量的计算公式为

$$终结期现金净流量=营业现金净流量+终结期回收成本$$

7.3.2 实例演示

【案例7-4】公司有一个设备更新方案，新旧设备资料如表7-1所示。请分析公司是否需要更新固定资产。公司资金成本率为10%，企业所得税率为25%。

表7-1 新旧设备资料

项目	旧设备	新设备
设备原值	150 000	120 000
预计使用年限	8	5
已使用年限	3	0
年销售收入	160 000	200 000
年付现成本	100 000	130 000
残值	0	20 000
折旧方法	直线法	年数总和法
变现价值	93 750	120 000

具体操作步骤如下。

（1）创建工作簿

创建一个新的工作簿，并命名为"固定资产更新决策"，将"Sheet1"工作表重命名为"使用寿命相等决策"，按照案例资料绘制新设备净现值计算表格并输入已知数据。结果如图7-15所示。

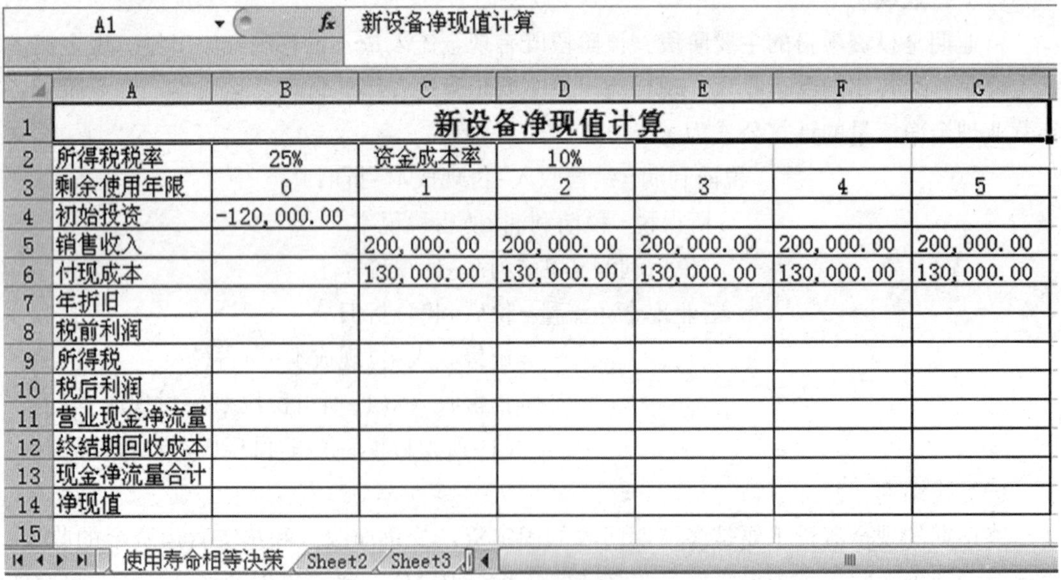

图7-15 创建工作簿

(2) 计算折旧额

在单元格 C7 中输入公式"=SYD(120000, 20000, 5, C3)",拖动填充柄复制公式至单元格 G7,可得到设备在剩余 5 年内各年的折旧额,如图 7-16 所示。

	A	B	C	D	E	F	G
1			新设备净现值计算				
2	所得税税率	25%	资金成本率	10%			
3	剩余使用年限	0	1	2	3	4	5
4	初始投资	-120,000.00					
5	销售收入		200,000.00	200,000.00	200,000.00	200,000.00	200,000.00
6	付现成本		130,000.00	130,000.00	130,000.00	130,000.00	130,000.00
7	年折旧		33,333.33	26,666.67	20,000.00	13,333.33	6,666.67
8	税前利润						
9	所得税						
10	税后利润						
11	营业现金净流量						
12	终结期回收成本						
13	现金净流量合计						
14	净现值						

图 7-16 计算折旧额

(3) 计算税前利润

在单元格 C8 中输入公式"=C5-C6-C7",拖动填充柄复制公式至单元格 G8,可得到各年的税前利润,如图 7-17 所示。

	A	B	C	D	E	F	G
1			新设备净现值计算				
2	所得税税率	25%	资金成本率	10%			
3	剩余使用年限	0	1	2	3	4	5
4	初始投资	-120,000.00					
5	销售收入		200,000.00	200,000.00	200,000.00	200,000.00	200,000.00
6	付现成本		130,000.00	130,000.00	130,000.00	130,000.00	130,000.00
7	年折旧		33,333.33	26,666.67	20,000.00	13,333.33	6,666.67
8	税前利润		36,666.67	43,333.33	50,000.00	56,666.67	63,333.33
9	所得税						
10	税后利润						
11	营业现金净流量						
12	终结期回收成本						
13	现金净流量合计						
14	净现值						

图 7-17 计算税前利润

(4) 计算所得税

在单元格 C9 中输入公式"=C8*$B$2",拖动填充柄复制公式至单元格 G9,可得到各年的所得税,如图 7-18 所示。

	C9		fx	=C8*$B$2			
	A	B	C	D	E	F	G
1			新设备净现值计算				
2	所得税税率	25%	资金成本率	10%			
3	剩余使用年限	0	1	2	3	4	5
4	初始投资	-120,000.00					
5	销售收入		200,000.00	200,000.00	200,000.00	200,000.00	200,000.00
6	付现成本		130,000.00	130,000.00	130,000.00	130,000.00	130,000.00
7	年折旧		33,333.33	26,666.67	20,000.00	13,333.33	6,666.67
8	税前利润		36,666.67	43,333.33	50,000.00	56,666.67	63,333.33
9	所得税		9,166.67	10,833.33	12,500.00	14,166.67	15,833.33
10	税后利润						
11	营业现金净流量						
12	终结期回收成本						
13	现金净流量合计						
14	净现值						

图 7-18 计算所得税

(5) 计算税后利润

在单元格 C10 中输入公式"=C8-C9",拖动填充柄复制公式至单元格 G10,可得到各年的税后利润,如图 7-19 所示。

	C10		fx	=C8-C9			
	A	B	C	D	E	F	G
1			新设备净现值计算				
2	所得税税率	25%	资金成本率	10%			
3	剩余使用年限	0	1	2	3	4	5
4	初始投资	-120,000.00					
5	销售收入		200,000.00	200,000.00	200,000.00	200,000.00	200,000.00
6	付现成本		130,000.00	130,000.00	130,000.00	130,000.00	130,000.00
7	年折旧		33,333.33	26,666.67	20,000.00	13,333.33	6,666.67
8	税前利润		36,666.67	43,333.33	50,000.00	56,666.67	63,333.33
9	所得税		9,166.67	10,833.33	12,500.00	14,166.67	15,833.33
10	税后利润		27,500.00	32,500.00	37,500.00	42,500.00	47,500.00
11	营业现金净流量						
12	终结期回收成本						
13	现金净流量合计						
14	净现值						

图 7-19 计算税后利润

(6) 现金净流量合计

在单元格 C11 中输入公式"=C10+C7",拖动填充柄复制公式至单元格 G11,可得到各年的营业现金净流量;在单元格 G12 中输入新设备在终结期的回收成本"20000";在单元格 B13 中输入公式"=B4",在单元格 C13 中输入公式"=C11+C12",拖动填充柄复制公式至单元格 G13,可得到各年的现金净流量合计,如图 7-20 所示。

```
     C13        ▼  ( fx  =C11+C12
```

	A	B	C	D	E	F	G
1			新设备净现值计算				
2	所得税税率	25%	资金成本率	10%			
3	剩余使用年限	0	1	2	3	4	5
4	初始投资	-120,000.00					
5	销售收入		200,000.00	200,000.00	200,000.00	200,000.00	200,000.00
6	付现成本		130,000.00	130,000.00	130,000.00	130,000.00	130,000.00
7	年折旧		33,333.33	26,666.67	20,000.00	13,333.33	6,666.67
8	税前利润		36,666.67	43,333.33	50,000.00	56,666.67	63,333.33
9	所得税		9,166.67	10,833.33	12,500.00	14,166.67	15,833.33
10	税后利润		27,500.00	32,500.00	37,500.00	42,500.00	47,500.00
11	营业现金净流量		60,833.33	59,166.67	57,500.00	55,833.33	54,166.67
12	终结期回收成本						20,000.00
13	现金净流量合计	-120,000.00	60,833.33	59,166.67	57,500.00	55,833.33	74,166.67
14	净现值						
15							

图 7-20 计算现金净流量合计

(7) 计算净现值

在单元格 B14 中输入公式"= NPV($D$2, C13: G13) +B13",可得到新设备在当前的净现值,如图 7-21 所示。

```
     B14        ▼  ( fx  =NPV($D$2,C13:G13)+B13
```

	A	B	C	D	E	F	G
1			新设备净现值计算				
2	所得税税率	25%	资金成本率	10%			
3	剩余使用年限	0	1	2	3	4	5
4	初始投资	-120,000.00					
5	销售收入		200,000.00	200,000.00	200,000.00	200,000.00	200,000.00
6	付现成本		130,000.00	130,000.00	130,000.00	130,000.00	130,000.00
7	年折旧		33,333.33	26,666.67	20,000.00	13,333.33	6,666.67
8	税前利润		36,666.67	43,333.33	50,000.00	56,666.67	63,333.33
9	所得税		9,166.67	10,833.33	12,500.00	14,166.67	15,833.33
10	税后利润		27,500.00	32,500.00	37,500.00	42,500.00	47,500.00
11	营业现金净流量		60,833.33	59,166.67	57,500.00	55,833.33	54,166.67
12	终结期回收成本						20,000.00
13	现金净流量合计	-120,000.00	60,833.33	59,166.67	57,500.00	55,833.33	74,166.67
14	净现值	111,588.29					
15							

图 7-21 计算净现值

(8) 计算旧设备净现值

按上述 7 个步骤,可创建旧设备净现值的计算表格,并得出旧设备的净现值。结果如图 7-22 所示。

图 7-22 旧设备净现值

(9) 方案决策

依据计算结果，可知新设备净现值高于旧设备净现值，因此应更新设备。

【案例 7-5】沿用案例 7-4 的资料，假定新设备预计使用寿命为 8 年，其他条件不变。请分析此时公司是否需要更新固定资产。

具体操作步骤如下。

(1) 新建工作表

在已有"固定资产更新决策"工作簿中，将"Sheet2"工作表重命名为"使用寿命不相等决策"，按照案例资料绘制年金净流量计算表格。结果如图 7-23 所示。

图 7-23 新建工作表

(2)计算净现值

旧设备各年现金净流量及净现值可直接取用图 7-22 中第 13 行和第 14 行数据。

新设备各年现金净流量及净现值，可参照案例 7-4 的步骤计算。然后将计算结果复制到"使用寿命不相等决策"工作表中。结果如图 7-24 所示。

	C13	f_x	=NPV(B2,C5:C12)+C4
	A	B	C
1	新旧设备年金净流量计算		
2	资金成本率	10%	
3		旧设备现金净流量	新设备现金净流量
4	0	-93,750.00	-120,000.00
5	1	49,687.50	58,055.56
6	2	49,687.50	57,361.11
7	3	49,687.50	56,666.67
8	4	49,687.50	55,972.22
9	5	49,687.50	55,277.78
10	6		54,583.33
11	7		53,888.89
12	8		73,194.44
13	净现值	94,604.72	187,921.23
14	年金现值系数		
15	年金净流量		
16			

图 7-24 计算净现值

(3)计算年金现值系数

在单元格 B14 中输入公式"=PV(B2,5,-1)"，可得到年利率为 10%，期限为 5 年的年金现值系数。

在单元格 C14 中输入公式"=PV(B2,8,-1)"，可得到年利率为 10%，期限为 8 年的年金现值系数。结果如图 7-25 所示。

	C14	f_x	=PV(B2,8,-1)
	A	B	C
1	新旧设备年金净流量计算		
2	资金成本率	10%	
3		旧设备现金净流量	新设备现金净流量
4	0	-93,750.00	-120,000.00
5	1	49,687.50	58,055.56
6	2	49,687.50	57,361.11
7	3	49,687.50	56,666.67
8	4	49,687.50	55,972.22
9	5	49,687.50	55,277.78
10	6		54,583.33
11	7		53,888.89
12	8		73,194.44
13	净现值	94,604.72	187,921.23
14	年金现值系数	3.7908	5.3349
15	年金净流量		
16			

图 7-25 计算年金现值系数

(4)计算年金净流量

在单元格 B15 中输入公式"=B13/B14"，拖动填充柄复制公式至单元格 C15，可得到新旧设备各自的年金净流量。如图7-26所示。

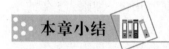

图7-26 计算年金净流量

（5）方案决策

依据计算结果，可知新设备的年金净流量高于旧设备的年金净流量，因此应更新设备。

本章小结

本章介绍了项目投资静态和动态评价指标，以及固定资产折旧方法等基础知识，并在Excel上分步骤详细展示了如何运用函数来计算各类投资评价指标及固定资产折旧额，然后在此基础之上进行固定资产是否更新的决策。

实践演练

【实践一】ABC公司现有甲、乙两个投资方案，投资项目经营期资金流如表7-2所示。公司资金成本率为10%。

表7-2 甲乙项目资金流

年限	甲项目	乙项目
0	-100 000	-150 000
1	70 000	40 000
2	70 000	65 000
3	70 000	100 000
4	70 000	125 000
5	70 000	100 000

要求：

（1）请分别计算两项目的投资回收期；

（2）请分别计算两项目的净现值、现值指数和内含报酬率，比较之后选择合适的项目。

【实践二】 ABC 公司计划购入一台新设备，设备原值 500 000 元，预计使用寿命 8 年，预计净残值为 80 000 元。

要求：请分别采用直线法、双倍余额递减法和年数总和法，计算各年计提的折旧额并绘制固定资产折旧方法比较图。

【实践三】 沿用实践二资料，若 ABC 公司购入上述新设备，可使每年经营收入增加至 200 000 元，营业成本上涨至 130 000 元，同时决定用双倍余额递减法计提折旧。公司原有的一台旧设备，原值 350 000 元，已使用 5 年，尚可使用 5 年，预计净残值 30 000 元，采用直线法计提折旧。使用旧设备可使公司维持每年经营收入 160 000 元，营业成本 110 000 元。若选择出售旧设备可得价款 190 000 元。公司所得税率 25%，资金成本率为 10%。

要求：请判断公司是否需要更新设备。

第8章 筹资分析与决策

🔔 学习目的

在了解企业各种筹资渠道和方式基础上，通过实验掌握企业资金需求量的预测方法，比较分析不同筹资方式下的资金成本，掌握运用不同筹资决策方法进行最佳资本结构的决策。

8.1 资金需求量的预测分析

8.1.1 知识储备

1. 筹资及相关概念

筹资，也就是筹集资金。筹资活动是财务管理的首要环节。筹资管理是指企业根据其生产经营、对外投资和调整资本结构的需要，通过筹资渠道和资本市场，运用筹资方式，经济有效地筹集所需资金的财务行为。筹资目的，也就是筹资的动机，不同筹资主体进行筹资的动机有所不同，但是主要的目的是用于生产经营、企业对外投资和调节企业的资本结构等需要。企业筹资的目的对企业筹资行为和结果会产生直接的影响。

筹资决策是指为满足企业融资的需要，对筹资的途径、筹资的数量、筹资的时间、筹资的成本、筹资风险和筹资方案进行评价和选择，从而确定一个最优资金结构的分析判断过程。

2. 筹资决策的内容

筹资决策的内容通常包括：
①确定筹资的数量；
②确定筹资的方式，即债务筹资或股权筹资；
③确定债务或股权的种类；
④确定债务或股权的价值。

3. 资金需要量预测方法

资金需要量预测是指企业根据生产经营的需求，对未来所需资金的估计和推测。企业筹集资金，首先就要对资金需要量进行预测，企业资金需要量的预测方法主要有定性预测法和定量预测法。

①定性预测法是根据调查研究所掌握的情况和数据资料，凭借预测人员的知识和经验，对资金需要量的判断，一般在缺乏完整、准确的历史资料时采用。

②定量预测法是指以资金需要量与有关因素的关系为依据，在掌握大量历史资料的基础上选用一定的数学方法加以计算，并将计算结果作为预测的一种方法。定量预测法有销售百分比法和资金习性法等多种预测方法。随着预测技术的发展，资金需求量预测方法更加多样。本章主要介绍销售百分比法和资金习性法。

4. 具体方法

(1) 销售百分比法

销售百分比法是一种以未来销售收入变动的百分比为主要参数，考虑随销售量变动的资产负债项目及其他因素对资金的影响，从而预测未来需要追加的资金量的一种定量方法。销售百分比法的计算步骤如下。

①确定敏感项目占基期销售额的百分比。一般而言，货币资金、应收账款等流动资产与销售额之间存在固定的比例关系，流动负债也往往存在固定的比例关系，这些资产和负债称为敏感项目，不需扩充的固定资产、无形资产、长期借款等则往往与销售额不存在固定的比例关系，称为非敏感项目。

②计算预计留存收益增加额。

③计算外部融资需求。其计算公式为

外部融资需求 = 预计总资产增加额 − 预计总负债增加额 − 预计股东权益增加额

由于通过模拟财务报表预测的外部资金需要量是根据公司的生产经营计划来确定的，而且公司的销售不是全部收现，所以财务报表模拟预测有局限性，其实公司还可以根据现金的收支状况进行现金预算。

(2) 资金习性法

资金习性是指资金的变动与产销量变动之间的依存关系。按照依存关系，资金可以分为不变资金、变动资金和半变动资金。

• 不变资金是指在一定的产销量范围内，不受产销量变化的影响，保持固定不变的那部分资金，包括为维持营业而占用的最低数额的现金，原材料的保险储备，必要的成品储备，以及厂房、机器设备等固定资产占用的资金。

• 变动资金是指随产销量的变动而同比例变动的那部分资金，包括直接构成产品实体的原材料、外购件等占用的资金，以及最低储备以外的现金、存货、应收账款等。

• 半变动资金指虽然受产销量变化影响，但不成同比例变动的资金，如一些辅助材料所占用的资金。半变动资金可以采用一定方法分解为不变资金和变动资金。

资金习性预测法的数学模型为

$$y = a + bx$$

式中，自变量 x 为产销量或销售额；因变量 y 为资金占用量；a 为不变资金；b 为单位产销量所需变动资金，简称单位变动资金。

可以利用企业历史资料和预测期资料预测 a、b 值。常用的方法有高低点法、散点图法和回归分析法。下面介绍各种方法的计算原理。

①高低点法。根据企业一定期间资金占用的历史资料，选用最高收入期和最低收入期的资金占用量之差，同这两个收入期的销售额之差进行对比，先求单位变动资金，然后代入原直线方程求出不变资金值，从而估计推测资金发展趋势。单位变动资金的计算公式为

单位变动资金 =（最高点资金占用量 − 最低点资金占用量）/（最高点产销量 − 最低点产销量）

不变资金 = 最高点资金占用量 − 单位变动资金 × 最高点产销量

高低点法的优点是简单易行，缺点是可能导致较大的预测误差。这种方法一般只适合于企业的资金变动趋势比较稳定的情况。

②散点图法。散点图法是利用大量的历史数据绘制图形来反映企业资金占用量与产销量两者的关系，从而预测未来资金需求量的方法。具体运用见实例演示。

③回归分析法。回归分析法是根据 $y=a+bx$ 的直线方程式，按照数学上最小平方法的原理来确定使自变量 x 和因变量 y 之间误差平方和最小的直线，该直线为回归直线。回归直线中的 a 和 b 可以采用公式计算，也可以使用回归函数计算。这里介绍函数 FORECAST，可以使用该函数来预测未来销售、库存需求或消费趋势等。

语法：FORECAST(x，known_y's，known_x's)。

FORECAST 函数语法具有下列参数。

- x——必需参数，需要进行值预测的数据点。
- known_y's——必需参数，因变量数组或数据区域。
- known_x's——必需参数，自变量数组或数据区域。

函数 FORECAST 的计算公式为

$$y = a + bx$$

式中，$a = \bar{y} - b\bar{x}$ 且 $b = \dfrac{\sum(x-\bar{x})(y-\bar{y})}{\sum(x-\bar{x})^2}$，其中 x 和 y 是样本平均值 AVERAGE(known_x's) 和 AVERAGE(known_y's)。

8.1.2 实例演示

【案例8-1】销售百分比法实例演示。

XWL 公司 2021 年 12 月 31 日的简化资产负债表如表 8-1 所示。2021 年该公司销售收入 100 000 万元，预计 2022 年销售增长率为 30%，利润分配率 80%，销售净利率 5%，同时 2022 年计划新增固定资产投资 2 000 万元，预测 2022 年该公司资金需求量。

表8-1 XWL 公司 2021 年简化资产负债表

企业名称：XWL　　　　　　　　时期：2021 年 12 月 31 日　　　　　　　　单位：万元

资产	金额	负债及所有者权益	金额
货币资金	10 000	应付票据	30 000
应收账款	22 500	应付账款	5 000
存货	25 000	短期借款	20 000
固定资产净值	40 000	长期负债	12 500
		所有者权益	30 000
资产合计	97 500	负债及所有者权益合计	97 500

具体操作步骤如下：

①新建工作表并重命名为"销售百分比法"，在该表中按照案例资料绘制表格并输入基础数据。

②计算敏感项目的销售百分比，编制公式：C4=B4/C11，C5=B5/C11，C6=B6/C11，其他敏感项目以同样办法编制。C9=SUM(C4：C6)，F9=SUM(F4：F6)。

③依次设计表格编制计算公式，计算出资金需求量、留存收益增加额和外部筹资额。有关公式如下：

E12 = C11 * (1+C12)　　　　　E13 = E12 * C14

C15 = (E12-C11) * (C9-F9) +E14

C16 = E13 * (1-C13)

C17 = C15-C16

结果如图 8-1 所示。销售百分比法模型设计好后，当 2021 年销售增长率、利润分配率、销售净利率等因素发生变化时计算结果会随之更新。

	A	B	C	D	E	F
1			XWL公司资产负债表			
2	企业名称：XWL		时期：2021年12月31日		单位：万元	
3	资产	金额	百分比%	负债及所有者权益	金额	百分比%
4	资金	10000	10%	应付票据	30000	30%
5	应收账款	22500	23%	应付账款	5000	5%
6	存货	25000	25%	短期借款	20000	20%
7	固定资产净值	40000	非敏感项目	长期负债	12500	非敏感项目
8				所有者权益	30000	非敏感项目
9	合计	97500	58%	负债及所有者权益合计	97500	55%
10						
11	2021年销售收入		100000			
12	2022年销售增长率		30%	2022年预计销售收入	130000	
13	利润分配率		80%	2022年预计销售净利润	6500	
14	销售净利率		5%	预计2017年新建固定资产	2000	
15	预计资金需要增加总额		2750			
16	其中：留存收益增加		1300			
17	外部筹资		1450			

图 8-1　销售百分比法

【案例 8-2】高低点法实例演示。

XWL 公司销售收入和资金占用量的历史资料如表 8-2 所示，假设 2022 年该企业预计销售收入 3 500 000 元，利用高低点法预测 2022 年资金占用量。

表 8-2　XWL 公司销售收入和资金占用量数据

年份	销售收入/元	资金占用量/元
2017	2 000 000	110 000
2018	2 400 000	130 000
2019	2 600 000	140 000
2020	2 800 000	150 000
2021	3 000 000	160 000

具体操作步骤如下。

①新建工作表并重命名为"高低点法",在该表中按照案例资料绘制表格并输入基础数据,如图8-2所示。

	A	B	C
1	年份	销售收入X	资金占用量Y
2	2017	2000000	110000
3	2018	2400000	130000
4	2019	2600000	140000
5	2020	2800000	150000
6	2021	3000000	160000

图8-2 输入基础数据

②利用公式计算销售收入与资金占用量线性关系。

在单元格B9中输入公式"=(MAX(C2:C6)-MIN(C2:C6))/(MAX(B2:B6)-MIN(B2:B6))",如图8-3所示。按〈Enter〉键,显示计算结果,b=0.05。

	A	B	C
		fx	=(MAX(C2:C6)-MIN(C2:C6))/(MAX(B2:B6)-MIN(B2:B6))
1	年份	销售收入X	资金占用量Y
2	2017	2000000	110000
3	2018	2400000	130000
4	2019	2600000	140000
5	2020	2800000	150000
6	2021	3000000	160000
7	线性关系:	Y=a+bx	
8	利用高低点法预测		
9	b	0.05	

图8-3 计算b值

在单元格B10中输入公式"=MAX(C2:C6)-B9*MAX(B2:B6)",按〈Enter〉键显示计算结果,a=10 000,如图8-4所示。

	A	B	C
		fx	=MAX(C2:C6)-B9*MAX(B2:B6)
1	年份	销售收入X	资金占用量Y
2	2017	2000000	110000
3	2018	2400000	130000
4	2019	2600000	140000
5	2020	2800000	150000
6	2021	3000000	160000
7	线性关系:	Y=a+bx	
8	利用高低点法预测		
9	b	0.05	
10	a	10000	

图8-4 计算a值

计算得到线性关系式为

资金占用量=10 000+0.05×销售收入

③计算 2022 年资金占用量,在单元格 B12 中输入公式"=B10+B9*B11"。即可预测出当企业 2022 年销售收入为 3 500 000 元时,需要占用资金 185 000 元,如图 8-5 所示。

	A	B	C
1	年份	销售收入X	资金占用量Y
2	2017	2000000	110000
3	2018	2400000	130000
4	2019	2600000	140000
5	2020	2800000	150000
6	2021	3000000	160000
7	线性关系:	Y=a+bx	
8	利用高低点法预测		
9	b	0.05	
10	a	10000	
11	2022年预计销售收入	3500000	
12	2022年预计资金占用量	185000	

图 8-5 高低点法预测资金需求量

【案例 8-3】散点图法实例演示。

还是以案例 8-2 的资料为例,具体操作步骤如下。

①新建工作表并重命名为"散点图法",在该表中按照表格格式输入基础数据。

视频:案例 8-3 演示

②利用数据绘制散点图,如图 8-6 所示,在散点图中选中直线,设置趋势线格式,然后选中"显示公式",可以在散点图中看到公式:y=0.05x+10 000。

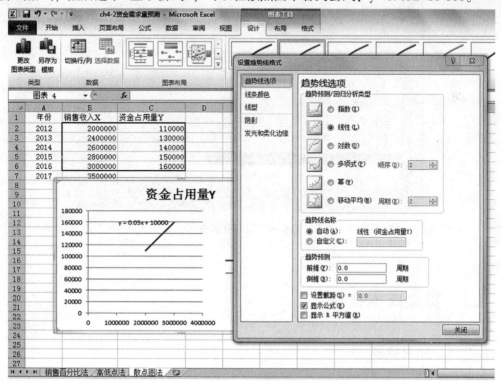

图 8-6 散点图法

③根据公式可计算出2022年资金占用量 y=0.05*3 500 000+10 000=185 000元，如图8-7所示。

图8-7 散点图法预测2017年资金占用量

从图8-6可以看出，利用散点图还可以对趋势线为非线性关系进行预测。

【案例8-4】 回归分析法实例演示。

还是以案例8-2的资料为例，具体操作步骤如下。

①新建工作表并重命名为"回归分析法"，在该表中按照表格格式输入销售收入和资金占用量的历史数据。

②然后在单元格C7中输入公式"=FORECAST(B7,C2:C6,B2:B6)"，如图8-8所示，预测出当销售收入为3 500 000元时资金占用量为185 000元。

图8-8 回归分析法

8.2 资金成本计量

8.2.1 知识储备

筹资渠道是指筹集资金来源的方向和通道，目前主要的筹资渠道有：国家财政资金、银行信贷资金、非银行金融机构资金、其他企业资金、居民个人资金、企业自留资金和外商资金。不同的筹资渠道在资金规模、筹资难易等方面有所不同。筹资方式是指可供企业在筹措资金时选用的具体形式。我国企业的筹资方式目前主要有：①吸收直接投资；②发行股票；③利用留存收益；④向银行借款；⑤利用商业信用；⑥发行公司债券；⑦融资租赁；⑧杠杆收购。其中前三种方式筹措的资金为权益资金，后五种方式筹措的资金是负债资金。

一定的筹资方式可能只适用于某一特定的筹资渠道，但是同一渠道的资金往往可采用不同的方式取得，同一筹资方式又往往适用于不同的筹资渠道。因此，企业在筹资时，应实现两者的合理配合。

企业筹集的资金从性质来看可以分为债务资本和权益资本两大类，权益资本主要可以通过发行优先股、普通股和留存收益等方式获得，债务资本可以通过长期借款、发行债券等方式获得。在筹资决策中，除了考虑筹资风险外，资金成本是非常重要的考虑因素，资金成本是指企业为筹集和使用资金而付出的代价。资金成本包括资金筹集费用和资金占用费用两部分，一般用资金成本率来反映筹资成本的高低，简称为资金成本，计算公式为

$$资金成本率 = 每年的用资费用 / (筹资总额 - 筹资费用)$$

接下来讲述不同筹资方式的资金成本的计量模型。

1. 长期借款的资金成本

长期借款成本包括借款利息和筹资费用，其中借款利息有抵税作用，一次还本、分期付息借款的成本公式为

$$K_1 = \frac{R_1(1-T)}{1-F_1}$$

式中，K_1 为长期借款的资金成本；R_1 为长期借款的利率；T 为所得税税率；F_1 为长期借款的筹资费用率。

2. 发行债券的资金成本

发行债券的成本主要是债券利息和筹资费用，如果按照一次还本、分期付息的方式，发行债券的资金成本计算公式为

$$K_b = \frac{I_b(1-T)}{B(1-F_b)}$$

式中，K_b 为债券的资金成本；I_b 为债券的年利息；T 为所得税税率；F_b 为发行债券的筹资费用率；B 为发行债券的筹资总额。

3. 发行普通股的资金成本

普通股资金成本可以按股利增长模式进行计算，但是需要调整发行新股时发生的筹资费用对资金成本的影响。其计算公式为

$$K_{nc} = \frac{D_1}{P_0(1-F_c)} + G$$

式中，K_{nc} 为发行普通股资金成本；D_1 为预计年股利；P_0 为发行普通股市价；G 为普通股年股利增长率；F_c 为普通股的筹资费用率。

4. 留存收益的资金成本

留存收益成本的计量可以采用股利增长模式进行测算。但留存收益为企业获得的税后

利润留存下来的资金，不需要向外筹资，所以没有筹资费用。其计算公式为

$$K_s = \frac{D_1}{P_0} + G$$

式中，K_s 为留存收益成本；D_1 为预计年股利；P_0 为发行普通股市价；G 为普通股年股利增长率。

5. 综合资金成本测算模型

综合资金成本，即加权平均资金成本，反映企业采用多种筹资方式筹集资金所需承担的筹资成本，是以个别资本占全部资本的比重为权重，对个别资金成本进行加权平均计算而得的，其计算公式为

$$K_w = \sum_{j=1}^{n} K_j W_j$$

式中，K_w 为加权平均资金成本；K_j 为第 j 种个别资金成本；W_j 为第 j 种个别资本占全部筹资资本的比重。

8.2.2 实例演示

【案例8-5】XWL公司2021年取得5年期长期借款50万元，年利率为10%，到期一次还本，每年末付息一次，筹资费用率0.5%，其企业所得税税率为25%，计算该长期借款的资金成本。具体操作步骤如下。

①在Excel工作表中输入相关已知数据。

②在长期借款资金成本计算单元格B8中输入公式"=B4*(1-B6)/(1-B5)"，如图8-9所示，将单元格格式设置为百分比，保留两位小数，计算出该长期借款资金成本为7.54%。

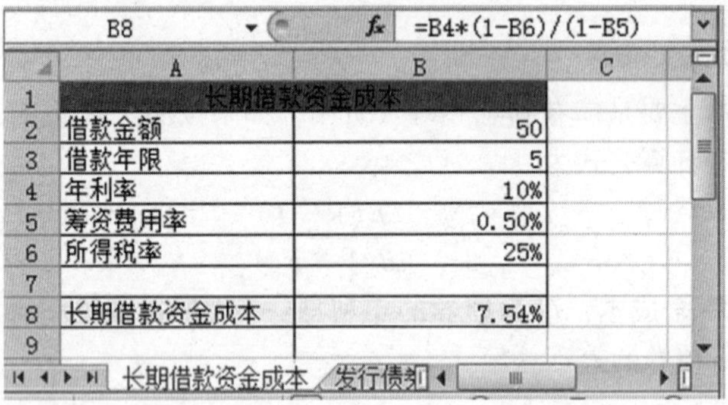

图8-9 长期借款资金成本计量

【案例8-6】XWL公司发行面额为100万元的5年期债券，溢价发行筹资总额120万元，票面年利率为10%，发行费用为1%，所得税税率为25%，计算该债券筹资的资金成本。具体操作步骤如下。

①在Excel新建工作表并重命名为"发行债券资金成本"，输入已知数据。

②在单元格B11中输入公式"=B5*B7*(1-B9)/(B4*(1-B8))"，如图8-10所示，将单元格格式设置为百分比，保留两位小数，计算出发行债券资金成本为6.31%。

```
              B11            fx  =B5*B7*(1-B9)/(B4*(1-B8))
         A                B              C        D
  3         发行债券资金成本
  4   筹资总额           120
  5   票面金额           100
  6   借款年限             5
  7   年利率             10%
  8   筹资费用率        1.00%
  9   所得税率           25%
 10
 11   发行债券资金成本  6.31%
 12
```

图 8-10　债券资金成本

该公式可以用于债券溢价、折价、平价发行时资金成本的计算，以实际发行价作为筹资额即可。债券按一次还本，分期付息。分年付息对应的期数是年数，利率为年利率，如果是分半年付息，那期数就是年数的 2 倍，利率则是半年利率，以此类推，可以计算出不同情形下债券资金成本。

【案例 8-7】XWL 公司新发行普通股 1 500 万，普通股每股市价为 18 元，预计当年股利为每股 0.5 元，估计股利年增长率为 5%，筹资费用率为股价的 3%，计算发行股票的资金成本。具体操作步骤如下。

① 新建工作表并重命名为"普通股资金成本"，输入已知数据。

② 在单元格 B8 中输入公式"=B4/B3*(1-B6)+B5"，如图 8-11 所示，将单元格格式设置为百分比，保留两位小数，即可计算出该普通股资金成本为 7.69%。

```
              B8             fx  =B4/B3*(1-B6)+B5
          A               B              C
  1          普通股资金成本
  2   发行额         15000000
  3   股票市价            18
  4   预计股利           0.5
  5   股利增长率          5%
  6   筹资费用率       3.00%
  7
  8   普通股资金成本   7.69%
  9
```

图 8-11　发行普通股筹资的资金成本

【案例 8-8】综合资金成本计量实例演示。

XWL 公司计划筹资 1 000 万元，目前有甲、乙、丙三个方案可供选择，具体情况如表 8-3 所示，比较三个方案的综合资金成本并进行筹资决策。

表 8-3　各筹资方案具体情况　　　　　　　　　　　　　　　金额单位：万元

筹资方式	甲方案	乙方案	丙方案	个别资金成本
长期借款	100	300	500	6.00%
长期债券	400	400	300	10.00%
普通股	500	300	200	15.00%

具体操作步骤如下。

① 新建工作表并重命名为"比较综合资金成本"，按照表格格式输入已知数据，如图

8-12 所示。然后计算出每个方案下不同筹资方式筹资比重，举例：“C4=B4/1000”，利用填充柄，下拉至单元格 C6，然后汇总比重，“C7=SUM(C4：C6)”。其他方案进行同样操作。

②编制公式计算每个方案的综合资金成本，利用 SUMPRODUCT 函数进行运算。相关单元格中公式如表 8-4 所示。

表 8-4　相关单元格计算公式及说明

单元格	公式 1	公式 2	说明
D7	=SUMPRODUCT(C4：C6，D4：D6)	= C4 * D4+C5 * D5+C6 * D6	SUMPRODUCT 函数是在给定的几组数组中，将数组间对应的元素相乘，并返回乘积之和，实际就是进行公式 2 的运算
G7	=SUMPRODUCT(F4：F6，G4：G6)	= F4 * G4+F5 * G5+F6 * G6	
J7	=SUMPRODUCT(I4：I6，J4：J6)	= I4 * J4+I5 * J5+I6 * J6	

运算结果如图 8-12 所示。

D7　fx　=SUMPRODUCT(C4:C6,D4:D6)

	A	B	C	D	E	F	G	H	I	J
1	比较综合资金成本法筹资决策（金额单位：万元）									
2	筹资方式	甲方案			乙方案			丙方案		
3		筹资额	比重	资本成本	筹资额	比重	资本成本	筹资额	比重	资本成本
4	长期借款	100	10%	6.00%	300	30%	6.00%	500	50%	6.00%
5	长期债券	400	40%	10.00%	400	40%	10.00%	300	30%	10.00%
6	普通股	500	50%	15.00%	300	30%	15.00%	200	20%	15.00%
7	合计	1000	100%	12.10%	1000	100%	10.30%	1000	100%	9.00%
8										

图 8-12　综合资金成本计算

③根据各方案的计算结果，选择综合资金成本最低的方案，在单元格 C9 中输入公式“=INDEX(B2:J2,MATCH(MIN(D7,G7,J7),D7:J7,0))”，返回综合资金成本最小值对应的方案名称。结果显示 XWL 公司应选择丙方案进行筹资，如图 8-13 所示。

C9　fx　=INDEX(B2:J2,MATCH(MIN(D7,G7,J7),D7:J7,0))

	A	B	C	D	E	F	G	H	I	J
1	比较综合资金成本法筹资决策（金额单位：万元）									
2	筹资方式	甲方案			乙方案			丙方案		
3		筹资额	比重	资本成本	筹资额	比重	资本成本	筹资额	比重	资本成本
4	长期借款	100	10%	6.00%	300	30%	6.00%	500	50%	6.00%
5	长期债券	400	40%	10.00%	400	40%	10.00%	300	30%	10.00%
6	普通股	500	50%	15.00%	300	30%	15.00%	200	20%	15.00%
7	合计	1000	100%	12.10%	1000	100%	10.30%	1000	100%	9.00%
8										
9	最优筹资方案		丙方案							
10										

图 8-13　筹资方案选择

8.3　Excel 长期贷款筹资模型创建及运用

8.3.1　知识储备

长期贷款是企业筹资的重要方式，但筹资计算比较复杂，在借款金额、期限、利率、偿还方式等相关要素间需做出最佳选择。借助于 Excel 来解决问题,既快捷方便准确,又能为决策提供相应的支持,易于操作,提高工作效率。本节重点介绍如何利用 Excel 建立长期贷款的各种模型进行筹资决策与分析,主要内容包括以下三个方面。

①长期贷款分期等额还款基本模型。基本模型的建立和应用见案例 8-9。

②单变量模拟运算表。运用单变量模拟运算表分析当其他因素不变时,一个参数的变化对目标值的影响。给一个参数输入可能的不同数值,可以得到对应的一组运算结果,可以利用该运算表比较借款利率、年限、每年还款期数等因素对贷款的影响。模型的建立和应用见案例 8-10。

③长期借款双变量模拟运算表分析模型。可以分析两个因素的变化对因变量结果的影响。模型的建立和应用见案例 8-10。

8.3.2 实例演示

【案例 8-9】XWL 公司从银行取得 10 年期长期贷款 100 万元,借款年利率为 10%,采用等额还款方式每年年末进行还款,计算公司每年分期等额偿还金额。具体操作步骤如下。

①创建工作簿,将新工作表重命名为"分期等额还款基本模型",并在该表中按照案例资料绘制表格,如图 8-14 所示。

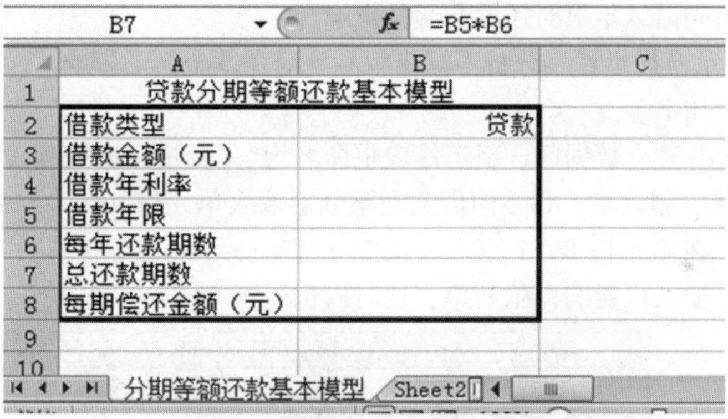

图 8-14 分期等额还款基本模型

②定义各因素之间的钩稽关系。

- 还款总期数=借款年限*每年还款期数,因此 B7=B5*B6。
- 每期偿还金额=ABS(PMT(借款年利率/每年还款期数,总还款期数,借款金额)),因此 B8=ABS(PMT(B4/B6,B7,B3))或者 B8=PMT(B4/B6,B7,-B3)。

PMT 函数即年金函数,用于计算固定利率及等额分期付款方式下每期付款额。ABS 函数用于计算某一数值的绝对值。当借款金额取 B3 值时,每期偿还金额为负,因此加上 ABS 函数取结果值的绝对值,而当借款金额取 B3 的负值时,每期偿还金额为正,不用再取绝对值。

③根据已知条件,分别在单元格 B3、B4、B5、B6 中输入"1 000 000""10.00%""10""1",对应的还款总期数根据已设定公式自动算出并显示计算结果,每期等额还款金额为 162 745.39 元,如图 8-15 所示。

B8 =ABS(PMT(B4/B6,B7,B3))

	A	B	C
1	贷款分期等额还款基本模型		
2	借款类型	贷款	
3	借款金额（元）	1000000	
4	借款年利率	10.00%	
5	借款年限	10	
6	每年还款期数	1	
7	总还款期数	10	
8	每期偿还金额（元）	¥162,745.39	
9			
10			

分期等额还款基本模型 / Sheet2

图 8-15　XWL 公司贷款分期等额还款基本模型

分期等额还款基本模型中，当借款金额、借款利率、借款年限和每年还款期数中任一因素发生变化时，分析表会自动重新计算并显示计算结果。

当公司需要了解借款利率、借款期数等因素的变化对分期还款金额的影响时，可以运用 Excel 的单变量模拟运算表和双变量模拟运算表来进行分析。

【案例 8-10】XWL 公司拟筹资 100 万元，每年年末付息一次，在等额分期还款条件下，利用模拟运算表分析：不同借款利率对等额还款金额的影响，设定借款年限为 10 年；不同借款利率和不同借款年限对还款金额的影响。

(1)利用单变量模拟运算表分析不同借款利率对还款金额的影响

具体操作步骤如下。

①新建工作表并建立数据区。新工作表重命名为“单变量模拟运算表”，并在该表中参照案例 8-9 的操作绘制表格。将不同借款利率分别输入单元格 A9 到 A19 中，这时模拟运算表是列方向的，在单元格 B9 中输入公式“=PMT(A9/B5,B6,-B3)”，如图 8-16 所示。当然也可以在一行输入可能的借款利率，这时模拟运算表则是行方向的。

B9 =PMT(A9/B5,B6,-B3)

	A	B	C
1	单变量模拟运算表		
2	借款类型	贷款	
3	借款金额（元）	1000000	
4	借款年限	10	
5	每年还款期数	1	
6	总还款期数	10	
7			
8	借款年利率	分期等额还款金额	
9	2.00%	¥111,326.53	
10	2.50%		
11	3.00%		
12	3.50%		
13	4.00%		
14	4.50%		
15	5.00%		
16	5.50%		
17	6.00%		
18	6.50%		
19	7.00%		
20			

图 8-16　单变量模拟运算表

②进行单变量模拟。

- 选定 A9：B19 区域，选择"数据"→"模拟分析"→"模拟运算表"命令，如图 8-17 所示。

图 8-17　调用模拟分析

- 弹出如图 8-18 所示的对话框，如果模拟运算表是列方向的，则在"输入引用列的单元格"文本框中为输入单元格确定引用。如果模拟运算表是行方向的，则在"输入引用行的单元格"文本框中为输入单元格确定引用。本例中模拟运算表是列方向的，在"输入引用列的单元格"文本框中输入"$A$9"或直接选中单元格 A9，该对话框中会自动出现"$A$9"，如图 8-18 所示。

图 8-18　"模拟运算表"对话框

③单击"确定"按钮后，计算结果出现在图 8-19 所示的相应位置，可以看到不同借款利率水平下等额分期还款的金额。

	A	B
	单变量模拟运算表	
2	借款类型	贷款
3	借款金额（元）	1000000
4	借款年限	10
5	每年还款期数	1
6	总还款期数	10
8	借款年利率	分期等额还款金额
9	2.00%	¥111,326.53
10	2.50%	¥114,258.76
11	3.00%	¥117,230.51
12	3.50%	¥120,241.37
13	4.00%	¥123,290.94
14	4.50%	¥126,378.82
15	5.00%	¥129,504.57
16	5.50%	¥132,667.77
17	6.00%	¥135,867.96
18	6.50%	¥139,104.69
19	7.00%	142377.5027

B9　＝PMT(A9/B5, B6, -B3)

图 8-19　单变量模拟运算结果

注意：在进行单变量模拟前一定要选定准确区域，才能正常运算。

（2）利用双变量模拟运算表分析不同借款利率、借款年限对还款金额的影响

具体操作步骤如下。

①新建工作表并建立数据区。新工作表重命名为"双变量模拟运算表"，并在该表中绘制表格，分别在单元格 B3、B4、B5、B6 中输入"1 000 000""10""1""5%"，将可能的借款利率

分别输入单元格 A9 到 A19 中，将可能的借款年限分别输入单元格 B8 到 E8 中。在借款年利率列和借款年限行的交叉单元格 A8 中，输入公式"=PMT(B6/B5, B4*B5, -B3)"，如图 8-20 所示。

	A	B	C	D	E
1	双变量模拟运算表				
2	借款类型	贷款			
3	借款金额（元）	1000000			
4	借款年限	10			
5	每年还款期数	1			
6	借款年利率	5%			
7					
8	¥129,504.57	10	12	14	16
9	2.00%				
10	2.50%				
11	3.00%				
12	3.50%				
13	4.00%				
14	4.50%				
15	5.00%				
16	5.50%				
17	6.00%				
18	6.50%				
19	7.00%				
20					

图 8-20 双变量模拟运算表

②进行双变量模拟。选定包含公式以及数值行和列的单元格区域，本例选定 A8：E19 区域，选择"数据"→"模拟分析"→"模拟运算表"命令，会出现如图 8-18 所示的对话框，在"输入引用行的单元格"文本框中输入"$B$4"或直接选中单元格 B4，该对话框中会自动出现"$B$4"。在"输入引用列的单元格"文本框中输入"$B$6"或直接选中单元格 B6，该对话框中会自动出现"$B$6"。

③单击"确定"按钮后，计算结果出现在图 8-21 所示的相应位置，可以看到不同借款利率和不同借款年限下等额分期还款的金额。

	A	B	C	D	E
1	双变量模拟运算表				
2	借款类型	贷款			
3	借款金额（元）	1000000			
4	借款年限	10			
5	每年还款期数	1			
6	借款年利率	5%			
7					
8	¥129,504.57	10	12	14	16
9	2.00%	¥111,326.53	¥94,559.60	¥82,601.97	¥73,650.13
10	2.50%	¥114,258.76	¥97,487.13	¥85,536.52	¥76,598.99
11	3.00%	¥117,230.51	¥100,462.09	¥88,526.34	¥79,610.85
12	3.50%	¥120,241.37	¥103,483.95	¥91,570.73	¥82,684.83
13	4.00%	¥123,290.94	¥106,552.17	¥94,668.97	¥85,820.00
14	4.50%	¥126,378.82	¥109,666.19	¥97,820.32	¥89,015.37
15	5.00%	¥129,504.57	¥112,825.41	¥101,023.97	¥92,269.91
16	5.50%	¥132,667.77	¥116,029.23	¥104,279.12	¥95,582.54
17	6.00%	¥135,867.96	¥119,277.03	¥107,584.91	¥98,952.14
18	6.50%	¥139,104.69	¥122,568.17	¥110,940.48	¥102,377.57
19	7.00%	¥142,377.50	¥125,901.99	¥114,344.94	¥105,857.65
20					

图 8-21 双变量模拟运算结果

注意：在进行双变量模拟前一定要选定准确区域，注意这里选定的是 A8：E19 区域，如果只选择 B9：E19 区域，则不能正常运算。另外更重要的是，"模拟运算表"对话框的输入，在"输入引用行的单元格"文本框中输入的是"\$B\$4"，即单元格 A8 中输入公式中对应的借款年利率，而不是可能借款年利率对应的单元格 B8，同样的道理，在"输入引用列的单元格"文本框中要输入"\$B\$6"而不是"\$A\$9"，否则将无法进行正常运算。在操作时一定要注意单变量模拟运算和双变量模拟运算的差异。

利用模拟运算表可以直观比较不同组合下需要偿还的借款金额。当企业借款方案发生变化后，只需改变因素所在数值，运算表会自动重新计算显示更新结果。

8.4 筹资方式比较分析

8.4.1 知识储备

在现实中企业需要选择筹资方式，如果企业需要扩大产能，需要购买设备，那么企业贷款购买设备还是租赁筹资方式更合算呢？这时我们需要分别计算不同筹资方案的税后成本，并比较成本现值，选择成本现值较低的方案。

8.4.2 实例演示

【案例 8-11】XWL 公司需要增加一台价值 1 000 000 元的设备，该设备使用期 10 年，所得税税率 25%，该公司有以下两个方案可供选择。

①向租赁公司租赁，租期 10 年，预计 10 年后无残值。租赁公司要求的年收益率为 10%。公司可以选择每年年初或年末等额支付租金，承租人负责设备维护和保养，公司不对该设备计提折旧，租金按税法规定可以全额抵税。

②借款购置设备。该公司可以从银行取得 10 年期借款，银行利率 12%，借款每年年末等额还本付息一次，该设备按直线法进行折旧，购买的设备使用年限 10 年，无残值。

要求：
①计算公司每年年初或年末支付每年租金数；
②建立租赁筹资与借款筹资分析模型，分析两种筹资方式的现金流量（租金支付方式为年初）；
③分析该公司应该选择哪种筹资方式。

具体操作步骤如下。

(1) 租赁筹资

①新建工作表。创建工作簿，命名为"ch8-5 筹资方式比较分析"，在此工作簿中选择一张工作表，重命名为"租赁筹资与借款筹资比较"。在该工作表中按照案例资料输入数据，如图 8-22 所示。在单元格 D4 和 D5 中分别输入"年初""年末"，为后面设置组合框控件做好准备。

	A	B	C	D	E
1		方案1			
2		租赁筹资分析模型			
3	租金（元）	1000000		租金支付方式	
4	租金支付方式			年初	
5	每年支付次数（次）	1		年末	
6	总支付次数（次）	10			
7	租期（年）	10			
8	租赁年利率	10%			
9	每年应付租金（元）				
10					

图 8-22　新建工作表

②创建租金付款时点组合框控件。创建组合框控件需要使用"开发工具"选项卡，但在初次使用时菜单栏可能没有该选项卡，需要自己添加。在工作表左上角选择"文件"→"选项"→"自定义功能区"命令，在"常用命令"下拉列表中选择"开发工具"选项，然后单击"添加"按钮，"开发工具"选项卡就出现在右边的主选项卡中，单击"确定"按钮，则添加成功。如果打开的 Excel 菜单栏中已经有该"开发工具"选项卡，则直接进行以下操作。

● 切换至"开发工具"选项卡，单击"插入"按钮，在出现的"表单控件"工具栏中选择"组合框"窗体控件。将光标移到单元格 B4，按住鼠标左键，拖曳到合适尺寸，释放鼠标，此时形成了一个矩形的组合框控件。

● 将光标移到新建立的"组合框"控件上，右击，在出现的快捷菜单中选择"设置控件格式"命令，出现"设置控件格式"对话框，切换至"控制"项选卡，在"数据源区域"文本框中输入"$D$4:$D$5"，在"单元格链接"文本框中输入"$B$4"，表示链接单元格，即组合框空间当前被选中的项目的返回值(年初为1，年末为2)存入单元格 B4 中。在"下拉显示项数"文本框输入"2"，如图 8-23 所示，单击"确定"按钮。

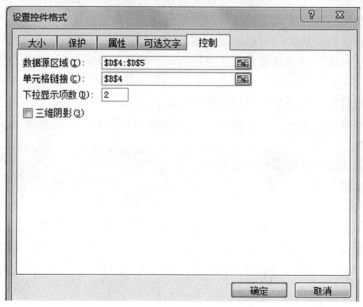

图 8-23　"设置控件格式"对话框

③设置每年应付租金计算公式。在单元格 B9 中输入公式"= IF(INDEX(D4: D5, B4) = "年初", ABS(PMT(B8/B5, B6, B3, 1)), ABS(PMT(B8/B5, B6, B3)))",这里利用函数 IF 来判断不同租金支付时点条件下每期应付租金计算公式。函数 INDEX 将租金支付时点自动检索出来,如果组合框中选择"年初",则执行命令:ABS(PMT(B8/B5, B6, B3, 1));如果选择"年末",则执行命令:ABS(PMT(B8/B5, B6, B3))。

④进行运算,在租金支付方式组合框中选择"年初",计算出每年应付租金为 147 950.36 元,在租金支付方式组合框中选择"年末",计算出每年应付租金 162 745.39 元。

(2)编制租赁筹资方案现金流量表

将所得税税率 25% 输入单元格 B12 中,现金流按 5% 进行贴现,将 5% 输入单元格 D12 中。

将单元格 B9 中的每年租金计算公式复制到 B14:B23 区域中,第一年年初即第 0 年年末,第 10 年年初即第 9 年年末,因此第 10 年年末不再需要支付租金。

租金税前支付,可以抵税,抵税额=租金×所得税税率,即单元格 C14 中输入公式"= B14*$B$12",拖动填充柄复制公式至单元格 C23,得到租赁方案每年的抵税额。

税后现金流出量=租金支付额-抵税额,即单元格 D14 中输入公式"= B14-C14",拖动填充柄复制公式至单元格 D23,得到租赁方案每年的税后现金流出量。

现金流出量按 5% 折现公式为:现值=现金流出量/(1+5%)^折现年数,即单元格 E14 中输入公式"= D14/(1+$D$12)^A14",拖动填充柄复制公式至单元格 E23,得到租赁方案每年的税后现金流出量的现值。

将每年现值汇总得到总现值,在单元格 E25 中输入公式"= SUM(E14:E24)",得到租赁筹资方案的成本总现值为 899 666.35 元。租赁方案现金流量分析如图 8-24 所示。

	A	B	C	D	E	F
1		方案 1				
2		租赁筹资分析模型				
3	租金(元)	1000000		租金支付方式		
4	租金支付方式	年初 ▼ 1		年初		
5	每年支付次数(次)	1		年末		
6	总支付次数(次)	10				
7	租期(年)	10				
8	租赁年利率	10%				
9	每年应付租金(元)	147,950.36				
10						
11		租赁方案现金流量表				
12	所得税率	25%	贴现率	5%	单位:元	
13	年末	租金支付额	避税额	税后现金流出量	现值(按5%贴现)	
14	0	147950.36	36987.59	110,962.77	110,962.77	
15	1	147950.36	36987.59	110,962.77	105,678.83	
16	2	147950.36	36987.59	110,962.77	100,646.50	
17	3	147950.36	36987.59	110,962.77	95,853.81	
18	4	147950.36	36987.59	110,962.77	91,289.34	
19	5	147950.36	36987.59	110,962.77	86,942.23	
20	6	147950.36	36987.59	110,962.77	82,802.13	
21	7	147950.36	36987.59	110,962.77	78,859.17	
22	8	147950.36	36987.59	110,962.77	75,103.97	
23	9	147950.36	36987.59	110,962.77	71,527.59	
24	10	0.00	0.00	0.00	0.00	
25		总现值			899,666.35	
26						

图 8-24　租赁方案现金流量分析

(3) 编制借款筹资方案的现金流量表

①参照案例 8-9 建立分期偿还借款基本模型,输入资料中的已知数据,这里不再赘述。在单元格 F9 中输入公式"=PMT($F$5/$F$7,$F$8,-$F$4)",计算出每期等额偿还金额,如图 8-25 所示。

	A	B	C	D	E	F
1	方案1				方案2	
2	租赁筹资分析模型				分期偿还借款基本模型	
3	租金(元)	1000000			借款类型	贷款购买设备
4	租金支付方式	年初	1	租金支付方式	借款金额(元)	1000000
5	每年支付次数(次)	1		年初	借款年利率	8%
6	总支付次数(次)	10		年末	借款年限(年)	10
7	租期(年)	10			每年还款期数(次)	1
8	租赁年利率	10%			总还款期数(次)	10
9	每年应付租金(元)	147,950.36			每期偿还金额(元)	149,029.49

图 8-25 租赁筹资与借款筹资每期付款额计算对比

②将单元格 F9 中的公式复制到 B30:B39 区域,显示每年本息支付额。

③利息税前支付,可以抵税,因此需要将每年的本息额分解出本金和利息,利用 PPMT 函数计算本息额中每期支付的本金部分。

PPMT 函数说明如下。

根据定期固定付款和固定利率而定的投资在已知期间内的本金偿付额。

语法:PPMT(rate,per,nper,pv,[fv],[type])。

• rate:必需参数,各期利率。

• per:必需参数,指定期数,该值必须在 1~nper 之间。

• nper:必需参数,年金的付款总期数。

• pv:必需参数,现值即一系列未来付款的当前值之和。

• fv:可选参数,未来值,或在最后一次付款后希望得到的现金余额。如果省略 fv,则假定其值为 0(零),即贷款的未来值是 0。

• type:可选参数,数字 0 或 1,用以指定各期的付款时间是在期初还是期末,0 或省略表示期末,1 表示期初。

在使用类似函数时一定要注意:必须确保指定 rate 和 nper 所用的单位是一致的。如果贷款为期 4 年(年利率 12%),每月还一次款,则 rate 应为 12%/12,nper 应为 4×12。如果对相同贷款每年还一次款,则 rate 应为 12%,nper 应为 4。

在单元格 C30 中输入公式"=ABS(PPMT($F$5/$F$7,A30,$F$8,$F$4))",拖动填充柄复制公式至单元格 C39,计算出每年还款额中的本金数。

④每年支付的利息可以用每年偿还额减去本金部分,也可以直接用利息函数 IPMT 求出。因此在单元格 D30 中输入公式"=ABS(IPMT($F$5/$F$7,A30,$F$8,$F$4))"或者输入公式"=B30-C30"。

⑤利用折旧函数 SLN 计算出每年的折旧额,在单元格 E30 中输入公式"=SLN($F$4,0,$F$6)",拖动填充柄复制公式至单元格 E39,固定资产折旧函数的详细讲解可参见

章节 7.2 固定资产折旧分析。

⑥利息和折旧均可抵税，抵税额=(利息+折旧费)×所得税税率，即单元格 F30 中输入公式"=(D30+E30)*$B$12"，拖动填充柄复制公式至单元格 F39，得到每年的抵税额。

⑦税后现金流出量=本息支付额-抵税额，即单元格 G30 中输入公式"=B30-F30"，拖动填充柄复制公式至单元格 F39，得到每年的税后现金流出量。

⑧现金流出量按5%折现，即单元格 H30 中输入公式"=G30/(1+$D$12)^A30"，拖动填充柄复制公式至单元格 H39，得到每年的税后现金流出量的现值。

⑨将每年现值汇总得到总现值，在单元格 H40 中输入公式"=SUM(H30:H39)"，得到借款筹资方案的成本总现值为 857 212.03 元。借款方案现金流量分析如图 8-26 所示。

年末	本息支付额	偿还本金	支付利息	折旧费	抵税额	税后现金流出量	现值
1	149,029.49	69,029.49	80,000.00	100,000.00	45,000.00	104,029.49	99,075.70
2	149,029.49	74,551.85	74,477.64	100,000.00	43,619.41	105,410.08	95,610.05
3	149,029.49	80,516.00	68,513.49	100,000.00	42,128.37	106,901.12	92,345.20
4	149,029.49	86,957.28	62,072.21	100,000.00	40,518.05	108,511.44	89,272.63
5	149,029.49	93,913.86	55,115.63	100,000.00	38,778.91	110,250.58	86,384.21
6	149,029.49	101,426.97	47,602.52	100,000.00	36,900.63	112,128.86	83,672.28
7	149,029.49	109,541.12	39,488.37	100,000.00	34,872.09	114,157.40	81,129.53
8	149,029.49	118,304.41	30,725.08	100,000.00	32,681.27	116,348.22	78,749.05
9	149,029.49	127,768.77	21,260.72	100,000.00	30,315.18	118,714.31	76,524.30
10	149,029.49	137,990.27	11,039.22	100,000.00	27,759.81	121,269.68	74,449.07
			总现值				857,212.03

图 8-26 借款筹资方案现金流量分析

(4)分析决策

根据租赁筹资和借款筹资对比分析，借款方案的成本现值和比租赁方案的成本现值和要小，因此 XWL 公司应该选择借款筹资购买设备。

在本案例所建立的租赁筹资分析模型中，输入或改变模型中任意一个数值，模型会自动计算出租赁筹资方案下的每期应付租金、各期现金流量和现金流总现值。分析偿还借款模型和借款筹资方案现金流量表也可以进行自动计算，获得分析所需要的数据。两个模型的建立，方便企业进行方案的对比分析，为方案选择提供了重要而便捷的依据。企业还可以根据企业常用筹资方式建立模型，来帮助企业进行筹资分析和决策。其他筹资方式的建模不再一一赘述。

本章小结

本章主要介绍了筹资含义、目的、筹资渠道和方式、筹资决策内容等基本知识，重点介绍了如何利用 Excel 软件进行筹资决策，包括资金需求量预测、不同筹资方式的资金成本计量、长期贷款筹资模型和不同筹资方式的比较分析。

实践演练

【实践一】 ABC 公司 2021 年 12 月 31 日资产负债表如表 8-5 所示。

表 8-5　ABC 公司 2021 年简化资产负债表

企业名称：ABC　　　　　　　　　　时期：2021 年 12 月 31 日　　　　　　　　　　单位：万元

资产	金额	负债及所有者权益	金额
货币资金	50 000	应付票据	50 000
应收账款	150 000	应付账款	100 000
存货	300 000	短期借款	250 000
固定资产净值	300 000	长期借款	100 000
		所有者权益	300 000
资产合计	800 000	负债及所有者权益合计	800 000

已知 ABC 公司 2021 年销售收入为 2 000 000 万元，现有多余产能，预计未来增加产销不需要额外进行固定资产投资，假设企业的销售净利率为 10%，2022 年销售增长到 3 000 000 元，股利支付率 50%。

要求：利用销售百分比法预测企业 2022 年需要筹集的资金量。

【实践二】 ABC 公司近五年的资金占用量与产销量资料如表 8-6 所示。

表 8-6　ABC 公司近五年的资金占用量与产销量资料

年份	产销量/万件	资金占用量/万元
2017	100	1 100
2018	140	1 300
2019	160	1 400
2020	180	1 550
2021	220	1 800

要求：假设 ABC 公司 2022 年产销量预计为 230 万件，请分别采用高低点法、散点图法和回归分析法预测 2022 年的资金占用量。

【实践三】 ABC 公司向银行申请 1000 000 000 元的工业贷款，贷款年利率为 8%，借款年限 5 年，每个季度等额还款。

要求：①利用长期贷款分期等额还款基本模型确定每期还款额；

②如果贷款利率为 4%~10%，偿还期有 5、10、15、20 四种选择，计算不同利率不同期限下的每期偿还金额。

【实践四】 ABC 公司需要增加一台价值 20 000 元的设备，该设备使用期 5 年，预计 5 年后无残值，该企业可以用银行贷款购买该设备，贷款年利率为 10%，银行要求每年年末等额偿还贷款，该企业也可以采用租赁方式取得该设备，租赁公司要求每年年初预付租金，该设备原价在 5 年内采用直线法折旧，要求得到 8% 的收益率。企业所得税税率为 25%，贴现率为 5%。

要求：通过建立两个方案的现金流量表确定各自的成本总现值，然后选择最佳筹资方式。

第9章 流动资产管理

> **学习目的**
>
> 能熟练运用 Excel 工具建立和使用流动资产管理模型,来确定企业最佳的现金持有量、应收账款信用政策,以及存货经济订货量,从而在满足企业经营活动所需资金的前提下,尽量提高企业的收益水平、降低企业的经营成本。

9.1 现金管理

9.1.1 知识储备

确定最佳现金持有量是现金管理的重心。最常用的决策模型有成本模型和存货模型两种。

1. 成本模型

成本模型的思路是:企业持有现金是有成本的,最佳的现金持有量是使得企业持有现金的成本总和最小的持有量。企业持有现金的成本包括机会成本、管理成本和短缺成本,即

$$现金持有总成本 = 机会成本 + 管理成本 + 短缺成本$$

(1)机会成本

现金的机会成本,是指企业因持有一定现金余额而丧失的将该现金用于有价证券投资所产生的收益。企业放弃的投资收益即机会成本与现金持有量正相关,即现金持有量越大,机会成本越大,反之就越小。

(2)管理成本

现金的管理成本,是指企业因持有一定数量的现金而发生的管理费用。一般认为这是

一种固定成本，这种固定成本在一定范围内和现金持有量之间没有明显的比例关系。

（3）短缺成本

现金的短缺成本是指现金持有量不足，又无法及时通过有价证券变现加以补充给企业造成的损失。现金的短缺成本与现金持有量负相关，即现金持有量越大，短缺成本越小，反之就越大。

2. 存货模型

存货模型是指根据存货经济订货批量基本模型来确定企业最佳的现金持有量。

该模型的运用，存在以下假设条件。

①一定时期内，企业对现金的需求量是已知常数。

②企业对现金的使用量是稳定的。

③现金不允许出现短缺情况，当现金用尽时，企业可以出售有价证券以立即补充现金。

在上述假设条件下，企业最佳现金持有量的成本包括机会成本和交易成本两种。其中，现金的交易成本是指有价证券转换回现金所付出的代价，现金的交易成本与现金持有量负相关，即在企业现金使用量确定的前提下，每次以有价证券转换回现金的金额越大，企业平时的现金持有量就越多，有价证券转换回现金的次数便越少，现金的交易成本就越低。

企业持有现金的总成本表达式为

$$TC = \frac{Q}{2} \times K + \frac{T}{Q} \times F$$

最佳的现金持有量就是使机会成本和交易成本之和最低的现金持有量，计算公式为

$$Q^* = \sqrt{\frac{2T \times F}{K}}$$

$$TC(Q^*) = \sqrt{2T \times F \times K}$$

$$N = \frac{T}{Q^*}$$

式中，T 为一定期间内现金总需求量；F 为每次出售有价证券转换为现金的固定成本；K 为持有现金的机会成本率；Q^* 为最佳现金持有量；TC 为持有现金的总成本；N 为有价证券交易次数。

3. 运用"规划求解"分析工具

求解最佳现金持有量，就是找到一种方案使得企业持有现金的总成本最小。要解决这类求解最优值的问题，可以运用 Excel 自带的模拟分析工具——规划求解。

"规划求解"是一组命令的组成部分（有时也称为"模拟分析工具"）。借助"规划求解"，可求得工作表上某个单元格（称为目标单元格）中公式的最优（最大或最小）值，并受工作表上其他公式单元格的值的约束或限制。当涉及依赖于单个或多个未知变量的目标变量的最大化或最小化的优化问题时，应当使用"规划求解"。"规划求解"允许用户指定一

个或多个约束条件。财务管理中涉及很多求解最优化的问题，如最大利润、最小成本、最优投资组合、目标规划、线性回归及非线性回归，利用“规划求解”工具可以快速、精确地解决。

“规划求解”加载宏是Excel的一个可选安装模块，在安装Microsoft Excel时，如果选择“典型安装”，则该加载宏没有被安装，只有在选择“完全/定制安装”时，才可选择安装这个模块。若Excel没有安装，则需要手动安装该模块。首先，选择“文件”→“选项”→“自定义功能区”命令，在弹出界面的右边“自定义功能区”中，勾选“开发工具”复选框，然后单击“确定”按钮；其次，在新增的“开发工具”选项卡中单击“加载项”按钮，在弹出的对话框中勾选“规划求解加载项”复选框，再单击“确定”按钮，系统就安装和加载了“规划求解”工具，用户进入“数据”选项卡的“分析”组就可以运用该工具了。

9.1.2 实例演示

视频：案例9-1演示

【案例9-1】XWL公司有3种现金持有方案，3种方案各自的持有量、机会成本、管理成本和短缺成本，如表9-1所示。请确定企业最佳的现金持有方案。

表9-1 现金持有方案

项目	方案1	方案2	方案3
现金持有量	225 000	350 000	412 000
机会成本	45 000	69 000	78 000
管理成本	65 000	65 000	65 000
短缺成本	105 000	95 600	60 000

具体操作步骤如下。

(1)创建工作簿

创建一个工作簿，并命名为“流动资产管理”，将“Sheet1”工作表重命名为“现金管理-成本模型”，依据案例资料绘制表格并输入数据。结果如图9-1所示。

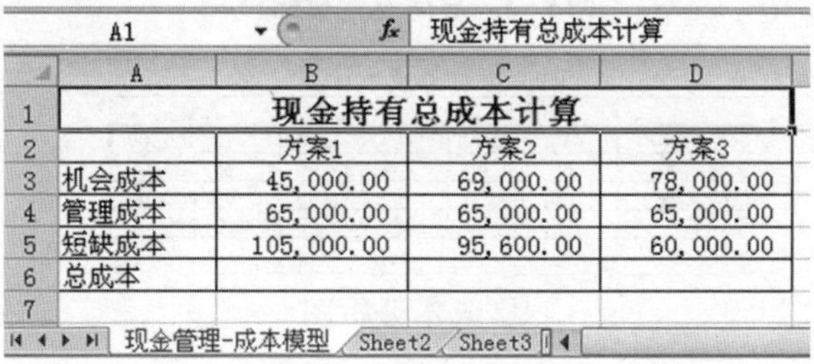
A1 现金持有总成本计算

	A	B	C	D
1	现金持有总成本计算			
2		方案1	方案2	方案3
3	机会成本	45,000.00	69,000.00	78,000.00
4	管理成本	65,000.00	65,000.00	65,000.00
5	短缺成本	105,000.00	95,600.00	60,000.00
6	总成本			
7				

现金管理-成本模型 Sheet2 Sheet3

图9-1 创建工作簿

(2)计算总成本

在单元格B6中输入公式“=SUM(B3:B5)”，拖动填充柄复制公式至单元格D6，可得3种方案各自的总成本金额。结果如图9-2所示。

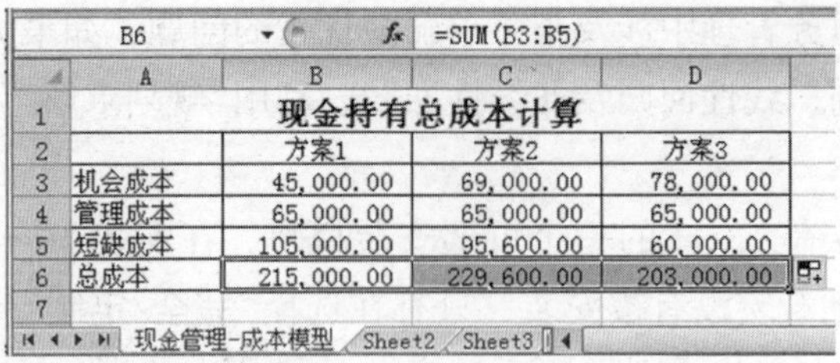

图 9-2　计算总成本

（3）选择方案

通过计算可知，方案 3 的现金持有总成本最低，因此选择方案 3 为最佳现金持有方案。

（4）依据上述模型，绘制总成本分析图

选中数据区域 A2：D6，单击"插入"选项卡"图表"组的"折线图"按钮，选择"带数据标记的折线图"类型。单击"布局"选项卡"标签"组的"图表标题"按钮，选择"居于图表上方"类型。选中图形，右击，选择"选择数据"命令，出现如图 9-3 所示对话框，单击"切换行/列"按钮，然后单击"确定"按钮，即可将 3 种方案设为横轴标签，结果如图 9-4 所示。从图中可明显看出，随着资金持有量的增加，机会成本逐渐上升，短缺成本逐渐下降，总成本呈现先升后降的趋势。当现金持有方案为方案 3 时，总成本最低。

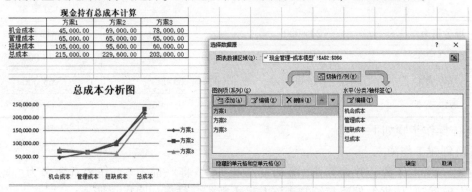

图 9-3　总成本分析图(1)

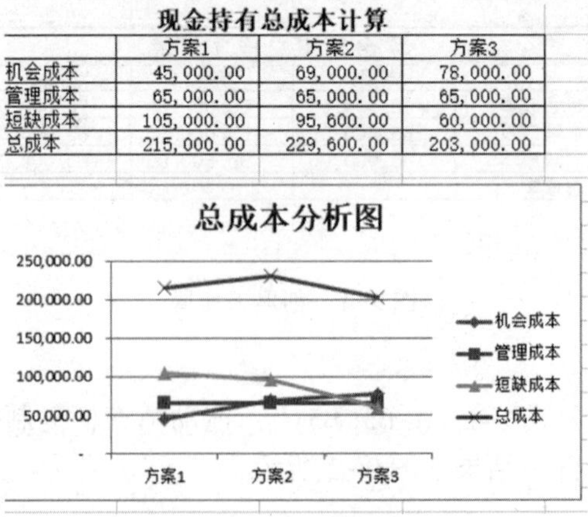

图 9-4　总成本分析图(2)

以上内容建立了最佳现金持有量决策模型中的成本模型和总成本分析图，现金持有总成本与各成本要素之间通过公式建立了链接，成本数据与总成本分析图之间也建立了动态链接，今后，只要改变各成本要素的基础数据，各方案总成本和总成本分析图就会发生改变，从而运用成本模型快速地选出最佳方案。

【案例 9-2】XWL 公司预计全年现金需求量为 800 万元，现金与有价证券的转换成本为每次 15 000 元，有价证券投资的年利率为 6%。请计算公司最佳的现金持有量、最低的现金持有总成本，以及有价证券的交易次数。

具体操作步骤如下。

(1) 新建工作表

在已有“流动资产管理”工作簿中，将“Sheet2”工作表重命名为“现金管理-存货模型”，依据案例资料绘制表格并输入基本数据。结果如图 9-5 所示。

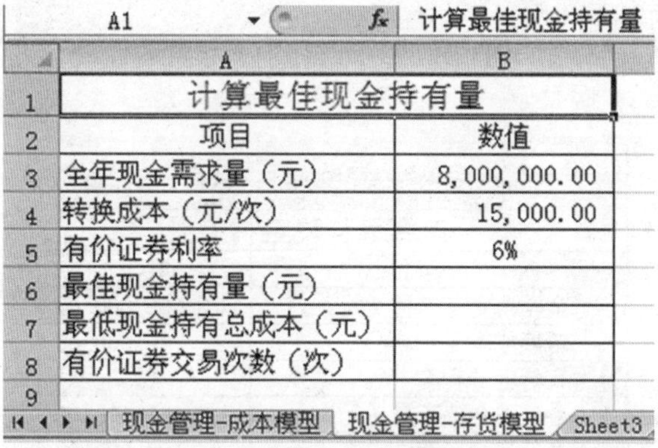

A1 fx 计算最佳现金持有量

	A	B
1	计算最佳现金持有量	
2	项目	数值
3	全年现金需求量（元）	8,000,000.00
4	转换成本（元/次）	15,000.00
5	有价证券利率	6%
6	最佳现金持有量（元）	
7	最低现金持有总成本（元）	
8	有价证券交易次数（次）	
9		

现金管理-成本模型 / 现金管理-存货模型 / Sheet3

图 9-5　新建工作表

(2) 计算最佳现金持有量

在单元格 B6 中输入公式“=SQRT(2 * B3 * B4/B5)”，可得到公司的最佳现金持有量。结果如图 9-6 所示。

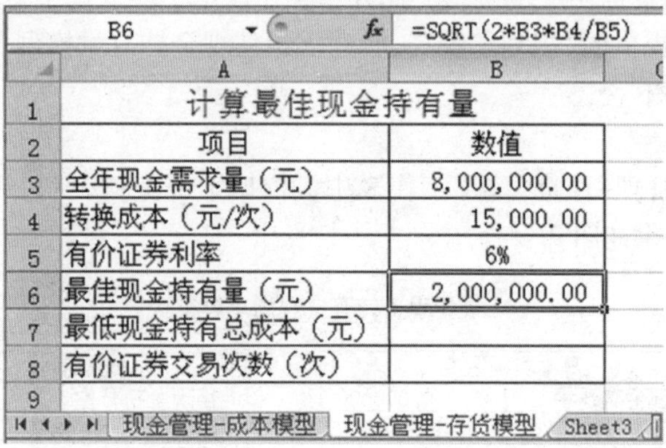

B6 fx =SQRT(2*B3*B4/B5)

	A	B
1	计算最佳现金持有量	
2	项目	数值
3	全年现金需求量（元）	8,000,000.00
4	转换成本（元/次）	15,000.00
5	有价证券利率	6%
6	最佳现金持有量（元）	2,000,000.00
7	最低现金持有总成本（元）	
8	有价证券交易次数（次）	
9		

现金管理-成本模型 / 现金管理-存货模型 / Sheet3

图 9-6　计算最佳现金持有量

(3) 计算最低现金持有总成本

在单元格 B7 中输入公式“=SQRT(2 * B3 * B4 * B5)”，可得到公司的最低现金持有总成本。结果如图 9-7 所示。

B7 fx =SQRT(2*B3*B4*B5)

	A	B
1	计算最佳现金持有量	
2	项目	数值
3	全年现金需求量（元）	8,000,000.00
4	转换成本（元/次）	15,000.00
5	有价证券利率	6%
6	最佳现金持有量（元）	2,000,000.00
7	最低现金持有总成本（元）	120,000.00
8	有价证券交易次数（次）	
9		

现金管理-成本模型 | 现金管理-存货模型 | Sheet3

图 9-7 计算最低现金持有总成本

(4)计算有价证券交易次数

在单元格 B8 中输入公式“=B3/B6”，可得到公司在最佳现金持有量下，有价证券的交易次数。结果如图 9-8 所示。

B8 fx =B3/B6

	A	B
1	计算最佳现金持有量	
2	项目	数值
3	全年现金需求量（元）	8,000,000.00
4	转换成本（元/次）	15,000.00
5	有价证券利率	6%
6	最佳现金持有量（元）	2,000,000.00
7	最低现金持有总成本（元）	120,000.00
8	有价证券交易次数（次）	4
9		

现金管理-成本模型 | 现金管理-存货模型 | Shee

图 9-8 计算有价证券交易次数

【案例 9-3】沿用案例 9-2 的资料，此外，企业设定了最低现金持有量为 500 000 元的要求，请运用 Excel 提供的“规划求解”工具建立最佳现金持有量模型。

具体操作步骤如下。

(1)绘制表格

在已有的“现金管理-存货模型”工作表中，依据案例资料绘制“规划求解”所需表格，并输入基本数据。结果如图 9-9 所示。

11					
12	最佳现金持有量规划求解模型				
13					单位：元
14	基本数据区			规划求解	
15	全年现金需要量	8,000,000.00		最佳现金持有量	
16	转换成本（元/次）	15,000.00		总成本	
17	有价证券利率	6%		最佳变现次数	
18					
19					

现金管理-成本模型 | 现金管理-存货模型 | Sheel

就绪 100%

图 9-9 绘制表格

(2)设置目标单元格公式

在"总成本"单元格(目标单元格)中设置计算现金持有总成本的定义公式"=E15/2*B17+B15/E15*B16",因公式中单元格 E15 会放在分母中被除,所以输入公式后,目标单元格显示"#DIV/0!",结果如图 9-10 所示。

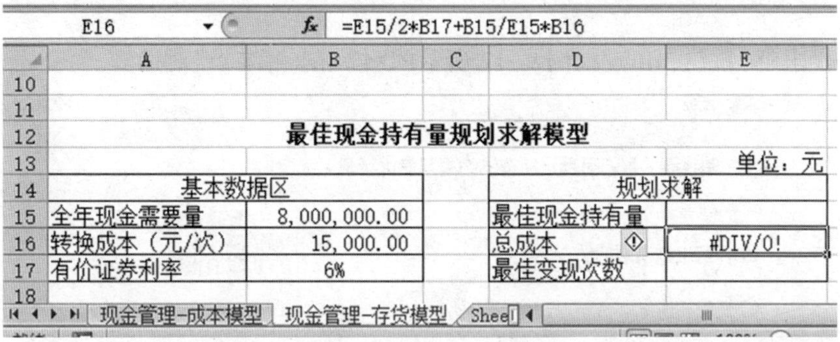

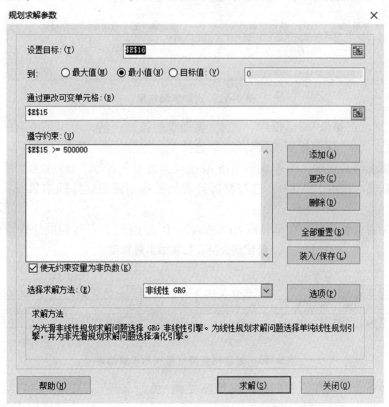

图 9-10　设定目标单元格公式

(3)规划求解

单击"数据"选项卡"分析"组中的"规划求解"按钮,在弹出的"规划求解参数"对话框中进行以下操作,如图 9-11 所示。

图 9-11　设置规划求解参数

①在"设置目标"文本框中输入"$E$16"。
②选中"最小值"单选按钮。

③在"通过更改可变单元格"文本框中输入"$E$15"。

④单击"添加"按钮,在弹出的"添加约束"对话框中,增加企业最低现金持有量为500 000的约束条件,即输入"$E$15>=500 000",然后单击"确定"按钮。

⑤由于该问题属于非线性问题,因此在"选择求解方法"下拉列表中选择"非线性GRG"选项。

⑥单击"求解"按钮,出现如图9-12所示的"规划求解结果"对话框。

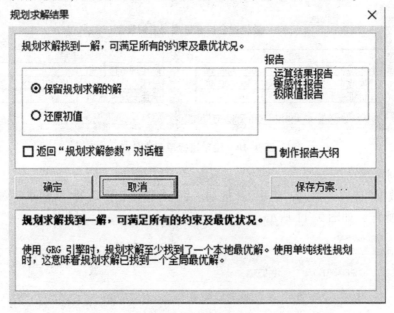

图9-12 规划求解结果

⑦在"规划求解结果"对话框中,显示"规划求解找到一解,可满足所有的约束及最优状况",至此,选中"保留规划求解的解"单选按钮,然后单击"确定"按钮,可得到满足约束条件的规划求解的结果,即单元格E15最佳现金持有量显示2 000 000,单元格E16持有现金最低总成本显示120 000,这与经济订货批量基本模型计算的结果一样。结果如图9-13所示。

⑧依据规划求解结果,在单元格E17输入"=B15/E15",可得到最佳变现次数为4次。

最佳现金持有量规划求解模型			
			单位:元
基本数据区		规划求解	
全年现金需要量	8,000,000.00	最佳现金持有量	2000000
转换成本(元/次)	15,000.00	总成本	120000
有价证券利率	6%	最佳变现次数	

图9-13 最佳现金持有量规划求解结果

通过案例9-3的操作,我们可以清楚感受到"规划求解"工具在解决目标变量最大化或最小化优化问题时的快捷,相较人工计算节省了不少时间。建立了最佳现金持有量规划求解模型后,由于模型中各单元格之间建立了公式链接,若模型中基础数据发生变动,只要重新启动"规划求解"命令,即可得到最新结果。

如果需要了解最佳现金持有量求解的过程,在"规划求解结果"对话框中(见图9-12),

单击对话框右边的三个报告，即运算结果报告、敏感性报告和极限值报告，系统会将三个报告分别存放在本工作簿中的新工作表里，如图9-14～图9-16所示。

图9-14 运算结果报告

图9-15 敏感性报告

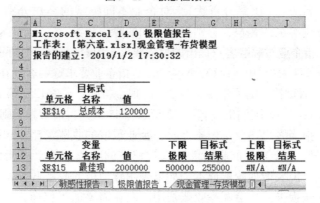

图9-16 极限值报告

9.2 应收账款管理

9.2.1 知识储备

1. 应收账款成本

应收账款的存在，一方面可以促进企业扩大销售，提升竞争力，另一方面也会增加企业的持有成本。应收账款成本包括：机会成本、管理成本(调查费用、收账费用等)和坏账成本。应收账款的机会成本，是指企业将部分资金投放于应收账款而丧失的将该资金用于其他投资所可能获得的收益。

企业只有在采用应收账款信用政策所增加的盈利超过实施该政策所产生的成本时，才应当实施该项信用政策。

2. 应收账款机会成本的公式

计算应收账款机会成本的公式为

$$应收账款平均余额 = 日销售额 \times 平均收现期 = 全年销售额/360 \times 平均收现期$$
$$应收账款占用资金 = 应收账款平均余额 \times 变动成本率$$
$$应收账款机会成本 = 应收账款占用资金 \times 资本成本率$$
$$= 全年销售额/360 \times 平均收现期 \times 变动成本率 \times 资本成本率$$

3. 应收账款管理

企业应收账款管理的重点在于信用政策的制定和账龄分析。

(1) 信用政策的制定

制定信用政策包括确定信用标准、信用条件和收账政策三个方面的内容。

①信用标准，指信用申请者获得企业提供信用所必须达到的最低信用水平，通常以预期的坏账损失率作为判别标准。若信用标准制定得过于严格，则会影响企业的销售规模；反之，若信用标准过于宽松，则会增加应收账款回收的风险并增加管理成本和坏账成本。企业一般采用5C信用评价系统，即从客户还款意愿、还款能力、财务状况、影响客户还款能力的经济环境和客户能被用作抵押的资产五个方面定性评价企业的信用等级，然后再配合定量的信用分析方法(比率分析法)，对企业不同类型的客户分别确定各自的信用等级，最终对不同信用等级的客户，分别提供不同的赊销政策。

②信用条件，指企业对赊购客户提出的付款要求，内容包括信用期间、现金折扣期限及折扣率。例如信用条件为"2/10，1/30，N/45"，是指企业要求赊购客户在45天内付清货款，若客户在10天内付清货款，则可享受货款2%的现金折扣；若客户在第10~30天内付清货款，则可享受货款1%的现金折扣；若客户在第30~45天内付清货款，则需支付全额货款。

③收账政策，指当客户违反信用条件时，企业采取的收账策略，包括电话催询、提请有关部门仲裁或提请诉讼等。企业如果采取较积极的收账政策，可能会减少应收账款投资，减少坏账损失，但要增加收账成本。如果采用较消极的收账政策，则可能会增加应收账款投资，增加坏账损失，但会减少收账费用。企业需要适当权衡，一般来说，可以参照评价信用标准、信用条件的方法来评价收账政策。

(2)账龄分析

应收账款的账龄分析是应收账款日常管理的重要内容之一,是提高应收账款收现效率的重要环节。分析应收账款的账龄结构,掌握企业应收账款的发生和收回情况,有助于企业制定进一步的信用政策。应收账款的账龄分析,就是将应收账款按账龄分类,统计不同账龄的账户数量、金额,以及金额所占比重,并据此制作账龄分析表和分析图。

9.2.2 实例演示

【案例9-4】XWL公司目前全年销售收入200万元,采用的信用政策为"N/45",坏账损失率2%,收账费用4 000元。公司拟采用新的信用政策"2/10,N/30",预计70%的顾客会在折扣期内付款。新政策预计会使全年销售收入提升40万元,坏账损失率降为1%,收账费用降为3 000元。已知公司资本成本率为10%,变动成本率为65%。请判断公司是否应采用新信用政策。

具体操作步骤如下。

(1)新建工作表

在已有"流动资产管理"工作簿中,将"Sheet3"工作表重命名为"应收账款管理",依据案例资料绘制表格并输入基本数据。结果如图9-17所示。

图9-17 新建工作表

(2)计算变动成本

在单元格B6中输入公式"=B3*$E$3",拖动填充柄复制公式到单元格C6,可得到新旧方案各自的变动成本。结果如图9-18所示。

图9-18 计算变动成本

(3) 计算信用成本前收益

在单元格 B7 中输入公式"=B3-B6",拖动填充柄复制公式到单元格 C7,可得到新旧方案各自的信用成本前收益。结果如图 9-19 所示。

图 9-19 计算信用成本前收益

(4) 计算平均收现期

在单元格 B8 中输入"45",在单元格 C8 中输入公式"=10*70%+30*30%",可得新方案的应收账款平均收现期。结果如图 9-20 所示。

图 9-20 计算平均收现期

(5) 计算应收账款平均余额

在单元格 B9 中输入公式"=B3/360*B8",拖动填充柄复制公式到单元格 C9,可得到新旧方案下公司应收账款平均余额。结果如图 9-21 所示。

图 9-21 计算应收账款平均余额

(6) 计算机会成本

在单元格 B10 中输入公式"=B9*$E$3*$E$2",拖动填充柄复制公式到单元格 C10,可得到新旧方案各自的应收账款机会成本。结果如图 9-22 所示。

	A	B	C	D	E
1	应收账款信用政策决策				
2	方案	旧方案(N/45)	新方案(2/10,N/30)	资本成本率	10%
3	销售收入	2,000,000.00	2,400,000.00	变动成本率	65%
4	坏账损失率	2%	1%		
5	收账费用	4,000.00	3,000.00		
6	变动成本	1,300,000.00	1,560,000.00		
7	一、信用成本前收益	700,000.00	840,000.00		
8	平均收现期	45	16		
9	应收账款平均余额	250,000.00	106,666.67		
10	机会成本	16,250.00	6,933.33		
11	坏账损失				
12	现金折扣成本				
13	二、信用成本合计				
14	三、信用成本后收益				

图 9-22 计算机会成本

(7) 计算坏账损失

在单元格 B11 中输入公式"=B3*B4",拖动填充柄复制公式到单元格 C11,可得到新旧方案各自的坏账损失。结果如图 9-23 所示。

	A	B	C	D	E
1	应收账款信用政策决策				
2	方案	旧方案(N/45)	新方案(2/10,N/30)	资本成本率	10%
3	销售收入	2,000,000.00	2,400,000.00	变动成本率	65%
4	坏账损失率	2%	1%		
5	收账费用	4,000.00	3,000.00		
6	变动成本	1,300,000.00	1,560,000.00		
7	一、信用成本前收益	700,000.00	840,000.00		
8	平均收现期	45	16		
9	应收账款平均余额	250,000.00	106,666.67		
10	机会成本	16,250.00	6,933.33		
11	坏账损失	40,000.00	24,000.00		
12	现金折扣成本				
13	二、信用成本合计				
14	三、信用成本后收益				

图 9-23 计算坏账损失

(8) 计算现金折扣成本

在单元格 B12 中输入"0",在单元格 C12 中输入公式"=C3*70%*2%",可得新方案的现金折扣成本。结果如图 9-24 所示。

	A	B	C	D	E
	C12		fx =C3*70%*2%		
1	应收账款信用政策决策				
2	方案	旧方案（N/45）	新方案（2/10,N/30）	资本成本率	10%
3	销售收入	2,000,000.00	2,400,000.00	变动成本率	65%
4	坏账损失率	2%	1%		
5	收账费用	4,000.00	3,000.00		
6	变动成本	1,300,000.00	1,560,000.00		
7	一、信用成本前收益	700,000.00	840,000.00		
8	平均收现期	45	16		
9	应收账款平均余额	250,000.00	106,666.67		
10	机会成本	16,250.00	6,933.33		
11	坏账损失	40,000.00	24,000.00		
12	现金折扣成本	0	33,600.00		
13	二、信用成本合计				
14	三、信用成本后收益				

图 9-24 计算现金折扣成本

（9）计算信用成本

在单元格 B13 中输入公式"=B5+B10+B11+B12"，拖动填充柄复制公式到单元格 C13，可得到新旧方案各自的信用成本合计。结果如图 9-25 所示。

	A	B	C	D	E
	C13		fx =C5+C10+C11+C12		
1	应收账款信用政策决策				
2	方案	旧方案（N/45）	新方案（2/10,N/30）	资本成本率	10%
3	销售收入	2,000,000.00	2,400,000.00	变动成本率	65%
4	坏账损失率	2%	1%		
5	收账费用	4,000.00	3,000.00		
6	变动成本	1,300,000.00	1,560,000.00		
7	一、信用成本前收益	700,000.00	840,000.00		
8	平均收现期	45	16		
9	应收账款平均余额	250,000.00	106,666.67		
10	机会成本	16,250.00	6,933.33		
11	坏账损失	40,000.00	24,000.00		
12	现金折扣成本	0	33,600.00		
13	二、信用成本合计	60,250.00	67,533.33		
14	三、信用成本后收益				

图 9-25 计算信用成本

（10）计算信用成本后收益

在单元格 B14 中输入公式"=B7-B13"，拖动填充柄复制公式到单元格 C14，可得到新旧方案各自的信用成本后收益。结果如图 9-26 所示。

	A	B	C	D	E
	B14		fx =B7-B13		
1	应收账款信用政策决策				
2	方案	旧方案（N/45）	新方案（2/10,N/30）	资本成本率	10%
3	销售收入	2,000,000.00	2,400,000.00	变动成本率	65%
4	坏账损失率	2%	1%		
5	收账费用	4,000.00	3,000.00		
6	变动成本	1,300,000.00	1,560,000.00		
7	一、信用成本前收益	700,000.00	840,000.00		
8	平均收现期	45	16		
9	应收账款平均余额	250,000.00	106,666.67		
10	机会成本	16,250.00	6,933.33		
11	坏账损失	40,000.00	24,000.00		
12	现金折扣成本	0	33,600.00		
13	二、信用成本合计	60,250.00	67,533.33		
14	三、信用成本后收益	639,750.00	772,466.67		

图 9-26 计算信用成本后收益

(11) 选择信用政策

依据计算结果可知，在新信用政策下公司信用成本后收益更高，因此公司应采用新的信用政策。

【案例 9-5】 XWL 公司现有应收账款账户数 85，应收账款总额为 1 200 万元，其账龄情况如图 9-27 所示，请绘制应收账款账龄分析图。

应收账款	账户数	金额（万元）	金额占总额比重
信用期内（2个月）	42	560	47%
超过信用期1个月	24	200	17%
超过信用期3个月	11	90	8%
超过信用期6个月	5	120	10%
超过信用期1年	2	100	8%
超过信用期2年	1	130	11%
合计	85	1200	100%

图 9-27　应收账款账龄情况

具体步骤如下。

(1) 绘制应收账款账户账龄分析图

选中数据区域 A18：B24，在"插入"选项卡的"图表"组中，选择"饼图"中的"分离性三维饼图"类型。在"设置"选项卡的"快速布局"组中选择"布局 5"样式。选中图表区，右击，选择"设置数据标签格式"命令，在"标签选项"区域中勾选"值"复选框。在图表标题中输入"应收账款账户账龄分析"。略微调整图中数据标签的位置，即可得到图 9-28。

(2) 绘制应收账款金额账龄分析图

选中数据区域 A18：A24，C18：D24，然后创建饼图。绘制饼图的方法同(1)，此处省略。绘制结果如图 9-29 所示。

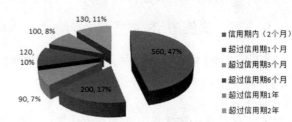

图 9-28　应收账款账户账龄分析图　　　图 9-29　应收账款金额账龄分析图

9.3　存货管理

9.3.1　知识储备

1. 经济订货基本模型

经济订货基本模型是建立在严格的假设前提下的，假设如下：

①企业的需求量是已知常数；
②存货可及时、一次性入库；
③存货价格稳定，且不存在商业折扣；
④存货储存成本与存货水平呈线性关系；
⑤不允许出现缺货。

在上述假设前提下，经济订货基本模型公式为

$$Q^* = \sqrt{\frac{2K \times D}{K_C}}$$

$$TC(Q^*) = \sqrt{2K \times D \times K_C}$$

$$N = \frac{D}{Q^*}$$

$$最佳订货周期 = \frac{360}{N}$$

式中，D 为每期对存货的总需求量；K 为每次订货费用；K_C 为每期单位存货储存费率；Q^* 为最佳订货量；$TC(Q)$ 为每期存货的相关总成本；N 为每期最佳订货次数。

2. 经济订货基本模型的扩展——存货陆续供应和使用模型

经济订货基本模型是建立在存货一次性集中入库的假设之上的。事实上，存货一般都是陆续入库和陆续耗用的。

存货陆续供应和使用的经济订货量模型公式为

$$Q^* = \sqrt{\frac{2KD}{K_C} \times \frac{p}{p-d}}$$

$$TC(Q^*) = \sqrt{2KDK_C \times \left(1 - \frac{d}{p}\right)}$$

式中，p 为每日存货送货量；d 为每日存货消耗量。

9.3.2 实例演示

【案例9-6】XWL公司全年需要A材料6 000公斤，材料价格25元/公斤，公司每次订货费用为30元，存货年储存费率为10元/公斤。

要求：

①若材料是一次性集中入库，请计算该材料的经济订货量、经济订货相关总成本、全年最佳订货次数和最佳订货周期；

②若材料是陆续入库和使用，每日材料入库量为40公斤，每日耗用量为8公斤，请计算此时的经济订货量、经济订货相关总成本、全年最佳订货次数和最佳订货周期。

具体操作步骤如下。

(1) 新建工作表

在已有"流动资产管理"工作簿中，插入新工作表重命名为"存货管理"，依据案例资料绘制表格并输入基本数据。结果如图9-30所示。

A1 fx 经济订货模型分析

	A	B	C
1	经济订货模型分析		
2	基本数据		
3	全年需求量（公斤）	6,000.00	
4	每次订货成本（元/次）	30.00	
5	年储存费率（元/公斤）	10.00	
6	每日送货量（公斤）	40.00	
7	每日消耗量(公斤)	8.00	
8	计算项目	基本模型	扩展模型—存货陆续入库和使用
9	经济订货量		
10	经济订货相关总成本		
11	全年最佳订货次数		
12	最佳订货周期		
13			

现金管理-存货模型 应收账款管理 存货管理

图 9-30　新建工作表

(2)计算经济订货量

在单元格 B9 中输入公式“=SQRT(2*B3*B4/B5)”，可得到基本模型下的经济订货量。

在单元格 C9 中输入公式“=SQRT(2*B3*B4*B6/(B5*(B6-B7)))”，可得到存货陆续入库和使用情况下的经济订货量。结果如图 9-31 所示。

C9 fx =SQRT(2*B3*B4*B6/(B5*(B6-B7)))

	A	B	C
1	经济订货模型分析		
2	基本数据		
3	全年需求量（公斤）	6,000.00	
4	每次订货成本（元/次）	30.00	
5	年储存费率（元/公斤）	10.00	
6	每日送货量（公斤）	40.00	
7	每日消耗量(公斤)	8.00	
8	计算项目	基本模型	扩展模型—存货陆续入库和使用
9	经济订货量	189.74	212.13
10	经济订货相关总成本		
11	全年最佳订货次数		
12	最佳订货周期		
13			

现金管理-存货模型 应收账款管理 存货管理

图 9-31　计算经济订货量

(3)计算经济订货相关总成本

在单元格 B10 中输入公式“=SQRT(2*B3*B4*B5)”，可得到基本模型下的经济订货相关总成本。

在单元格 C10 中输入公式“=SQRT(2*B3*B4*B5*(B6-B7)/B6)”，可得到存货陆续入库和使用情况下的经济订货相关总成本。结果如图 9-32 所示。

C10 fx =SQRT(2*B3*B4*B5*(B6-B7)/B6)

	A	B	C
1	经济订货模型分析		
2	基本数据		
3	全年需求量（公斤）	6,000.00	
4	每次订货成本（元/次）	30.00	
5	年储存费率（元/公斤）	10.00	
6	每日送货量（公斤）	40.00	
7	每日消耗量(公斤)	8.00	
8	计算项目	基本模型	扩展模型—存货陆续入库和使用
9	经济订货量	189.74	212.13
10	经济订货相关总成本	1,897.37	1,697.06
11	全年最佳订货次数		
12	最佳订货周期		
13			

现金管理-存货模型 应收账款管理 存货管理

图 9-32　计算经济订货相关总成本

(4)计算全年最佳订货次数

在单元格 B11 中输入公式“=$B $3/B9”，拖动填充柄复制公式到单元格 C11，可分别得到基本模型和扩展模型下的全年最佳订货次数。结果如图 9-33 所示。

B11 =$B$3/B9

	A	B	C
1	经济订货模型分析		
2	基本数据		
3	全年需求量（公斤）	6,000.00	
4	每次订货成本（元/次）	30.00	
5	年储存费率（元/公斤）	10.00	
6	每日送货量（公斤）	40.00	
7	每日消耗量(公斤)	8.00	
8	计算项目	基本模型	扩展模型—存货陆续入库和使用
9	经济订货量	189.74	212.13
10	经济订货相关总成本	1,897.37	1,697.06
11	全年最佳订货次数	32	28
12	最佳订货周期		
13			

现金管理-存货模型 / 应收账款管理 / 存货管理

图 9-33　计算全年最佳订货次数

(5)计算最佳订货周期

在单元格 B12 中输入公式“=360/B11”，拖动填充柄复制公式到单元格 C12，可分别得到基本模型和扩展模型下的最佳订货周期。结果如图 9-34 所示。

B12 =360/B11

	A	B	C
1	经济订货模型分析		
2	基本数据		
3	全年需求量（公斤）	6,000.00	
4	每次订货成本（元/次）	30.00	
5	年储存费率（元/公斤）	10.00	
6	每日送货量（公斤）	40.00	
7	每日消耗量(公斤)	8.00	
8	计算项目	基本模型	扩展模型—存货陆续入库和使用
9	经济订货量	189.74	212.13
10	经济订货相关总成本	1,897.37	1,697.06
11	全年最佳订货次数	32	28
12	最佳订货周期	11	13
13			

现金管理-存货模型 / 应收账款管理 / 存货管理

图 9-34　计算最佳订货周期

本章小结

本章主要介绍了流动资产管理中现金管理、应收账款管理和存货管理的决策内容和方法，并在 Excel 中详细展示了建立现金管理-成本模型、现金管理-存货模型、应收账款信用政策决策模型、应收账款账龄分析模型和存货经济订货模型的操作过程。

实践演练

【实践一】ABC 公司现有 3 种现金持有方案，有关资料如表 9-2 所示。要求：应用成本分析模式，确定最佳现金持有方案，并绘制总成本分析图。

表 9-2　现金持有量备选方案表　　　　　　　　　　　　单位：元

项目	方案1	方案2	方案3
现金持有量	200 000.00	300 000.00	400 000.00
机会成本	45 000.00	67 000.00	78 000.00
管理成本	56 000.00	65 000.00	62 000.00
短缺成本	115 600.00	105 600.00	80 000.00

【实践二】ABC公司正在考虑公司的最佳现金持有量，预计公司全年现金总需求量为100万元，现金与有价证券转换的成本为2万元/次，有价证券利息率为8%。

要求：

①计算公司最佳现金持有量；

②计算最低现金持有总成本；

③计算全年有价证券转换次数；

④运用"规划求解"工具再次计算上述数据。

【实践三】ABC公司预测明年销售收入2 000万元，信用条件是"N/30"，坏账损失率2%，收账费用10万元。公司为提升销售业绩拟采用新的信用政策"2/15，1/30，N/50"。预计30%的顾客会享受2%的现金折扣，40%的顾客会享受1%的现金折扣。新政策预计会使销售收入提升至3 000万元，坏账损失率降为1.5%，收账费用提升为15万元。已知公司资本成本率为10%，变动成本率为60%。请判断公司是否应采用新信用政策。

【实践四】ABC公司预计明年需要甲材料7 000吨，材料单价50元/吨，公司一次订货费用为100元，存货年储存费率为10元/吨。公司不允许出现缺货情况。

要求：

①若材料是一次性集中入库，请计算该材料的经济订货量、经济订货相关总成本、全年最佳订货次数和最佳订货周期；

②若材料是陆续入库和使用，每日材料入库量为30吨，每日耗用量为5吨。请计算此时的经济订货量、经济订货相关总成本、全年最佳订货次数和最佳订货周期。

第 10 章 财务报表分析

🔔 学习目的

学习利用 Excel 软件进行财务分析的方法和步骤，能够利用 Excel 工具建立财务报表比较分析模型、财务比率分析模型、杜邦分析模型并进行运用，利用 Excel 工具进行因素分析。

10.1 财务报表比较分析模型

10.1.1 知识储备

财务报表分析，是通过收集、整理企业财务会计报告中的有关数据，并结合其他有关补充信息，对企业的财务状况、经营成果和现金流量情况进行综合比较和评价，为财务会计报告使用者提供管理决策和控制依据的一项管理工作。

财务报表能够全面反映企业的财务状况、经营成果和现金流量情况。但是单纯从财务报表上的数据还不能直接或全面说明企业的财务状况，特别是不能说明企业经营状况的好坏和经营成果的高低，只有将企业的财务指标与有关的数据进行比较才能说明企业财务状况，因此要进行财务报表分析。财务报表的使用人包括权益投资人、债权人、经理人员、政府机构和其他与企业有利益关系的人士，使用对象不同目的也有所不同，可能需要用到的方法也不一样。本章介绍最常用的几种方法，包括结构分析法、趋势分析法、比率分析法、因素分析法和综合分析法。各方法的具体运用接下来分节进行介绍和实例演示。

在利用 Excel 进行财务报表分析之前，我们还需要了解进行财务分析的步骤。

财务报表分析是一项比较复杂的工作，因此应该按照一定程序进行。采用 Excel 进行财务报表分析一般按以下步骤进行。
- 确定分析目标和分析范围。
- 收集、获取分析资料。
- 选择合适的分析方法并建立相应的分析模型。
- 确定分析标准并进行分析。

本节重点介绍财务报表的比较分析模型，主要包括结构分析和趋势分析。

结构分析是将报表的某个总体项目金额当作100%，再计算出其余项目占该总体指标的百分比，以显示各项目的相对地位。资产负债表结构分析通常以总资产金额作为编制资产负债表结构分析表的基数。利润表结构分析通常以营业收入作为分析基数。另外还可以比较不同时期各项目百分比的变化，以此分析经营期内发生的对企业财务状况、经营成果有显著影响的变化项目。

趋势分析是将连续数期的报表项目金额并列起来，比较其相同指标的增减变动金额和变动幅度，据以判断企业财务状况和经营成果、现金流量等发展变化的一种方法。

下面以资产负债表和利润表为例，讲解财务报表比较分析模型的建立和运用。

10.1.2 实例演示

【案例10-1】资产负债表比较分析。

XWL公司20×1、20×2、20×3年三年的资产负债表已经从公司财务软件中导入Excel财务报表分析工作簿里的"资产负债表"工作表中，如表10-1所示。

表10-1 XWL公司近3年的资产负债表　　　　　　　　　　单位：元

指标	20×1	20×2	20×3
货币资金	618 670 876.58	817 132 147.52	794 656 951.08
交易性金融资产	91 068 800.05	37 372 580	39 978 932.78
应收票据	181 130 002.52	236 635 311.02	275 515 404.62
应收账款	129 257 126.75	143 092 931.63	184 996 254.12
预付账款	34 718 522.57	37 576 606.05	38 834 114.33
应收利息	0	1 902 859.67	5 382 100.26
其他应收款	16 512 341.76	20 186 929.80	27 493 925.28
存货	175 339 505.29	167 246 211.08	184 347 343.23
一年内到期的非流动资产	3 558 137.16	4 560 227.21	14 739 095.49
其他流动资产	0	0	18 630 000.00
流动资产合计	1 250 255 312.68	1 465 705 803.98	1 584 574 121.19
可供出售金融资产	0	0	4 826 078.87
长期股权投资	83 410 489.39	84 381 585.13	82 311 525.62
固定资产净额	215 544 606.43	223 483 765.81	0

续表

指标	20×1	20×2	20×3
在建工程	34 721 101.54	5 326 761.12	64 850 866.77
工程物资	52 914.09	52 914.09	0
无形资产	31 887 606.37	19 814 173.46	18 857 394.34
开发支出	4 954 308.64	2 995 872.96	3 423 081.89
商誉	11 925 483.90	17 565 483.90	17 565 483.90
长期待摊费用	13 119 676.94	14 721 788.68	30 366 968.96
递延税款借项合计	11 751 923.18	8 825 533.43	11 463 070.11
非流动资产合计	407 368 110.48	377 167 878.58	442 898 794.19
资产总计	1 657 623 423.16	1 842 873 682.56	2 027 472 915.38
短期借款	49 750 000.00	43 490 000.00	40 000 000.00
应付票据	19 341 386.21	62 102 132.34	34 757 995.75
应付账款	103 121 244.41	114 430 528.97	152 957 156.76
预收账款	36 499 306.59	17 231 464.62	12 348 920.17
应付职工薪酬	3 175 919.70	3 953 313.34	4 141 826.13
应交税金	27 168 244.74	58 816 343.63	76 779 110.18
应付利息	0	0	373 611.12
应付股利	976 656.72	1 339 966.06	1 891 330.86
其他应付款	91 763 208.14	103 660 824.45	133 685 193.71
流动负债合计	331 795 966.51	405 024 573.41	456 935 144.68
其他非流动负债	5 900 000.00	4 540 000.00	4 280 000.00
非流动负债合计	5 900 000.00	4 540 000.00	4 280 000.00
负债合计	337 695 966.51	409 564 573.41	461 215 144.68
股本	331 579 916	331 579 916	331 579 916
资本公积	118 298 736.48	118 298 736.48	120 579 108.84
盈余公积	206 645 419.17	224 955 732.95	245 129 878.66
未分配利润	497 975 753.90	616 990 097.78	0
外币报表折算差额	−1 213 651.17	−1 213 905.99	−1 491 206.22
归属于母公司所有者权益合计	1 153 286 174.38	1 290 610 577.22	1 425 885 249.99
少数股东权益	166 641 282.27	142 698 531.93	140 372 520.71
股东权益合计	1 319 927 456.65	1 433 309 109.15	1 566 257 770.70
负债和股东权益合计	1 657 623 423.16	1 842 873 682.56	2 027 472 915.38

要求：

①对 XWL 公司的资产负债表进行结构分析；

②对 XWL 公司的资产负债表进行趋势分析。

【操作过程】

1. 资产负债表结构分析具体操作步骤

①创建新的工作表及设置分析基础表格。将同一工作簿中的一个空白工作表重命名为"资产负债表结构分析"。然后按照资产负债表结构分析模型绘制表格，如图 10-1 所示，接下来就在该表格中进行资产负债表的结构分析。

	A	B	C	D	E	F	G	H
1					资产负债表结构分析			
2								
3	指标/年份	20X1年末(%)	20X2年末(%)	20X3年末(%)	指标/年份	20X1年末(%)	20X2年末(%)	20X3年末(%)
4	货币资金				短期借款			
5	交易性金融资产				应付票据			
6	应收票据				应付账款			
7	应收账款				预收账款			
8	预付账款				应付职工薪酬			
9	应收利息				应交税金			
10	其他应收款				应付利息			
11	存货				应付股利			
12	一年内到期的非流动资产				其他应付款			
13	其他流动资产				流动负债合计			
14	流动资产合计				其他长期负债			
15	可供出售金融资产				长期负债合计			
16	长期股权投资				负债合计			
17	固定资产净额				股本			
18	在建工程				资本公积			
19	工程物资				盈余公积			
20	无形资产				未分配利润			
21	开发支出				外币报表折算差额			
22	商誉				归属于母公司所有者权益合计			
23	长期待摊费用				少数股东权益			
24	递延税款借项合计				股东权益合计			
25	非流动资产合计							
26	资产总计				负债和股东权益合计			

图 10-1　资产负债表结构分析基础表格

②在单元格 B4 中输入公式"=资产负债表! B4/资产负债表! B $26"，也可以利用数据链接引用的操作办法。先输入"="，然后，单击工作表"资产负债表"的单元格 B4，再输入"/"，再单击单元格 B26，按〈Enter〉键得到结果，但记得固定 B26 的行，在 26 前加"$"，以便后面采用填充功能。

③把 B4 的单元格格式修改为百分比，小数位数为 2。显示结果："37.32%"。

④单击单元格 B4，然后利用自动填充功能，按住鼠标左键拖动至单元格 B26。再次利用自动填充功能，按住鼠标左键从单元格 B4 拖至 D6。然后分别从 C5 拖至 C26，从 D5 拖至 D26。

⑤在单元格 F4 中输入公式"=资产负债表! F4/资产负债表! F $26"，建议采用上述数据链接引用方法。同样设置单元格格式为百分比，小数位数为 2。然后再次利用自动填充功能完成资产负债表右边项目的公式设置。

完成设置后，即可得到图 10-2 的结果。

	A	B	C	D	E	F	G	H
1	资产负债表结构分析							
2								
3	指标/年份	20X1年末(%)	20X2年末(%)	20X3年末(%)	指标/年份	20X1年末(%)	20X2年末(%)	20X3年末(%)
4	货币资金	37.32%	44.34%	39.19%	短期借款	3.00%	2.36%	1.97%
5	交易性金融资产	5.49%	2.03%	1.97%	应付票据	1.17%	3.37%	1.71%
6	应收票据	10.93%	12.84%	13.59%	应付账款	6.22%	6.21%	7.54%
7	应收账款	7.80%	7.76%	9.12%	预收账款	2.20%	0.94%	0.61%
8	预付账款	2.09%	2.04%	1.92%	应付职工薪酬	0.19%	0.21%	0.20%
9	应收利息	0.00%	0.10%	0.27%	应交税金	1.64%	3.19%	3.79%
10	其他应收款	1.00%	1.10%	1.36%	应付利息	0.00%	0.00%	0.02%
11	存货	10.58%	9.08%	9.09%	应付股利	0.06%	0.07%	0.09%
12	一年内到期的非流动资产	0.21%	0.25%	0.73%	其他应付款	5.54%	5.62%	6.59%
13	其他流动资产	0.00%	0.00%	0.92%	流动负债合计	20.02%	21.98%	22.54%
14	流动资产合计	75.42%	79.53%	78.16%	其他长期负债	0.36%	0.25%	0.21%
15	可供出售金融资产	0.00%	0.00%	0.24%	长期负债合计	0.36%	0.25%	0.21%
16	长期股权投资	5.03%	4.58%	4.06%	负债合计	20.37%	22.22%	22.75%
17	固定资产净额	13.00%	12.13%	0.00%	股本	20.00%	17.99%	16.35%
18	在建工程	2.09%	0.29%	3.20%	资本公积	7.14%	6.42%	5.95%
19	工程物资	0.00%	0.00%	0.00%	盈余公积	12.47%	12.21%	12.09%
20	无形资产	1.92%	1.08%	0.93%	未分配利润	30.04%	33.48%	0.00%
21	开发支出	0.30%	0.16%	0.17%	外币报表折算差额	-0.07%	-0.07%	-0.07%
22	商誉	0.72%	0.95%	0.87%	归属于母公司所有者权益合计	69.57%	70.03%	70.33%
23	长期待摊费用	0.79%	0.80%	1.50%	少数股东权益	10.05%	7.74%	6.92%
24	递延税款借项合计	0.71%	0.48%	0.57%	股东权益合计	79.63%	77.78%	77.25%
25	非流动资产合计	24.58%	20.47%	21.84%				
26	资产总计	100.00%	100.00%	100.00%	负债和股东权益合计	100.00%	100.00%	100.00%

图 10-2 资产负债表结构分析计算结果

根据上述模型计算显示结果，可以对该企业资产负债表的结构进行分析。从资产结构、资本结构及两者的匹配情况等，分析结果举例如下。通过对企业资产负债表的结构分析，可以看出：①企业资产中流动资产比重较高，为 75% 以上，且该比重在 20×2 年接近 80%。其中货币资金占比较大，平均在 40% 左右，20×2 年达到 44.34%。该企业为医药生产和销售企业，资产主要是存货和货币资金，固定资产等非流动资产比重较少，该资产结构符合企业业务情况。②负债结构中流动负债占比为 20% 多一点，可以看出企业的资金来源主要依靠权益资本，风险低。③从资产结构与资本结构的配比关系来看，部分流动资产由流动负债满足，而大部分流动资产由权益资本满足，风险低，但筹资成本较高。企业可以考虑适当提高负债率，降低筹资成本。

另外，根据需要，还可以进一步分析流动资产内部结构、非流动资产内部结构、负债结构和所有者权益结构，如果资料详细，还可以进行应收账款构成分析、存货结构分析、固定资产构成分析等。利用 Excel 进行分析的思路和以上操作是一样的，不再赘述。另外在呈现分析结果时还可以借助 Excel 的图表进行展现，如利用图表反映 XWL 公司的资产结构情况，如图 10-3 所示。具体操作可参照教材图表知识点来学习和运用。

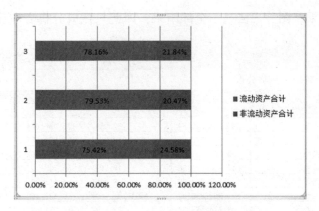

图 10-3　XWL 公司三年的资产结构

2. 资产负债表趋势分析具体操作步骤

①创建新的工作表及设置分析表格。将同一工作簿中的一个空白工作表重命名为"资产负债表趋势分析",然后按照资产负债表趋势分析模型绘制表格。结果如图 10-4 所示。

资产负债表趋势分析										
	20X2年比20X1年		20X3年比20X1年				20X2年比20X1年		20X3年比20X1年	
项目	增减金额(元)	增减%	增减金额(元)	增减%		项目	增减金额(元)	增减%	增减金额(元)	增减%
货币资金						短期借款				
交易性金融资产						应付票据				
应收票据						应付账款				
应收账款						预收账款				
预付账款						应付职工薪酬				
应收利息						应交税金				
其他应收款						应付利息				
存货						应付股利				
一年内到期的非流动资产						其他应付款				
其他流动资产						流动负债合计				
流动资产合计						其他长期负债				
可供出售金融资产						长期负债合计				
长期股权投资						负债合计				
固定资产净额						股本				
在建工程						资本公积				
工程物资						盈余公积				
无形资产						未分配利润				
开发支出						外币报表折算差额				
商誉						归属于母公司所有者权益合计				
长期待摊费用						少数股东权益				
递延税款借项合计						股东权益合计				
非流动资产合计										
资产总计						负债和股东权益合计				

图 10-4　资产负债表趋势分析基础表格

②在单元格 B4 中利用单元格调用的方法输入公式"=资产负债表!C4-资产负债表!B4",按〈Enter〉键得到结果。

③把单元格 B4 的格式修改为数值,小数位数为 2,使用千位分隔符。

④单击单元格 B4,然后利用自动填充功能,按住鼠标左键拖动至单元格 B26。

⑤在单元格 C4 中输入公式"=B4/资产负债表!B4",建议采用上述数据链接引用方法。公式含义为:用货币资金的增减金额除以期初 20×1 年的货币资金金额,得到增减变动百分比。设置单元格格式为百分比,小数位数为 2。然后再次利用自动填充功能完成 C 列的设置。

⑥根据每一列要计算的内容,采用同样方法设置表格其他公式。完成设置后,即可

得到图 10-5 的结果。图片无法显示全部结果，因此只截取分析表左边资产的趋势分析结果。

	A	B	C	D	E
1	资产负债表趋势分析				
2		20X2年比20X1年		20X3年比20X1年	
3	项目	增减金额(元)	增减%	增减金额(元)	增减%
4	货币资金	198,461,270.94	32.08%	175,986,074.50	28.45%
5	交易性金融资产	-53,696,220.05	-58.96%	-51,089,867.27	-56.10%
6	应收票据	55,505,308.50	30.64%	94,385,402.10	52.11%
7	应收账款	13,835,804.88	10.70%	55,739,127.37	43.12%
8	预付账款	2,858,083.48	8.23%	4,115,591.76	11.85%
9	应收利息	1,902,859.67	#DIV/0!	5,382,100.26	#DIV/0!
10	其他应收款	3,674,588.04	22.25%	10,981,583.52	66.51%
11	存货	-8,093,294.21	-4.62%	9,007,837.94	5.14%
12	一年内到期的非流动资产	1,002,090.05	28.16%	11,180,958.33	314.24%
13	其他流动资产	0.00	#DIV/0!	18,630,000.00	#DIV/0!
14	流动资产合计	215,450,491.30	17.23%	334,318,808.51	26.74%
15	可供出售金融资产	0.00	#DIV/0!	4,826,078.87	#DIV/0!
16	长期股权投资	971,095.74	1.16%	-1,098,963.77	-1.32%
17	固定资产净额	7,939,159.38	3.68%	-215,544,606.43	-100.00%
18	在建工程	-29,394,340.42	-84.66%	30,129,765.23	86.78%
19	工程物资	0.00	0.00%	-52,914.09	-100.00%
20	无形资产	-12,073,432.91	-37.86%	-13,030,212.03	-40.86%
21	开发支出	-1,958,435.68	-39.53%	-1,531,226.75	-30.91%
22	商誉	5,640,000.00	47.29%	5,640,000.00	47.29%
23	长期待摊费用	1,602,111.74	12.21%	17,247,292.02	131.46%
24	递延税款借项合计	-2,926,389.75	-24.90%	-288,853.07	-2.46%
25	非流动资产合计	-30,200,231.90	-7.41%	35,530,683.71	8.72%
26	资产总计	185,250,259.40	11.18%	369,849,492.22	22.31%

图 10-5　资产负债表趋势分析结果(截取部分)

提示：计算结果显示为"#DIV/0!"，是由于求百分比时分母为零。

根据趋势分析计算结果，可以对 XWL 公司的资产、负债、所有者权益的变动情况进行分析。同时还可以通过绘制资产负债表项目变化的折线图或柱状图等更加直观、形象地表现变化情况，如图 10-6、图 10-7 所示。

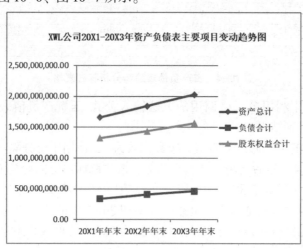

图 10-6　XWL 公司 20×1—20×3 年资产负债表主要项目变动趋势图

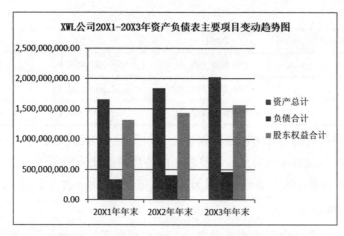

图 10-7 资产、负债、所有者权益变化趋势柱形图

在采用趋势分析法时，必须注意以下问题：①用于进行对比的各个时期的指标，在计算口径上必须一致；②剔除偶发性项目的影响，使作为分析的数据能反映正常的经营状况；③应用例外原则，应对某项有显著变动的指标作重点分析，研究其产生的原因，以便采取对策。

【案例10-2】利润表比较分析。

XWL公司20×1、20×2、20×3年三年的利润表已经从公司财务软件中导入Excel财务报表分析工作簿里的"利润表"中，如表10-2所示。

要求：

①对XWL公司的利润表进行结构分析；

②对XWL公司的利润表进行趋势分析。

表 10-2　XWL 公司 3 年的利润表　　　　　　　　　　　单位：元

指标	20×1	20×2	20×3
营业收入	1 415 545 180.08	1 542 034 451.31	1 602 282 477.43
营业成本	857 550 139.89	900 827 606.05	916 522 590.89
营业税金及附加	14 551 436.92	16 185 725.68	15 980 469.92
销售费用	285 566 425.17	363 071 676.86	367 161 178.19
管理费用	81 904 863.02	102 375 686.33	114 983 081.73
财务费用	-2 111 969.13	-6 776 338.62	-10 572 592.95
资产减值损失	5 299 385.42	3 548 330.73	4 361 425.80
公允价值变动收益	-23 804 204.51	26 917 133.44	-1 906 463.45
投资收益	4 933 117.11	-2 343 767.26	10 925 052.04
营业利润	153 913 811.39	187 375 130.46	202 864 912.44
营业外收入	7 149 739.61	13 527 724.73	13 357 490.16
营业外支出	1 237 382.59	1 520 446.35	1 143 983.13

续表

指标	20×1	20×2	20×3
利润总额	159 826 168.41	199 382 408.84	215 078 419.47
所得税	24 795 711.20	31 891 639.71	37 402 840.58
净利润	135 030 457.21	167 490 769.13	177 675 578.89

操作过程：对利润表进行结构分析和趋势分析的操作方法同案例10-1的方法，只是在进行结构分析时，需要注意的是，计算各年的各项目的比重时，一般以当年的营业收入作为100%，即每个项目的比重=该项目当年发生额/当年营业收入金额。

1. 利润表结构分析

将工作簿中的一个空白工作表重命名为"XWL利润表结构分析"。然后参照资产负债表结构分析方法进行操作，在单元格B3中利用单元格调用或直接输入公式"=利润表!B3/利润表!B$3"，修改单元格格式。然后利用自动填充功能，完成其他公式设置。结果如图10-8所示。

指标/年份	20X1	20X2	20X3
营业收入	100.00%	100.00%	100.00%
营业成本	60.58%	58.42%	57.20%
营业税金及附加	1.03%	1.05%	1.00%
销售费用	20.17%	23.54%	22.91%
管理费用	5.79%	6.64%	7.18%
财务费用	-0.15%	-0.44%	-0.66%
资产减值损失	0.37%	0.23%	0.27%
公允价值变动收益	-1.68%	1.75%	-0.12%
投资收益	0.35%	-0.15%	0.68%
营业利润	10.87%	12.15%	12.66%
营业外收入	0.51%	0.88%	0.83%
营业外支出	0.09%	0.10%	0.07%
利润总额	11.29%	12.93%	13.42%
所得税	1.75%	2.07%	2.33%
净利润	9.54%	10.86%	11.09%

图10-8 利润表结构分析

根据计算结果可以对企业利润表各项目占营业收入比重及其变化进行分析。为了更直观呈现利润表各项目占比的变化情况，可以分别计算不同年份比重的差异，然后进行分析，举例如下：根据XWL公司利润表的结构分析结果，净利润占比20×2年比20×1年上升了1.32%，主要原因是20×2年营业成本占比下降了2.16%；而公允价值变动收益占比由20×1年损失占比1.68%，转变为20×2年的收益占比1.75%，但20×2年销售费用占比上升了3.37%，值得关注；另外公允价值变动收益由负转正的情况值得深究。

2. 利润表趋势分析

将工作簿中的一个空白工作表重命名为"利润表趋势分析"。然后参照资产负债表趋势分析方法完成公式设置，操作后显示结果，如图10-9所示。

项目	20X2年比20X1年		20X3年比20X1年	
	增减金额（元）	增减%	增减金额（元）	增减%
营业收入	126,489,271.23	8.94%	186,737,297.35	13.19%
营业成本	43,277,466.16	5.05%	58,972,451.00	6.88%
营业税金及附加	1,634,288.76	11.23%	1,429,033.00	9.82%
销售费用	77,505,251.69	27.14%	81,594,753.02	28.57%
管理费用	20,470,823.31	24.99%	33,078,218.71	40.39%
财务费用	-4,664,369.49	220.85%	-8,460,623.82	400.60%
资产减值损失	-1,751,054.69	-33.04%	-937,959.62	-17.70%
公允价值变动收益	50,721,337.95	-213.08%	21,897,741.06	-91.99%
投资收益	-7,276,884.37	-147.51%	5,991,934.93	121.46%
营业利润	33,461,319.07	21.74%	48,951,101.05	31.80%
营业外收入	6,377,985.12	89.21%	6,207,750.55	86.82%
营业外支出	283,063.76	22.88%	-93,399.46	-7.55%
利润总额	39,556,240.43	24.75%	55,252,251.06	34.57%
所得税	7,095,928.51	28.62%	12,607,129.38	50.84%
净利润	32,460,311.92	24.04%	42,645,121.68	31.58%

图10-9 利润表趋势分析

根据计算结果可以对企业利润表各项目变化趋势进行详细分析。分析举例：以20×1年作为基期进行分析，这三年间公司净利润逐年增加，营业利润和营业外收支净额均持续增长；营业收入分别增长了8.94%和13.19%，营业成本分别增长了5.05%和6.88%，比营业收入增长速度慢，说明企业毛利也在逐年增加；但销售费用、管理费用增幅较大，值得关注；公允价值变动收益项目由负转正，幅度变化为213.08%，变化金额为5 000多万元，这一较大变化值得深入分析其变化的具体原因。

10.2 财务比率分析

10.2.1 知识储备

财务比率分析是指利用财务报表中两项相关数值的比率揭示企业财务状况和经营成果的一种分析方法。根据分析的目的和要求的不同，可以选择不同比率进行分析。常用的基本财务比率指标有盈利能力指标、偿债能力指标、营运能力指标和发展能力指标。每个方面的指标又具体可以分为很多具体指标，具体内容如表10-3所示。

表 10-3　财务比率指标说明表

财务比率内容	代表性指标	计算说明
盈利能力指标	●反映资产盈利能力指标： 净资产收益率、总资产报酬率 ●反映经营盈利能力分析： 销售净利率、销售毛利率、营业利润率、成本费用利润率	总资产报酬率＝息税前利润/平均总资产 净资产收益率＝净利润/平均净资产 销售净利率＝净利润/销售收入净额 销售毛利率＝毛利/销售收入 营业利润率＝营业利润/销售收入 成本费用利润率＝营业利润/(营业成本+期间费用)
偿债能力指标	●反映短期偿债能力指标： 流动比率、速动比率、现金比率 ●反映长期偿债能力指标 资产负债率、权益乘数、利息保障倍数	流动比率＝流动资产/流动负债 速动比率＝(流动资产−存货)/流动负债 现金比率＝(货币资金+交易性金融资产)/流动负债 资产负债率＝负债余额/资产余额 权益乘数＝总资产余额/所有者权益余额 利息保障倍数＝(利润总额+费用化利息)/(费用化利息+资本化利息) 如果不能获得利息分类资料，则直接用利息费用计算，即利息保障倍数＝(利润总额+利息费用)/利息费用
营运能力指标	●流动资产营运能力指标： 应收账款周转率、存货周转率、流动资产周转率 ●非流动资产营运能力指标： 固定资产周转率、非流动资产周转率 ●总资产营运能力指标： 总资产周转率	应收账款周转率＝营业收入/平均应收账款 存货周转率＝营业成本/平均存货余额 流动资产周转率＝营业收入/流动资产平均余额 非流动资产周转率＝营业收入/平均非流动资产 固定资产周转率＝营业收入与平均固定资产净值 总资产周转率＝营业收入净额/总资产平均余额
发展能力指标	资产增长率、股东权益增长率、销售增长率、收益增长率	资产增长率＝本期资产增加额/上期资产总额 股东权益增长率＝本期股东权益增加额/上期股东权益总额 销售增长率＝本期销售收入净额增加额/上期销售收入净额 收益增长率＝本期净利润增加额/上期净利润总额

财务比率分析法的优点是计算简便，计算结果容易判断，而且可以使某些指标在不同规模的企业之间进行比较，甚至也能在一定程度上超越行业间的差别进行比较。但采用这一方法时，对比率指标的使用该注意以下几点。

①对比项目的相关性。计算比率的子项和母项必须具有相关性，把不相关的项目进行对比是没有意义的。

②对比口径的一致性。计算比率的子项和母项必须在计算时间、范围等方面保持口径一致。

③衡量标准的科学性。运用比率分析，需要选用一定的标准与之对比，以便对企业的

财务状况作出评价。通常而言，科学合理的对比标准有：预定目标；历史标准；行业标准；公认标准。

10.2.2 实例演示

【案例 10-3】财务比率分析。

根据 XWL 公司的资产负债表和利润表资料，计算表 10-4 中列示的财务比率，并根据计算结果对该公司的各方面财务能力进行分析。

表 10-4 需要计算的财务比率

财务能力	计算指标
盈利能力指标	销售毛利率、销售净利率、营业利润率、成本费用利润率、总资产报酬率、净资产收益率
偿债能力指标	流动比率、速动比率、现金比率、资产负债率、权益乘数
营运能力指标	应收账款周转率、存货周转率、流动资产周转率、固定资产周转率、总资产周转率
发展能力指标	资产增长率、股东权益增长率、销售增长率、收益增长率

具体操作步骤如下。

新建工作簿"ch10-1 财务比率分析"，将已知的财务报表资料导入工作簿中，并分别重命名工作表为"资产负债表"和"利润表"。然后将同一工作簿中的四个空工作表分别重命名为"盈利能力分析""营运能力分析""偿债能力分析"和"发展能力分析"。接下来分别在对应工作表内进行操作。

（1）盈利能力分析

首先在"盈利能力分析"工作表中设计出盈利能力分析模型，如图 10-10 所示。模型也可以根据需要进行适当调整，既可以用来计算单一年份的财务指标，也可以进行不同年份的指标对比分析，还可以进行不同企业同一指标的对比等。本例以计算连续两年指标为例。

	A	B	C
1	财务比率分析模型—盈利能力分析		
2			
3	项　　目	20x2	20x3
4	销售毛利率		
5	销售净利率		
6	营业利润率		
7	成本费用利润率		
8	总资产报酬率		
9	净资产收益率		

图 10-10 盈利能力分析模型

根据各财务指标的计算公式进行公式设置：

在单元格 B4 中输入"=(利润表!C3−利润表!C4)/利润表!C3"；

在单元格 B5 中输入"=利润表!C17/利润表!C3"；

在单元格 B6 中输入"=利润表!C12/利润表!C3"；

在单元格 B7 中输入"= 利润表! C12/(利润表! C4+利润表! C6+利润表! C7+利润表! C8)";

在单元格 B8 中输入"=(利润表! C15+利润表! C8)/((资产负债表! C26+资产负债表! B26)/2)";

在单元格 B9 中输入"= 利润表! C17/((资产负债表! F24+资产负债表! G24)/2)"。

然后利用公式复制功能完成"20×3"列的公式设置。最后选定 B4:C9 区域,将单元格格式设定为百分比,小数位数为 2,结果如图 10-11 所示,根据计算结果进行分析和解释。

	A	B	C
1	财务比率分析模型—盈利能力分析		
2			
3	项 目	20x2	20x3
4	销售毛利率	41.58%	42.80%
5	销售净利率	10.86%	11.09%
6	营业利润率	12.15%	12.66%
7	成本费用利润率	13.78%	14.61%
8	总资产报酬率	11.00%	10.57%
9	净资产收益率	12.17%	11.85%

图 10-11 盈利能力分析结果

(2)营运能力分析

首先在"营运能力分析"工作表中设计出营运能力分析模型,如图 10-12 所示。在进行营运能力分析时,我们将财务指标分为反映流动资产周转情况、反映非流动资产周转情况及反映企业整体资产周转情况三类来进行分析,同时周转情况从一年周转次数和一年周转天数来分析。

	A	B	C	D	E
1	财务比率分析模型—营运能力分析				
2					
3	项 目	20x2		20x3	
4		次数	天数	次数	天数
5	一、反映流动资产周转情况指标				
6	存货周转率				
7	应收账款周转率				
8	流动资产周转率				
9	二、反映非流动资产周转情况指标				
10	固定资产周转率				
11	三、反映企业整体资产周转情况指标				
12	总资产周转率				

图 10-12 营运能力分析模型

然后根据各财务指标的计算公式进行公式设置:

在单元格 B6 中输入"= 利润表! C4/((资产负债表! B11+资产负债表! C11)/2)";

在单元格 C6 中输入"=360/B6";

在单元格 B7 中输入"= 利润表! C3/((资产负债表! B6+资产负债表! C6+资产负债表! B7+资产负债表! C7)/2)";

在单元格 C7 中输入"=360/B7";

在单元格 B8 中输入"= 利润表! C3/((资产负债表! B14+资产负债表! C14)/2)";

在单元格 C8 中输入"=360/B8";

在单元格 B10 中输入"=利润表!C3/((资产负债...

在单元格 C10 中输入"=360/B10";

在单元格 B12 中输入"=利润表!C3/((资产负债表!B26+资产...

在单元格 C12 中输入"=360/B12"。

然后利用同样方法将"20×3"列的公式一一进行设置。最后将单元格格式设定为小数位数为 2，结果如图 10-13 所示，根据计算结果进行分析和解释。

	A	B	C	D	E
1		财务比率分析模型—营运能力分析			
2					
3	项目	20x2		20x3	
4		次数	天数	次数	天数
5	一、反映流动资产周转情况指标				
6	存货周转率	5.26	68.45	5.21	69.05
7	应收账款周转率	4.47	80.56	3.81	94.39
8	流动资产周转率	1.14	317.03	1.05	342.67
9	二、反映非流动资产周转情况指标				
10	固定资产周转率	7.02	51.25	14.34	25.11
11	三、反映资产整体周转情况指标				
12	总资产周转率	0.88	408.61	0.83	434.79

图 10-13 营运能力分析结果

(3) 偿债能力分析

首先在"偿债能力分析"工作表中设计出偿债能力分析模型，如图 10-14 所示。从短期偿债能力和长期偿债能力进行分析。

	A	B	C
1	财务比率分析模型—偿债能力分析		
2			
3	财务比率名称	20x2	20x3
4	一、短期偿债能力		
5	流动比率		
6	速动比率		
7	现金比率		
8	二、长期偿债能力		
9	资产负债率		
10	权益乘数		

图 10-14 偿债能力分析模型

然后根据各财务指标的计算公式进行公式设置：

在单元格 B5 中输入"=资产负债表!C14/资产负债表!G13";

在单元格 B6 中输入"=(资产负债表!C14-资产负债表!C11)/资产负债表!G13";

在单元格 B7 中输入"=(资产负债表!C4+资产负债表!C5)/资产负债表!G13";

在单元格 B9 中输入"=资产负债表!G15/资产负债表!C26";

在单元格 B10 中输入"=资产负债表!C26/资产负债表!G24"。

然后利用公式复制功能将单元格 B5、B6、B7、B9 和 B10 的公式分别复制到"20×3"

	偿债能力分析	
	20x2	20x3
	3.62	3.47
	3.21	3.06
比率	2.11	1.83
能力		
资产负债率	22.22%	22.75%
权益乘数	1.29	1.29

图 10-15　偿债能力分析结果

能力分析

在"发展能力分析"工作表中设计出发展能力分析模型，如图 10-16 所示。

	A	B	C
1	财务比率分析模型—发展能力分析		
2			
3	项　目	20x2	20x3
4	销售增长率		
5	收益增长率		
6	股东权益增长率		
7	资产增长率		

图 10-16　发展能力分析模型

然后根据各增长率指标的计算公式进行公式设置：

在单元格 B4 中输入"=(利润表!C3-利润表!B3)/利润表!B3"；

在单元格 B5 中输入"=(利润表!C17-利润表!B17)/利润表!B17"；

在单元格 B6 中输入"=(资产负债表!G24-资产负债表!F24)/资产负债表!F24"；

在单元格 B7 中输入"=(资产负债表!C26-资产负债表!B26)/资产负债表!B26"。

然后利用公式复制功能将"20x3"列的公式一一进行设置。最后选定 B4:C7 区域，将单元格格式设定为百分比，小数位数为 2，结果如图 10-17 所示，根据计算结果进行分析和解释。

	A	B	C
1	财务比率分析模型—发展能力分析		
2			
3	项　目	20x2	20x3
4	销售增长率	8.94%	3.91%
5	收益增长率	24.04%	6.08%
6	股东权益增长率	8.59%	9.28%
7	资产增长率	11.18%	10.02%

图 10-17　发展能力分析结果

10.3 财务综合分析

10.3.1 知识储备

1. 杜邦分析法

最为基本的财务综合分析方法是杜邦分析法,由于这种分析方法最早由美国杜邦公司使用,故名杜邦分析法。杜邦分析法是利用几种主要的财务比率之间的关系来综合地分析企业的财务状况。具体来说,它将企业综合性最强的财务指标——净资产收益率(也称为权益净利率、权益报酬率)逐级分解为多项财务比率乘积,以便于深入分析、比较企业经营业绩。

杜邦分析法中的几种主要的财务指标关系为

净资产收益率 = 资产净利率 × 权益乘数

资产净利率 = 销售净利率 × 资产周转率

净资产收益率 = 销售净利率 × 资产周转率 × 权益乘数

因此根据关系式的不同,可以进行三因素和两因素分析,进行三因素分析,依据的公式为

净资产收益率 = 销售净利率 × 资产周转率 × 权益乘数

进行两因素分析,依据的公式为

净资产收益率 = 资产净利率 × 权益乘数

下面简单介绍下各个财务比率。净资产收益率是杜邦分析系统的核心。资产净利率是影响净资产收益率的最重要的指标,具有很强的综合性,而资产净利率又取决于销售净利率和总资产周转率的高低。总资产周转率反映总资产的周转速度。销售净利率反映销售收入的收益水平。权益乘数表示企业的负债程度,反映了公司利用财务杠杆进行经营活动的程度。资产负债率高,权益乘数就大,这说明公司负债程度高,公司会有较多的杠杆利益,但风险也高;反之,资产负债率低,权益乘数就小,这说明公司负债程度低,公司会有较少的杠杆利益,但相应所承担的风险也低。因此利用杜邦分析法对企业财务综合分析,可以了解各方面对企业业绩的影响,发现可能存在的问题,并提出合理建议。

2. 因素分析法

在综合分析中,如果想进一步了解影响因素对综合财务指标的影响程度,可以采用因素分析法进行分析。因素分析法是用来确定几个相互联系的因素对分析对象某综合财务指标或经济指标的影响程度的一种分析方法。采用这种方法的出发点在于,当有若干因素对分析对象产生影响时,假定其他各个因素都无变化,顺序确定每一个因素单独变化所产生的影响。具体运算时的差异分为连环替代法和差额分析法。

连环替代法将分析指标分解为各个可以计量的因素,并根据各个因素之间的依存关系,顺次用各因素的比较值(通常即实际值)替代基准值(通常为标准值或计划值),据以测定各因素对分析指标的影响。

例如,设某一分析指标 M 是由相互联系的 A、B、C 三个因素相乘得到的,报告期指标和基期指标为

报告期指标 $M_1 = A_1 \times B_1 \times C_1$

基期指标 $M_0 = A_0 \times B_0 \times C_0$

在测定各因素变动指标对指标 M 影响程度时可按顺序进行，如表 10-5 所示。

表 10-5　因素分析法的两种形式

连环替代法	替代结果	A 变动对 M 的影响	B 变动对 M 的影响	C 变动对 M 的影响
基期	$A_0 \times B_0 \times C_0 \cdots\cdots(1)$			
第一次替代	$A_1 \times B_0 \times C_0 \cdots\cdots(2)$	(2)-(1)		
第二次替代	$A_1 \times B_1 \times C_0 \cdots\cdots(3)$		(3)-(2)	
第三次替代	$A_1 \times B_1 \times C_1 \cdots\cdots(4)$			(4)-(3)
差额分析法		$(A_1-A_0) \times B_0 \times C_0$	$A_1 \times (B_1-B_0) \times C_0$	$A_1 \times B_1 \times (C_1-C_0)$

差额分析法是连环替代法的一种简化形式，是利用各个因素的比较值与基准值之间的差额，来计算各因素对分析指标的影响。具体计算过程与连环替代法的差异如表 10-5 所示。

具体操作在实例演示中详细说明。

10.3.2　实例演示

【案例 10-4】财务综合分析和因素分析。

根据 XWL 公司的财务数据（见表 10-6），采用杜邦分析法对该公司进行财务综合分析，并采用因素分析法分析各指标变动对净资产收益率的影响。

表 10-6　XWL 公司的财务数据摘录　　　　　　　　　　单位：元

财务数据	20×2	20×3
销售收入	1 542 034 451.31	1 602 282 477.43
净利润	167 490 769.13	177 675 578.89
股东权益均值	1 376 618 283.00	1 499 783 440.00
总资产均值	1 750 248 552.86	1 935 173 298.97

具体操作过程如下。

(1) 构建杜邦分析模型

新建工作簿"ch10-2 财务综合分析"，将空白工作表重命名为"杜邦分析"。在工作表"杜邦分析"中设计构建杜邦分析模型，如图 10-18 所示。

图 10-18　构建杜邦分析模型

（2）基础数据录入

分别将已知财务数据净利润、销售收入、资产均值和所有者权益总额录入名称对应下方的单元格中。

（3）公式设置

在单元格 B10 中输入"= A13/C13"；在单元格 E10 中输入"= D13/F13"；在单元格 H7 中输入"=G10/I10"；在单元格 C7 中输入"= B10×E10"；在单元格 E4 中输入"= C7× H7"。公式全部设置完成后，如图 10-19 所示。

	A	B	C	D	E	F	G	H	I
1					杜邦分析模型				
2					20x2				
3					净资产收益率				
4					12.17%				
5									
6			总资产收益率			×		权益乘数	
7			9.57%					1.27	
8									
9		销售净利		×	总资产周转率		资产总额	÷	所有者权益总额
10		10.86%			0.88		1,750,248,552.86		1,376,618,282.90
11									
12	净利润	÷	销售收入		销售收入	÷	平均资产总额		
13	167,490,769.13		1,542,034,451.31	1,542,034,451.31			1,750,248,552.86		

图 10-19　20×2 年杜邦分析

（4）多次计算

可以将杜邦分析模型进行多次运算，每次改变数据以获得不同数据变动对净资产收益率的影响程度。

先在杜邦分析模型中将白色框内的数据换成 20×3 年对应的数据，得到 20×3 年的杜邦分析结果，如图 10-20 所示。

			杜邦分析模型					
			20x3					
			净资产收益率					
			11.85%					
		总资产收益率			×		权益乘数	
		9.18%					1.29	
	销售净利	×		总资产周转率		资产总额	÷	所有者权益总额
	11.09%			0.83		1,935,173,299		1,499,783,440
净利润	÷	销售收入		销售收入	÷	平均资产总额		
177,675,579		1,602,282,477		1,602,282,477		1,935,173,299		

图 10-20　20×3 年杜邦分析

（5）因素分析

利用因素分析法对影响净资产收益率的因素进行分析，首先构建因素分析法的图表，然后录入已知的财务比率，如图 10-21 所示。

	A	B	C	D
1	因素分析法			
2	财务比率	20x2	20x3	变动影响
3	销售净利率	10.86%	11.09%	
4	总资产周转率	0.88	0.83	
5	权益乘数	1.27	1.29	
6	净资产收益率	12.17%	11.85%	

图 10-21　因素分析法构建图

然后在单元格 D3 中输入“=(C3-B3)×B4×B5”；在单元格 D4 中输入“=C3×(C4-B4)×B5”；在单元格 D5 中输入“=C3×C4×(C5-B5)”；在单元格 D6 中输入“=D3+D4+D5”。公式全部设置完成后，如图 10-22 所示。从结果来看，净资产收益率的下降主要是总资产周转率下降引起的。

	A	B	C	D
1	因素分析法			
2	财务比率	20x2	20x3	变动影响
3	销售净利率	10.86%	11.09%	0.25%
4	总资产周转率	0.88	0.83	-0.75%
5	权益乘数	1.27	1.29	0.17%
6	净资产收益率	12.17%	11.85%	-0.32%

图 10-22　因素分析结果

本章小结

本章主要介绍了财务报表及财务报表分析基本方法，重点介绍了如何利用 Excel 软件进行资产负债表、利润表的编制；进行财务报表比较分析、趋势分析；进行财务比率分析；进行财务综合分析和因素分析。

实践演练

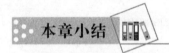

【实践一】ABC 公司 20×1、20×2、20×3 三年年末资产负债表见表 10-7，20×1、20×2、20×3 年利润表见表 10-8，根据给出的财务数据，对 ABC 公司进行资产负债表和利润表的结构分析和趋势分析。

表 10-7　ABC 公司 20×1、20×2、20×3 三年年末资产负债表　　单位：元

指标	20×1	20×2	20×3
货币资金	720 520 998.26	578 857 295.78	618 670 876.58
交易性金融资产	39 154 895	60 121 916.78	91 068 800.05
应收票据	33 097 639.71	75 407 058.96	181 130 002.52
应收账款	110 662 685.36	118 210 171.76	129 257 126.75
预付账款	27 854 819.92	34 044 133.32	34 718 522.57
应收利息	0	0.00	0.00

续表

指标	20×1	20×2	20×3
其他应收款	10 909 483.12	12 908 591.75	16 512 341.76
存货	149 865 145.73	158 497 030.94	175 339 505.29
一年内到期的非流动资产	2 969 660.75	3 861 002.93	3 558 137.16
其他流动资产	0	0	0
流动资产合计	1 095 035 327.85	1 041 907 202.22	1 250 255 312.68
可供出售金融资产	0	50 000 000	0
长期股权投资	62 568 582.16	59 711 673.45	83 410 489.39
固定资产净额	205 738 605.42	212 606 470.34	215 544 606.43
在建工程	17 635 932.51	25 144 928.10	34 721 101.54
工程物资	325 042.09	54 132.09	52 914.09
无形资产	31 099 607.89	33 460 942.66	31 887 606.37
开发支出	2 919 903.17	3 619 185.24	4 954 308.64
商誉	7 080 483.90	7 080 483.90	11 925 483.90
长期待摊费用	5 308 864.35	7 875 103.76	13 119 676.94
其他长期资产	8 112 077.68	7 448 740.01	11 751 923.18
非流动资产合计	340 789 099.17	407 001 659.55	407 368 110.48
资产总计	1 435 824 427.02	1 448 908 861.77	1 657 623 423.16
短期借款	60 990 080	50 836 510	49 750 000
应付票据	109 462 643.31	79 212 767.91	19 341 386.21
应付账款	89 181 510.34	87 317 463.02	103 121 244.41
预收账款	34 168 062.37	13 044 632.32	36 499 306.59
应付职工薪酬	4 679 665.32	3 967 687.65	3 175 919.70
应交税金	21 694 322.54	18 235 543.20	27 168 244.74
应付利息	0	0	0.00
应付股利	433 866.49	8 866 338.37	976 656.72
其他应付款	62 295 223.93	59 907 557.53	91 763 208.14
流动负债合计	382 905 374.30	321 388 500	331 795 966.51
其他长期负债	1 201 062.66	293 333.34	5 900 000
长期负债合计	1 201 062.66	293 333.34	5 900 000
负债合计	384 106 436.96	321 681 833.34	337 695 966.51
股本	165 789 958	165 789 958	331 579 916
资本公积	218 132 246.33	217 046 731.29	118 298 736.48

续表

指标	20×1	20×2	20×3
盈余公积	181 055 844.31	193 331 956.67	206 645 419.17
未分配利润	387 643 737	448 168 696.17	497 975 753.90
外币报表折算差额	-1 183 878.84	-1 291 498.27	-1 213 651.17
归属于母公司所有者权益	951 437 906.80	1 023 045 843.86	1 153 286 174.38
少数股东权益	100 280 083.26	104 181 184.57	166 641 282.27
股东权益合计	1 051 717 990.06	1 127 227 028.43	1 319 927 456.65

表10-8　ABC公司20×1、20×2、20×3三年利润表　　　　　　单位：元

指标	20×1	20×2	20×3
营业收入	1 021 983 355.06	1 178 494 580.77	1 415 545 180.08
营业成本	634 978 657.45	733 986 804.73	857 550 139.89
营业税金及附加	9 209 943.26	10 776 244.17	14 551 436.92
销售费用	200 588 231.18	241 904 744.73	285 566 425.17
管理费用	61 817 388.34	69 243 509.67	81 904 863.02
财务费用	-2 746 344.55	-2 473 510.99	-2 111 969.13
资产减值损失	1 355 937.98	4 207 392	5 299 385.42
公允价值变动收益	-9 255 541.97	-7 369 331.16	-23 804 204.51
投资收益	107 084 741.26	22 738 546.77	4 933 117.11
营业利润	214 608 740.69	136 218 612.07	153 913 811.39
营业外收入	8 182 577.21	11 021 638.62	7 149 739.61
营业外支出	2 250 486.66	3 000 675.11	1 237 382.59
利润总额	220 540 831.24	144 239 575.58	159 826 168.41
所得税	31 348 369.28	24 474 883.91	24 795 711.20
净利润	189 192 461.96	119 764 691.67	135 030 457.21

【实践二】根据实践一中ABC公司的财务数据，对ABC公司进行财务比率分析，分别构建盈利能力分析模型、营运能力分析模型、偿债能力分析模型和发展能力分析模型。可以尽可能多地计算各个方面的指标，并根据财务比率计算结果对ABC公司四个方面的能力变化进行简要分析。

【实践三】根据实践一和实践二的财务数据和计算结果，对ABC公司进行杜邦分析，并采用三因素进行因素分析。

参 考 文 献

[1] 赛贝尔资讯. Excel 2016 会计与财务管理[M]. 北京：清华大学出版社，2020.

[2] 廖超如. Excel 在会计和财务中的应用[M]. 上海：同济大学出版社，2020.

[3] 张明真. Excel 2019 会计与财务应用大全[M]. 北京：机械工业出版社，2020.

[4] 张礼萍，刘毅华. Excel 在财务中的应用[M]. 修订版. 长沙：湖南师范大学出版社，2016.

[5] 周庆海. 财务管理学[M]. 4 版. 武汉：湖北科学技术出版社，2021.

[6] 财政部会计资格评价中心. 财务管理[M]. 北京：经济科学出版社，2018.

[7] 中国注册会计师协会. 财务成本管理[M]. 北京：中国财政经济出版社，2021.

[8] 王化成. 高级财务管理学[M]. 4 版. 北京：中国人民大学出版社，2017.

[9] 庄君，周新国. Excel 在会计和财务管理中的应用[M]. 北京：机械工业出版社，2016.

[10] 何先军. Excel 数据处理与分析应用大全[M]. 北京：中国铁道出版社，2019.

[11] 白玥. 数据分析与大数据实践[M]. 上海：华东师范大学出版社，2020.

[12] 周庆麟，胡子平. Excel 数据分析思维/技术与实践[M]. 北京：北京大学出版社，2019.

[13] 沈君. 数据可视化必修课[M]. 北京：人民邮电出版社，2021.

[14] 周炜，宋晓满. 财务建模实验教程：Excel 在财务管理中的经典应用[M]. 上海：立信会计出版社，2017.

[15] 保罗·麦克费德里斯. Excel 经典教程公式与函数[M]. 北京：人民邮电出版社，2022.

[16] 夏榕. Excel 商务数据分析与应用[M]. 北京：人民邮电出版社，2018.

附录 Excel 常用函数备查

1. 日期与时间函数

(1) DATE 函数

用途：返回表示特定日期的连续序列号。

语法：DATE(year, month, day)。

参数：year 是必需参数，其值可以包含一到四位数字，Excel 将根据计算机所使用的日期系统来解释 year 参数；month 是必需参数，一个正整数或负整数，表示一年中从 1 月至 12 月的各个月。day 是必需参数，一个正整数或负整数，表示一月中从 1 日到 31 日的各天。

(2) DAY 函数

用途：返回用序列号表示的某日期的天数，用整数 1~31 表示。

语法：DAY(serial_number)。

参数：serial_number 是要查找的天数日期。

提示：YEAR、MONTH 和 DAY 函数应使用 DATE 函数输入日期，或者使用日期型数据，如果日期以文本形式输入，则会出现问题。

(3) TODAY 函数

用途：返回系统当前日期的序列号。如果需要无论何时打开工作簿时工作表上都能显示当前日期，可以使用 TODAY 函数实现这一目的。此函数也可以用于计算时间间隔。

语法：TODAY( )。

参数：无。

(4) NOW 函数

用途：返回当前日期和时间的序列号。

语法：NOW( )。

参数：无。

2. 逻辑函数

(1) AND 函数

用途：所有参数的计算结果为 TRUE 时，返回 TRUE；只要有一个参数的计算结果为

FALSE，即返回 FALSE。AND 函数的一种常见用途就是扩大用于执行逻辑检验的其他函数的效用。

语法：AND(lonical1,[lonical2],…)。

参数：lonical1 为必需参数，是要检验的第一个条件，其计算结果可以为 TRUE 或 FALSE；lonical2,… 为可选参数，是要检验的其他条件，其计算结果可以为 TRUE 或 FALSE，最多可包含 255 个条件。

提示：

● 参数的计算结果必须是逻辑值，或者参数必须是包含逻辑值的数组或引用。

● 如果数组引用参数中包含文本或空白单元格，则这些值将被忽略。

● 如果指定的单元格区域未包含逻辑值，则 AND 函数将返回错误值"#VALUE!"。

(2) OR 函数

用途：在其参数组中，任何一个参数逻辑值为 TRUE，返回 TRUE；每一个参数的逻辑值都为 FALSE，返回 FALSE。

语法：OR(lonical1,[lonical2],…)。

参数：参见 AND 函数。

(3) IF 函数

用途：如果指定条件的计算结果为 TRUE，IF 函数将返回某个值；如果该条件的计算结果为 FALSE，则返回另一个值。

语法：IF(lonical1_test,[value_if_true],[value_if_false])。

参数：lonical1_test 是计算结果可能为 TRUE 或 FALSE 的任意值或表达式，此参数可使用任何比较运算符；value_if_true 是可选参数，表示计算结果为 TRUE 时所要返回的值；value_if_false 是可选参数，表示计算结果为 FALSE 时所要返回的值。

提示：

● 最多可以使用 64 个 IF 函数作为 value_if_true 和 value_if_false 参数进行嵌套，以构造更详尽的测试。

● 如果 IF 的任意参数为数组，则在执行 IF 语句时，将计算数组的每一个元素。

3. 查找和引用函数

(1) COLUMN 函数

用途：返回给定引用的列表。

语法：COLUMN([reference])。

参数：reference 为需要得到其列标的单元格或单元格区域。

提示：

● 如果省略 reference，则假定 COLUMN 函数是对所在单元格的引用。

● 如果 reference 为一个单元格区域，并且 COLUMN 函数作为水平数组输入，则 COLUMN 函数将 reference 中的列标以水平数组的形式返回。

(2) COLUMNS 函数

用途：返回数组或引用的列数。

语法：COLUMNS(array)。

参数：array 为需要得到其列数的数组、数组公式或对单元格区域的引用。

(3) LOOKUP 函数

用途：可从单行、单列区域或者从一个数组返回值。该函数有两种语法形式：向量形式和数组形式。

向量形式是在单行区域或单列区域(向量)中查找数值，然后返回第二个单行区域或单列区域中相同位置的数值。当要查询的值列表较大或者值可能会随时间而改变时，使用向量形式。

语法(向量形式)：LOOKUP(lookup _value, lookup _vector, [result _vector])。

参数(向量形式)：lookup _value 为函数 LOOKUP 在第一个向量中搜索的值；Lookup _value 可以是数字、文本、逻辑值、名称或对值的引用；Lookup _vector 为只包含一行或一列的区域，其值可以为文本、数字或逻辑值；Result _vector 为可选参数，是只包含一行或一列的区域，该参数必须与 lookup _vector 大小相同。

提示：lookup _value 中的值必须以升序排列，否则，LOOKUP 可能无法返回正确的值。另外，大写文本和小写文本是等同的。

LOOKUP 数组形式在数组的第一行或第一列中查找指定的数值，然后返回数组的最后一行或最后一列中相同位置的数值。当要查询的值列表较小或者值在一段时间内保持不变时，使用数组形式。

语法(数组形式)：LOOKUP(lookup _value, array)。

参数(数组形式)：lookup _value 为函数 LOOKUP 在数组中搜索的值；

lookup_value 可以是数字、文本、逻辑值、名称或对值的引用，如果函数 LOOKUP 找不到 lookup_value，则使用数组中小于或等于 lookup_value 的最大数值；array 为包含要与 lookup_value 进行比较的文本、数字或逻辑值的单元格区域。

提示：

● 如果数组包含宽度比高度大的区域(列数多于行数)，LOOKUP 会在第一行中搜索 lookup_value 的值。

● 如果数组是正方的或者高度大于宽度(行数多于列数)，LOOKUP 会在第一列中进行搜索。

● 数组中的值必须以升序排列，否则，LOOKUP 可能无法返回正确的值。另外，大写文本和小写文本是等同的。

(4) VLOOKUP 函数

用途：在表格或数值数组的首列查找指定的数值，并由其返回表格或数组当前行中指定列处的数值。

语法：VLOOKUP(lookup_value, table_array, col_index_num, [range_lookup])。

参数：lookup_value 为必需参数，是要在表格或区域的第一列中搜索的值，lookup_value 参数可以是值或引用，如果为 lookup_value 参数提供的值小于 table_array 参数第一列中的最小值，则 VLOOKUP 将返回错误值"#N/A"；table_array 为必需参数，包含数据的单元格区域，可以使用对区域(例如，A2：D8)或区域名称的引用，table_array 第一列中的值是由 lookup_value 搜索的值，这些值可以是文本、数字或逻辑值，文本不区分大小写；col_index_num 为必需参数，table_array 参数中必须返回的匹配值的列号。range_lookup 为可选参数，一个逻辑值，指定希望 VLOOKUP 查找精确匹配值还是近似匹配值。

（5）HLOOKUP 函数

用途：在表格或数值数组的首行查找指定的数值，并在表格或数组中指定行的同一列中返回一个数值。

语法：HLOOKUP(lookup_value，table_array，row_index_num，[range_lookup])。

参数：参见 VLOOKUP 函数。

（6）MATCH 函数

用途：MATCH 函数可在单元格区域中搜索指定项，然后返回该项在单元格区域中的相对位置。

语法：MATCH(lookup_value，lookup_array，[match_type])。

参数：lookup_value 为必需参数，需要在 lookup_array 中查找的值；lookup_value 参数可以为值（数字、文本或逻辑值）或对数字、文本或逻辑值的单元格引用；lookup_array 为必需参数，要搜索的单元格区域；match_type 为可选参数，数字 -1、0 或 1，match_type 参数指定 Excel 如何在 lookup_array 中查找 lookup_value 的值，此参数的默认值为 1。

4. 统计函数

（1）AVERAGE 函数

用途：计算所有参数的算术平均值。

语法：AVERAGE(number1，[number2]，…)。

参数：number1，number2，…是要计算平均值的 1～255 个参数。

提示：函数中的参数可以是数字，或者是涉及数字的名称、数组或引用。参数不能超过 30 个。如果数组或单元格引用参数中有文字、逻辑值或空单元格，则忽略其值。但是，如果单元格包含零值则计算在内。

（2）COUNT 函数

用途：返回数字参数组中非空值的数目。利用函数 COUNT 可以计算数组或单元格区域数据项的个数。

语法：COUNT(value1，[value2]，…)。

参数：value1，value2，…是包含或引用各种类型数据的参数（1～255 个）。在这种情况下的参数可以是任何类型，包括空格但不包括空白单元格。如果参数是数组或单元格引用，则数组或引用中的空白单元格将被忽略。如果不需要统计逻辑值、文字或错误值，则应该使用 COUNT 函数。

（3）COUNTIF 函数

用途：计算区域中满足给定条件的单元格的个数。

语法：COUNTIF(range，criteria)。

参数：range 为需要计算其中满足条件的单元格数目的单元格区域；criteria 为确定哪些单元格将被计算在内的条件，其形式可以为数字、表达式或文本。

（4）COUNTIFS 函数

用途：将条件应用于跨多个区域的单元格，并计算符合所有条件的次数。

语法：COUNTIFS(criteria_range1，criteria1，[criteria_range2，criteria2]…)。

参数：criteria_range1 为必需参数，在其中计算关联条件的第一个区域；criteria1 为必需参数，条件的形式为数字、表达式、单元格引用或文本，可用来定义将对哪些单元格进行计数，例如，条件可以表示为 32、">32"、B4、"苹果" 或 "32"；criteria_range2，criteria2，…为可选参数，附加的区域及其关联条件，最多允许 127 个区域/条件对。

提示：每一个附加的区域都必须与参数 criteria_range1 具有相同的行数和列数，这些区域无须彼此相邻。

(5) MAX 函数

用途：返回一组值中的最大值。

语法：MAX(number1，[number2]，…)。

参数：number1，number2，…是要从中找出最大值的 1~255 个数字参数。

提示：
- 参数可以是数字或者是包含数字的名称、数组或引用。
- 逻辑值和直接键入到参数列表中代表数字的文本被计算在内。
- 如果参数为数组或引用，则只使用该数组或引用中的数字。数组或引用中的空白单元格、逻辑值或文本将被忽略。
- 如果参数不包含数字，则函数 MAX 返回 0。
- 如果参数为错误值或为不能转换为数字的文本，将会导致错误。

(6) MIN 函数

用途：返回一组值中的最小值，用法类似于 MAX 函数。

语法：MIN(number1，[number2]，…)。

参数：number1，number2，…是要从中找出最小值的 1~255 个数字参数。

(7) INTERCEPT 函数

用途：利用现有的 x 值与 y 值计算直线与 y 轴的截距。

语法：INTERCEPT(known_y's，known_x's)。

参数：known_y's 为必需参数，因变的观察值或数据的集合；known_x's 为必需参数，自变的观察值或数据的集合。

(8) SLOPE 函数

用途：返回根据 known_y's 和 known_x's 中的数据点拟合的线性回归直线的斜率。

语法：SLOPE(known_y's，known_x's)。

参数：参数含义同 INTERCEPT 函数。

(9) FORECAST 函数

用途：根据已有的数值计算或预测未来值，此预测值为基于给定的 x 值推导出的 y 值。

语法：FORECAST(x，known_y's，known_x's)。

参数：x 为必需参数，需要进行值预测的数据点；known_y's 为必需参数，因变量数组或数据区域；known_x's 为必需参数，自变量数组或数据区域。

5. 数学函数

(1) SUM 函数

用途：求和计算。

语法：SUM(number1，[number2]，…)。

参数：number1，number2，…为想要相加的数值参数，参数个数为1～255，number1为必选参数，其他参数为可选参数。

提示：

● 如果参数是一个数组或引用，则只计算其中的数字。数组或引用中的空白单元格、逻辑值或文本将被忽略。

● 如果任意参数为错误值或为不能转换为数字的文本，Excel将会显示错误。

（2）SUMIF函数

用途：对满足条件的单元格的数值求和。

语法：SUMIF(range，criteria，[sum_range])。

参数：range是用于条件计算的单元格区域，每个区域中的单元格都必须是数字或名称、数组或包含数字的引用，空值和文本值将被忽略；criteria是用于确定对哪些单元格求和的条件，其形式可以为数字、表达式、单元格引用、文本或函数；sum_range为可选参数，是要求和的实际单元格。如果sum_range参数被忽略，Excel会对在range参数中指定的单元格求和。

提示：任何文本条件或任何含有逻辑或数学符号的条件都必须使用双引号（" "）括起来。如果条件为数字，则无须使用双引号。

（3）SUMIFS函数

用途：对区域中满足多个条件的单元格求和。

语法：SUMIFS(sum_range，criteria_range1，criteria1，[criteria_range2，criteria2]，…)。

参数：sum_range为必需参数，对一个或多个单元格求和，包括数字或包含数字的名称、区域或单元格引用忽略空白和文本值；criteria_range1为必需参数，在其中计算关联条件的第一个区域；criteria1为必需参数，条件的形式为数字、表达式、单元格引用或文本，可用来定义将对criteria_range1参数中的哪些单元格求和；criteria_range2，criteria2，…为可选参数，附加的区域及其关联条件，最多允许127个区域/条件对。

（4）SUMPRODUCT函数

用途：在给定的几组数据中，将数组间对应的元素相乘，并返回乘积之和。

语法：SUMPRODUCT(array1，[array2]，[array3]，…)。

参数：array1，array2，array3，…为需要进行相乘并求和的数组参数，参数个数为1～255，array1为必需参数，其他参数为可选参数。

提示：数组参数必须具有相同的维数，否则，函数SUMPRODUCT将返回错误值"#VALUE！"。函数SUMPRODUCT将非数值型的数据元素作为0处理。

（5）ABS函数

用途：返回数字的绝对值。绝对值没有符号。

语法：ABS(number)。

参数：number为必需参数，需要计算其绝对值的实数。

（6）SQRT函数

用途：返回正平方根。

语法：SQRT(number)。

参数：number 为必需参数，要计算平方根的数。

6. 财务函数

(1) 投资相关函数

①FV 函数。

用途：基于固定利率及等额分期付款方式，返回某项投资的未来值。

语法：FV(rate, nper, pmt, [pv], [type])。

参数：rate 为必需参数，各期利率；nper 为必需参数，年金的付款总期数；pmt 为必需参数，各期所应支付的金额，其数值在整个年金期间保持不变，通常 pmt 包括本金和利息，但不包括其他费用或税款，如果省略 pmt，则必须包括 pv 参数；pv 为可选参数，现值或一系列未来付款的当前值的累积和，如果省略 pv，则假设其值为 0(零)，并且必须包括 pmt 参数；type 为可选参数，数字 0 或 1，用以指定各期的付款时间是在期初还是期末，如果省略 type，则假设其值为 0。

②PV 函数。

用途：返回投资的现值。现值为一系列未来付款的当前值的累积和。

语法：PV(rate, nper, pmt, [fv], [type])。

参数：fv 为未来值，或在最后一次支付后希望得到的现金余额，如果省略 fv，则假设其值为 0，且必须包含 pmt 参数；其他参数含义同 FV 函数。

③NPV 函数。

用途：通过使用贴现率以及一系列未来支出(负值)和收入(正值)，返回一项投资的净现值。

语法：NPV(rate, value1, [value2], …)。

参数：rate 为必需参数，表示某一期间的贴现率；value 代表支出及收入的参数，函数中最少需要有 1 个 value 参数，最多不超过 254 个参数，value1，value2，…在时间上必须具有相等间隔，并且都发生在期末。

④PMT 函数。

用途：基于固定利率及等额分期付款方式，返回贷款的每期付款额。

语法：PMT(rate, nper, pv, [fv], [type])。

参数：各参数含义同 FV、PV 函数。

⑤PPMT 函数。

用途：根据定期固定付款和固定利率而定的投资在已知期间内的本金偿付额。

语法：PPMT(rate, per, nper, pv, [fv], [type])。

参数：rate 为必需参数，各期利率；per 为必需参数，指定期数，该值必须在 1 到 nper 范围内；nper 为必需参数，年金的付款总期数；pv 为必需参数，现值即一系列未来付款的当前值之和；fv 为可选参数，未来值，或在最后一次付款后希望得到的现金余额，如果省略 fv，则假定其值为 0(零)，即贷款的未来值是 0；type 为可选参数，数字 0 或 1，用以指定各期的付款时间是在期初还是期末。

⑥IPMT 函数。

用途：基于固定利率及等额分期付款方式，返回给定期数内对投资的利息偿还额。

语法：IPMT(rate, per, nper, pv, [fv], [type])。

参数：各参数含义同 PPMT 函数。

⑦ NPER 函数。

用途：基于固定利率及等额分期付款方式，返回某项投资的总期数。

语法：NPER(rate, pmt, pv, [fv], [type])。

参数：各参数含义同 FV、PV 函数。

⑧RATE 函数。

用途：返回年金的各期利率。

语法：RATE(nper, pmt, pv, [fv], [type], [guess])。

参数：guess 为可选参数，预期利率，如果省略预期利率，则假设该值为 10%，如果函数 RATE 不收敛，请改变 guess 的值，通常当 guess 位于 0~1 之间时，函数 RATE 是收敛的。

⑨ IRR 函数。

用途：返回由数值代表的一组现金流的内部收益率。

语法：IRR(values, [guess])。

参数：values 为数组或单元格的引用，这些单元格包含用来计算内部收益率的数字，values 必须包含至少一个正值和一个负值，以计算返回的内部收益率；guess 为对函数 IRR 计算结果的估计值，在大多数情况下，并不需要为函数 IRR 的计算提供 guess 值，如果省略 guess，假设它为 0.1（10%），如果函数 IRR 返回错误值"#NUM!"，或结果没有靠近期望值，可用另一个 guess 值再试一次。

⑩ MIRR 函数。

用途：返回某一连续期间内现金流的修正内部收益率，函数 MIRR 同时考虑了投资的成本和现金再投资的收益率。

语法：MIRR(values, finance_rate, reinvest_rate)。

参数：values 为必需参数，一个数组或对包含数字的单元格的引用，这些数值代表各期的一系列支出（负值）及收入（正值）；finance_rate 为必需参数，现金流中使用的资金支付的利率；reinvest_rate 为必需参数，将现金流再投资的收益率。

（2）折旧函数

①SLN 函数。

用途：返回某项资产在一个期间中的线性折旧值。

语法：SLN(cost, salvage, life)。

参数：cost 为资产原值；salvage 为资产在折旧期末的价值（有时也称为资产残值）；life 为资产的折旧期数（有时也称作资产的使用寿命）。

②DDB 函数。

用途：使用双倍余额递减法或其他指定方法，计算一项资产在给定期间内的折旧值。

语法：DDB(cost, salvage, life, period, [factor])。

参数：cost 为资产原值；salvage 为资产在折旧期末的价值（有时也称为资产残值）；life 为资产的折旧期数（有时也称作资产的使用寿命）；period 为需要计算折旧值的期间，

必须使用与 life 相同的单位；factor 为余额递减速率，如果 factor 被省略，则假设为 2(双倍余额递减法)。

③SYD 函数。

用途：返回某项资产按年数总和折旧法计算的指定期间的折旧值。

语法：SYD(cost, salvage, life, period)。

参数：含义同 DDB 函数。